평신도를 위한 출애굽기 설교

하나님의 구원경영

박승호 지음

한국장로교출판사

Exodus

하나님의
구원 경영

"출애굽기를 알면 인생이 보입니다."

'하나님의 구원 경영' 이라는 타이틀로 출애굽기에 관한 5권의 책이 계획되어 출판되고 있습니다. 본문 묵상을 위한 QT집, 목회자의 설교 준비를 위한 강해집, 평신도를 위한 설교집, 소그룹 모임을 위한 인도자용, 학습자용 책들입니다.

Foreword

'출애굽기'를 열며

주님은 온 세상의 왕이신데
이 땅은 여전히 싸움과 황폐함으로 가득합니다.

주님은 인생들의 주인이시지만
수많은 사람들은 여전히 노예로 끌려다니며
육신의 정욕과 안목의 정욕과 이생의 자랑에
영혼을 맡기고 삽니다.

십자가의 복음은 심판의 줄을 끊었고
부활의 능력은 음부의 권세를 깨뜨렸지만
사람들은 여전히 슬픈 노래를 부르며 중노동에 허덕이는 애굽의 노예로 삽니다.

언제쯤 우리는 출애굽합니까?
바로와 애굽을 벗어날 수 있습니까?
나의 우상들을 깨뜨리는 10가지 재앙은 무엇입니까?
애굽과 바로와 죄의 심판으로부터 나를 해방시킬 모세가 내게도 필요합니다.

어린양의 피의 능력을 어찌 사용합니까?
유월절 날 주어진 장자권의 명분은 어떻게 누립니까?
무교절을 지킴으로 나도 거룩해지고 싶습니다.
성부와 성자와 성령의 이름으로 세례를 받고
으뜸을 드리고, 무교병을 먹고, 구름기둥과 불기둥의 인도를 받는
새로운 세계가 내게 시작됨을 알게 하소서.

돌려서 인도하시는 홍해 길을 통해
빠른 길보다는 바른 길이 더 중요함을,
내가 기대하는 삶보다는 하나님이 준비하신 세계가 더 정확한 길임을 알게 하소서.
천천히 가더라도 주님이 나의 목표임을 인정하게 하소서.

마라의 쓴 물에 넣었던 한 나무와 신 광야에서 시작된 만나의 대행진,
반석에서 터진 생수의 강을
오늘 나의 광야에서도 찾게 하소서.

주님, 이제 우리가 모세를 따라, 이스라엘을 따라
출애굽 노정으로 여행하기를 원합니다.

모세의 노래(출 15장), 어린양의 노래(계 15장)가
나의 광야에서도 불리어지게 하소서.

이 거친 광야에서 시작된 하나님 공부(출 19-24장)와 성막예배(출 25-40장)가
은혜의 보좌(히 4 : 16), 영광의 보좌를 열어
지성소를 드나드는 왕같은 제사장으로 살아가게 하소서(벧전 2 : 9).

그 임재의 기둥을 따라 이동했던 이스라엘처럼
그 영광의 충만함을 보게 하시고(출 40 : 34-38)
그 영광의 길을 따라 행하게 하소서.

가나안, 기업의 땅에 이르러
마침내 주님의 얼굴로, 주님의 대행자로 그 영광을 보이게 하소서.
그의 영광의 찬송이 되게 하소서(엡 1 : 12).

성경은 하나님의 말씀입니다. 이 말씀 안에 하나님께 이르는 길이 있고, 생명이 있음을 우리는 잘 알고 있습니다. 그러나 복음을 듣고 예수를 믿는 사람들의 삶 속에 이해되지 않고 받아들이기 어려운 고난이 계속되고 있음을 보았습니다.

신실하게 살고자 하는 그리스도인의 삶에 고난이 끊이지 않습니다.

'과연 광야는 끝이 있는 것일까? 왜 우리는 예수님을 만나 구원의 확신을 가지고 있는데도 여전히 노예상태를 벗어나지 못하며, 하나님께서 약속하신 것들을 누리지 못한 채 힘겨운 삶을 살아갈까?'

출애굽기 안에 그 해답이 있음을 보았습니다.

출애굽기는 애굽에서 노예 신분으로 살던 이스라엘 백성들을 하나님께서 찾아오시고, 그들을 바로의 노예상태에서 건져 내셔서 홍해를 건너게 하시고, 광야를 지나 가나안을 향해 가는 구원의 여정을 기록한 말씀입니다.

이 말씀 속에서 죄, 은혜, 구원, 세례, 성숙(광야 훈련, 말씀, 예배)을 지나 하나님께서 주신 젖과 꿀이 흐르는 땅에서 풍성한 삶을 살게 되는 원리를 발견하게 되었습니다.

단순히 예수님을 나의 구주로 고백했다는 사실만으로 우리 삶이 저절로 풍요로워지고 변화되지 않습니다. 하나님의 장자로, 이 땅을 책임질 왕 같은 제사장으로 살아가야 할 삶의 원리들을 가르쳐 주셨습니다. 우리가 그 원칙들을 믿고 따르지 않고 애굽에서의 옛사람의 구조로 살아간다면 믿고 구원을 얻었다 할지라도 약속하신 풍요로운 삶은 누릴 수 없습니다.

출애굽기를 통하여 구원의 긴 여정, 프로세스를 이해하고 경험할 수 있기를 바랍니다.

2013년 10월
저자 **박승호** 목사

머리말 _03

chapter 01. 새로운 출발, 새로운 경영　　　　　　　　08
(출 12 : 1-4)

chapter 02. '고난의 환경' - 하나님의 부르심　　　　34
(출 2 : 23-25)

chapter 03. 하나님께서 준비시킨 목자　　　　　　　54
(출 7 : 1-7)

chapter 04. 유월절 - 피의 복음, 피의 능력　　　　　80
(출 12 : 11-14)

chapter 05. 신앙의 오리엔테이션 - 다르게 사는 사람들　104
(출 13 : 1-10)

chapter 06. 세례의 강을 건넌 사람들　　　　　　　126
(출 14 : 1-14)

contents

chapter 07. 세례받은 사람들의 광야훈련   148
(출 15 : 22 - 26)

chapter 08. 언약관계로 만나는 하나님   172
(출 19 : 1 - 6)

chapter 09. 최고의 인생 경영 원칙   192
(출 20 : 1 - 17)

chapter 10. 내가 거할 성소를 건축하라   226
(출 25 : 8 - 9)

chapter 11. 거기서 내가 너와 만나고   250
(출 25 : 16 - 22)

chapter 12. 그 임재 가운데로 나아가라   274
(출 29 : 44 - 46)

chapter 1.

새로운 출발,
새로운 경영

(출 12 : 1 - 4)

¹여호와께서 애굽 땅에서 모세와 아론에게 일러 말씀하시되 ²이 달을 너희에게 달의 시작 곧 해의 첫 달이 되게 하고 ³너희는 이스라엘 온 회중에게 말하여 이르라 이 달 열흘에 너희 각자가 어린 양을 취할지니 각 가족대로 그 식구를 위하여 어린 양을 취하되 ⁴그 어린 양에 대하여 식구가 너무 적으면 그 집의 이웃과 함께 사람 수를 따라서 하나를 취하며 각 사람이 먹을 수 있는 분량에 따라서 너희 어린 양을 계산할 것이며

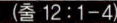

변한 줄 알았는데 변화되지 않은 것이 너무나 많습니다. 내 안에 여전히 분노와 억울함이 있고 시기와 질투가 나를 지배합니다. 세상을 그리워하고, 다른 사람이 잘되면 나도 그렇게 살고 싶은 욕망들이 나를 충동질합니다. 주님이 내게 주신 약속들에 대해서는 빨리 이루어 달라고 떼를 쓰면서도 내가 드렸던 수많은 약속들, 헌신들에 대해서는 너무나 느긋합니다. 하나님 안에서 내가 누구인지를 알아야 합니다. 그리고 새로운 출발, 새로운 경영을 시도해야 합니다.

병아리가 아닌 독수리로
-"우리는 예전의 우리가 아니다."

『 인디언들에게 전해 내려오는 민화 가운데 독수리와 닭에 대한 이야기가 있습니다. 어느 날 모험을 좋아하는 한 소년이 산에서 독수리 알을 하나 발견하게 되었습니다. 하늘을 힘차게 날아다니는 독수리를 자신의 손으로 키워보고 싶은 마음에 이 소년은 독수리 알을 집어 왔습니다. 그리고는 암탉이 알을 품을 때 슬쩍 집어넣었습니다. 아무것도 모르는 암탉은 알들을 소중하게 품었고, 얼마 후 알들은 부화되었습니다. 병아리 속에서 태어난 새끼 독수리는 병아리처럼 삐악삐악 소리를 지르면서 어미 닭을 졸졸 따라다녔고, 병아리처럼 움직이고 행동할 뿐이었습니다. 그러던 어느 날, 큰 독수리가 창공 위에서 날개를 활짝 펴고 날아가는 모습을 보면서 병아리들이 "와!" 하고 감탄

할 때 어린 독수리도 '야! 멋있다. 나도 저렇게 날 수 있으면 얼마나 좋을까?' 하고 생각하게 되었습니다. 다른 병아리들과 생김새가 달라 놀림을 받던 어린 독수리에게 하늘을 나는 독수리의 모습은 인상 깊게 남았습니다. 시간이 흘러 독수리가 어느 정도 성장하자 날지 못하는 다른 병아리들과는 달리 자신의 어깻죽지에 힘이 솟아나는 것을 느끼게 되었습니다. 그리고 날이 갈수록 자신의 부리가 커지면서 강해지고, 날개가 쫙 펴지는 것을 알게 되었습니다. 동경하던 독수리의 모습이 자신에게 나타나자 그제야 자신이 병아리가 아니라 독수리라는 사실을 깨닫게 되었습니다. 병아리들과 같이 있을 때는 그저 닭장에 갇혀서 모이나 쪼아 먹던, 그런 연약한 존재였지만 자신이 진정 누구인지 깨닫게 되자 자신의 힘으로 창공을 웅비할 수 있게 되었습니다.』

　우리도 예수님을 알기 전에는, 방종하며 살았습니다. 삐악삐악 하면서 주어지는 모이에 만족하고, 작은 이익에 눈이 멀어 때로는 양심을 팔기도 하고, 마치 닭장에 갇혀 있다가 복날에 삼계탕 집이나 치킨 가게로 팔려 가는 그런 존재에 불과했습니다. 그러나 복음을 알고 예수님을 만난 이후에 우리 인생이 달라졌습니다. 우리가 힘을 주어 날개를 펴면 새로운 삶이 펼쳐집니다. 우리는 닭장 속의 연약한 병아리가 아니라 하늘을 향해서 웅비하는 독수리입니다. "나는 독수리다!" 이 사실을 알고 선포해야 합니다.
　자신을 변화시키고 새로운 삶을 창출하기 위해서 필요한 것은 어떤 스펙이나 업적이 아닙니다. 가장 먼저 알아야 할 것은 바로 자신이 누구이며, 어떤 일을 해야 할 사람(사명)인지를 아는 일입니다. 신앙을 갖게 된 그리스도인들에게 필요한 물음은 '예수를 알게 된 자신이 누구이며 어떻게 살아야 하는가?'입니다.

예수님을 만나기 전처럼 살아서는 안 됩니다. 십자가를 통해서 그리스도 안에서 새 사람이 되었고, 하나님께서 우리에게 새 씨, 새 형상을 주셨습니다. 우리를 아들이라고 불러 주셨습니다. "영접하는 자, 그 이름을 믿는 자들에게는 하나님의 자녀가 되는 권세를 주셨다"고 말씀합니다(요 1 : 12). 종자가 다릅니다. 신분이 다릅니다. 내가 병아리가 아니라 독수리라는 사실을 깨닫는 것이 중요합니다. 그리고 그 후에는 독수리처럼 말하고 행동하며 살아야 합니다. 닭장 속에서 병아리들과 함께 살면서 자신이 독수리임을 깨닫는다는 것은 매우 어려운 일일 수도 있습니다. 하지만 예수님을 만났기에 가능합니다. 예수를 알기 전의 우리는 닭장 속에 갇혀서 주인이 주는 모이나 쪼아 먹는 연약한 존재였지만 예수를 알게 된 이후의 우리는 창공을 가르며 힘차게 날아다니는 강력한 존재가 되었습니다. 물론 우리가 새로운 모습으로 변화하는 것을 가로막는 여러 가지 장애 요소들이 있을 수 있습니다. 그러나 어떤 생각, 어떤 세력이 내가 성장하고 발전하는 것을 방해한다 해도 자신의 정체성을 찾아서 멋진 인생을 펼쳐 나가야 합니다.

출애굽기 12장은 그리스도인이 구원받은 이후 하나님의 백성으로서 어떻게 살아야 할지, 어떤 행동을 취해야 할지를 보여 줍니다. 즉, 그리스도인의 삶을 경영하는 중요한 지침서라고 할 수 있습니다.

 당신이 병아리가 아니라 독수리라는 사실을 알고 있습니까?

독수리로서 살아가고자 변화하려는 당신을 방해하는 것은 무엇입니까?

새로운 출발(1)
- 떠남의 미학

"이 달을 너희에게 달의 시작 곧 해의 첫 달이 되게 하고"

출애굽기 12 : 2에서는 그리스도를 만난 이후의 변화된 삶이 우리에게 선포됩니다. 우리는 역사를 구분할 때 B.C.와 A.D.로 나눕니다. B.C.는 'Before Christ'로서 예수가 이 땅에 오시기 전을 의미하고, A.D.는 'Anno Domini', 예수가 오신 이후, 예수와 동행하게 된 이후의 시간을 의미합니다. 지금까지 어떻게 살았든지 간에 주님을 만난 그 순간부터 달력이 달라지고 연호가 달라집니다. 당신은 지금 B.C.입니까? 아니면 A.D.입니까? 우리가 30년, 50년 살았다는 사실이 중요한 것이 아니라 하나님의 자녀로 거듭났는지(Born again), 그리스도를 만난 이후에 변화된 삶을 살고 있는지가 중요합니다. 그 시점부터가 새로운 삶의 출발점이 됩니다. 나에게 B.C.와 A.D.가 구분되는 변화가 없다면 이전의 삶에서 벗어나지 못하고 옛 사람, 옛 생활을 계속할 수밖에 없지만, 그 구분점이 분명하게 있다면 기업의 땅인 가나안을 목표로 날마다 성장해 가는, 이전의 삶과는 전혀 다른 삶을 살 수 있습니다. 그리스도를 만난 이후에 거듭난 그 시점이 나의 제2의 출발점이 됩니다.

일반적으로 핸드폰을 바꾸면 익숙해지기까지 얼마 동안은 좀 불편합니다. 얼마 전에 핸드폰이 고장 나서 교체를 해야 했는데 그때가 연말이었습니다. 문자 메시지가 계속 들어오는데 사용법도 낯선데다가 문자판까지 바뀌니까 3일 동안 답장도 하지 못하고 끙끙대고 있었습니다. 그런 제 모습을 보신 어떤 분이 "목사님, 문자는 이메일로도 보낼 수 있습니다." 하는 것입니다. 저는 순간 복음을 들은 기분이었습니다. 그래서 바로 가르쳐 달라고 해서 보내야 할 문자들을 모두 손쉽게 처리할 수 있었습니다.

우리는 새것을 살 때 이전의 것보다 업그레이드된 것을 삽니다. 기능이나 디자인이 전 것보다 훨씬 월등합니다. 그러나 그것을 익히기까지 어느 정도는 불편함을 감내해야 합니다. 이전의 기능에 익숙해진 자신을 새로운 기능에 맞추어야 하기 때문입니다.

우리는 옛 사람이었다가 주님을 만난 이후에 새로운 신분인 하나님 나라의 자녀로, 하나님의 유전자(DNA)를 가진 하나님의 형상으로 바뀌었습니다. 이것이 익숙해질 때까지 시간이 좀 필요합니다. 그리고 그것을 몸에 익히기까지는 훈련도 받고 반복적으로 연습도 해야 합니다. 그러나 많은 사람들이 이 번거로움과 훈련받는 것에 대한 부담 때문에 옛 사람으로 다시 돌아가 버립니다. 자신의 성품, 삶의 방식, 삶의 주체, 가치관을 옛것에서 전혀 다른 새로운 것으로 변화시킨다는 것은 많은 훈련과 연습을 요구하기 때문입니다. 마음먹은 대로 한순간에 바꾸어지지 않습니다. 그렇기에 교회에 출석해서 성령 체험도 하고 무언가 은혜를 받기도 하지만 '그때가 좋았어.

그냥 대강 살지 뭐!' 하며 쉽게 옛 생활로 돌아가 버리는 경우가 많습니다.

출애굽기는 애굽을 떠난 이야기입니다. 많은 그리스도인들이 출지옥에 대해서는 자주 생각합니다. '나는 지옥 백성이 아니다. 나는 천국 간다.' 하지만 출애굽에 대해서는 생각하지 않습니다. 애굽 땅에서 떠나지 않는다고 해서 구원이 없는 것입니까? 사실 그렇지는 않습니다. 변화되지 않는다고 우리가 하나님의 자녀가 아닙니까? 그렇지는 않습니다. 그러나 하나님께서는 애굽을 떠나라고 분. 명. 히. 말씀하십니다. "출애굽 하라!" 떠나는 것이 중요합니다. 믿음의 조상들은 모두 자신이 있던 곳에서 떠났습니다. 아브라함은 풍족한 갈대아 우르에서, 기생 라합은 여리고 성에서, 룻은 가족과 친척들이 다 있는 모압 땅에서 떠나야 했습니다. 그들의 공통점은 아늑하고 편안하고 익숙했던 곳에서 떠났다는 것입니다. 그리고 그것은 자신의 의지가 아닌, 하나님께서 떠나라고 명하셨기 때문이었습니다. 그래서 그들은 아무도 알지 못하고, 아무것도 알 수 없는 곳으로 떠났습니다. 왜 하나님께서는 떠나라고 명하십니까? 그것은 익히 살아왔던 삶의 양식(樣式)이 몸에 배어 새로운 문화, 새로운 교제권, 새로운 삶의 원칙으로 바뀌기가 쉽지 않기 때문입니다.

하나님께서는 우리가 부분적으로 변화하기를 원하시는 것이 아니라 전혀 새로운 존재가 되기를 원하십니다. 예전의 삶에서 떠난 장소와 시간도 중요하지만, 그 이후에는 옛 사람과 옛 문화를 벗어 버리려는 결단이 반드시 뒤따라야 합니다. 옛 사람으로 머물러 그냥 편하게 살다가 가시렵니까? 떠나십시오. 이제 우리는 더 이상 옛 사람 아담 족속이 아닙니다. 이제는 새 사람 예수님의 족속이며 그리스도 안에 사는 사람입니다.

"새 사람을 입었으니 이는 자기를 창조하신 이의 형상을 따라 지식에까지 새롭게 하심을 입은 자니라"(골 3:10).

하나님의 자녀로서 하나님의 유전자(DNA)를 소유한 하나님의 형상을 되찾아가는 삶을 살기 위해, 새로운 출발을 위해 떠나십시오. 여러분은 이제 주님을 만났고 주님과 동행하게 됩니다. 고난도 있고, 광야도 있고, 산도 있고, 벌판도 있지만 주님이 동행해 주시기 때문에 그런 것들이 여러분을 붙잡지 못합니다. 그러므로 영원한 기업인 가나안을 향해서 날마다 전진하며 성장해 가야 합니다.

새 사람이 되기 위해 당신이 떠나야 할 것은 무엇입니까?
하나님의 사람으로 완전히 변화되기 위해서 더 노력해야 할 부분은 무엇입니까?

새로운 출발(2)
-거듭남, 그 이후

거듭난 이후에는 우리의 삶이 달라져야 합니다. 지금 우리가 살아가는 시대에는 많은 신(神)들이 존재합니다. 많은 가치관들이 우리의 눈을 현혹시키고 마음을 어지럽히고 하나님을 향한 마음을 교란시킵니다. 그리고 기독교에 대한 맹렬한 비판과 반대의 소리가 드세어 갑니다. 등산로에 비유하여 어떤 길이든지 결국은 구원에 이르게 될 것이라는 종교다원주의의 목소리가 점점 커집니다. 오로지 복을 받기 위해 이 신도 섬겨 보고, 저 신도 섬겨 보는 사람들도 많습니다.

그러나 구원에 이르는 길은 오직 하나, 우리의 죗값(Debt)을 대신 치러 주신 예수 그리스도의 십자가를 통해서만 가능합니다. 그렇기에 하나님께서는 십계명의 제1계명에 "너는 나 외에는 다른 신들을 네게 두지 말라."고 분명하게 말씀하십니다. 여기저기 기웃거리지 말라는 말씀입니다. 이제는 복 받기 위해서가 아닌 하나님을 예배하는 것이 우리 인생의 목적이 되어야 합니다.

또한 거듭난 사람은 하나님을 뒷전에 두지 않습니다. 모든 처음 난 장자는 하나님의 것이라고 합니다. 처음 것, 즉 가장 좋은 것은 하나님의 몫이라는 말입니다. 유월절, 그날 저녁에 장자가 죽었다는 말은 집안이 망했다는 뜻입니다. 남아 선호 사상이 우리나라에 있었던 것은 장남이 태어나지 않으면 대가 끊긴다고 해서 저주받은 집안이라고 생각했기 때문이었습니다. 근동 지방의 문화도 우리와 비슷합니다. 즉, 애굽의 장자를 쳤다는 것은 애굽이 망했다는 말과 같습니다. 그러나 하나님께서는 이스라엘의 장자들을 살려 주시면서 "내가 대가를 지불하고 너희를 샀다."라고 말씀하십니다. 이것은 "너희들이 살아난 대신 너희의 장자, 첫 것은 무조건 내 것이다."라는 말입니다.

구원받기 전에는 어디서 무엇을 하든지 내가 영광을 받아야 되고,

내가 대접을 받아야 되고, 내가 주인 노릇을 해야 했습니다. 그러나 복음을 깨닫고 나서부터는 나보다 먼저 주님이 영광을 받으시고, 내 삶의 최우선 순위에 항상 하나님을 두게 됩니다. 일주일의 첫 날, 하루의 첫 시간, 물질의 첫 것, 십일조도 주님의 것이요, 첫 자녀도 주님의 것으로 구별시키게 됩니다. 즉, 구원받은 이후에는 가치관이 완전히 달라진다는 말입니다. 내가 조금 욕을 먹더라도, 내가 영광을 받지 못하고 칭찬 듣지 못해도 주님이 영광 받으시면 그것으로 만족합니다.

새로운 신앙인으로서 사는 사람은 하나님을 내 삶의 주인으로 모십니다. 하나님을 주인으로 모신 사람에게 가장 먼저 나타나는 행동은 처음 것을 구별하는 것입니다. 전통 식사 예절에서 연장자가 먼저 첫술을 뜨기 전에 음식에 손을 대는 것은 버릇없는 행동으로 치부됩니다. 우리는 사랑하는 사람을 위해서도 가장 귀하고 좋은 것을 주고 싶어 합니다. 따라서 하나님을 내 삶의 중심으로 모신 우리가 하나님께 가장 좋은 것, 가장 처음의 것, 가장 중요한 것을 먼저 드리는 것은 당연한 일입니다. 최우선 순위가 바로 하나님이어야 합니다. 우리는 하나님의 것을 구별하여 드리는 것에 민감해져야 합니다.

우리는 우리를 망친 첫째 아담의 후손들이 아닙니다. 하나님께서는 둘째 아담, 마지막 아담으로 오신 예수님 안으로 우리를 부르시고 하나님의 유전자(DNA)를 집어넣으셔서 "너는 나의 형상이다. 너는 땅과 바다와 하늘을 통치할 나의 대행자다."라고 하시며 우리에게 새로운 신분을 주셨습니다. 구원은 지옥에서 천국으로 옮겨지는 것만을 말하는 것이 아니라 새로운 신분, 새로운 가치관, 새로운 존재로 살아가는 것을 의미합니다. 새로운 출발선상에 선 사람은 하나님을 으뜸의 자리에 모십니다. 오직 하나님만이 최우선이기 때문에 내 삶의 처음 것을 구별해서 드립니다. 하나님을 어르신으로 잘 모셔야 합니다.

당신의 삶에서 하나님께서 최우선임을 고백할 수 있습니까?
그 고백처럼 첫 것을 하나님께 드리는 실제적 사례를 나누어 보십시다.

새로운 출발(3)
- 새로운 공급원

『 어느 날 아인슈타인의 제자들이 아인슈타인에게 이렇게 질문했습니다.
"선생님께서는 어떻게 그 많은 업적을 이루셨습니까?"
아인슈타인은 다음과 같이 표현하였습니다.
"$S = X + Y + Z$"
S = 성공, X = 노력, Y = 열정, Z = 생각 』

S = 기독교인으로서의 새로운 경영, X = 예수를 만난 후 새로운 출발, Y = 새로운 공급원, Z = 기독교인으로서의 새로운 삶.
이것은 새로운 신앙인으로서 새롭게 삶을 경영하는 방식을 이끌어 내는 데에도 해당되는 공식입니다.

새롭게 출발했으면 새로운 경영이 있어야 합니다. 출발만 멋지게 하고, 은혜만 멋있게 받은 채 경영하지 않으면 출발선상에 그대로 멈춰 있게 됩니다. 더 이상의 성장은 없고 고착될 뿐입니다. 옛 삶을 버리고 새 사람이 되기 위해서는 변화를 유지하고 이끌어 갈 동력(動力)이 필요합니다. 로켓이 발사되기 위해서 엄청난 힘이 필요하듯, 출애굽 하려면, 옛 생활을 떠나려면 어마어마한 공급이 있어야 합니다.

'새로운 경영'이란 내가 먹고 있는 음식, 내가 마시는 음료를 바꾸는 변화를 말합니다. 공급원을 새롭게 바꾼다는 뜻입니다. 초대교회 성도들이 어떻게 능력 있는 삶을 살았습니까? 로마의 황제들이 300년 동안 아예 기독교의 씨를 말려 버리려고 극심한 박해를 했지만 소멸되지 않았던 이유가 무엇입니까? 그들에게는 특별한 양식이 공급되었기 때문입니다. 성령이 충만하고, 말씀이 충만했기에 그 엄청난 박해를 이기고 기독교를 확산시킬 수 있었습니다. 이스라엘 백성들은 애굽에서 떠나기 위해 새로운 양식을 공급받았습니다. 양고기로 상징된 예수님을 먹고 마심으로써 애굽을 떠날 수 있었습니다. 우리가 처한 시대 속에서 우리 자신을 기독교적으로 경영하기 위해서는 공급원을 갖는 것이 필요합니다. 새로운 공급원은 우리에게 새로운 동력을 줄 것이고, 새로운 동력은 우리의 삶을 변화시키는 힘이 될 것입니다.

 영생을 가진 거듭난 그리스도인들은 어떤 공급으로 살아야 합니까? 나의 기쁨, 행복은 어디에서 옵니까?

새로운 경영(1)
- 피를 바르라

출애굽을 하기 전, 유월절 저녁에 이스라엘 백성들이 한 행동에서 새로운 공급원들을 살펴볼 수 있습니다.

"그 피를 양을 먹을 집 좌우 문설주와 인방에 바르고"(출 12 : 7).

우리는 그동안 저질러 왔던 죄, 잘못된 행동들로 인해 진노와 심판을 받아 마땅한 존재입니다. 그러나 그 모든 저주를 끊을 수 있는 힘이 바로 '피'에 있습니다.

"♬ 주의 보혈 능력 있도다. 주의 피 믿으오. 주의 보혈 그 어린 양의 매우 귀중한 피로다 ♬"

십자가의 보혈이 우리를 보호합니다. 애굽의 모든 장자가 하나님의 심판으로 죽어 갈 때, 문틀의 옆과 위에 피를 발랐던 이스라엘 가정의 장자들은 하나님께서 보호하셨습니다. 그리고 그들을 하나님의 장자라고 불러 주셨습니다. 장자권의 복을 주신 것이지요. 피를 발랐을 때, 후사권을 주시고 하나님의 기업을 이을 수 있는 사람으로 세워 주십니다.

"피를 바르라!"
피를 바른다는 말씀은 무엇을 의미합니까?

이것은 회개기도하는 것을 말합니다. 씻음을 받는 것을 말합니다. 우리는 씻음을 받지 않으면 하나님의 보좌 앞에 나아갈 수 없습니다. 제사장이라고 하더라도 번제단에서 자기를 씻어야만 하나님 앞에 설 수 있습니다. 씻음을 받지 않고 봉사하는 행위, 정결하지 않거나 용서받지 못하고 섬기는 행위는 하나님 앞에서 무효입니다. 죄를 그대로 지고 와서는 하나님 앞에 설 수 없습니다. 그래서 이스라엘 백성들은 피를 발랐습니다. 피를 바르는 것만이 하나님께서 죄를 넘어가 주시는(Pass-over) 유일한 방법이기 때문입니다. 매일 악한 행실을 씻으며 사는 삶이 피를 관리하는 삶입니다. 매일 일과 속에서 성막 예배를 드리며 아침저녁으로 피를 적용하여 회개하고 자기를 돌아보아 잘못된 것을 돌이키면 사람이 변화될 수밖에 없습니다. 그 보혈을 의지하여 회개함으로 우리의 죄에 대한 심판이 넘어가고, 거룩한 삶을 살 수 있는 기회를 얻게 됩니다. 예수님께서 십자가에서 흘리신 그 피를 내 삶 속에 바를 때, 우리의 죄에 대한 모든 심판과 저주를 끊어 낼 수 있습니다. 구원의 은혜, 그 밤의 축복은 피 발린 문 안에만 임하게 됩니다.

십자가의 보혈이 당신의 삶에 있습니까?

당신의 삶에서 회개가 필요한 부분은 무엇입니까?

새로운 경영(2)
-양고기를 먹으라

"너희는 이스라엘 온 회중에게 말하여 이르라 이 달 열흘에 너희 각자가 어린 양을 취할지니 각 가족대로 그 식구를 위하여 어린 양을 취하되"(출 12 : 3).

이스라엘 백성들이 피를 바른 다음에 양고기를 먹었음을 알 수 있습니다. 요한복음에서 예수님은 "내가 생명의 떡이다. 내가 생명의 음료이다. 나를 먹지 않고서는 살 수 없다."(요 6 : 35)라고 말씀하십니다. 예수님은 양식(糧食)으로 표현되곤 합니다. 유월절 날, 이스라엘 백성들이 피를 바른 뒤 양고기를 먹는 일은 '그리스도를 먹는' 행위로 이해할 수 있습니다. 그리스도를 생명의 양식으로 취하는 사람만이 새로운 차원의 삶을 살 수 있는 힘을 공급받고, 영적인 건강을 되찾을 수 있습니다. 그리스도를 취한다는 말은 무엇을 뜻합니까? 그것은 말씀을 읽고 말씀을 공부한다는 뜻입니다. 말씀을 꿀처럼 달콤하게 먹는 사람(시 19 : 10)은 그 삶 속에서 그리스도를 닮아 갑니다. 그리고 성령을 음료로 마십니다. 단순히 말씀만 먹는 사람은 가슴이 차가워지고 머리만 커질 수 있습니다. 하지만 동시에 성령을 음료로 마시는 사람은 가슴이 뜨거워집니다. 가슴에 성령의 기름이 부어지기에 감동이 있고, 신령한 것을 사모하고, 그 속의 뜨거움으로 인해 몸을 움직일 수밖에 없습니다. 그리고 그것은 자연스럽게 개개인의 삶 속에서 행동으로, 표정으로, 말로 나타납니다. 말씀을 먹는 사람, 성령을 음료로 마시는 사람은 그리스도라는 새로운 공급을 받게 됩니다.

음식 먹는 것을 잘 관리하지 않으면 몸이 부실해질 수 있습니다.

당신은 어떤 공급을 받고 있고, 무엇에 행복해하며, 무슨 재미로 삽니까? 신령한 양식이 공급되지 않으면 영적 건강을 잃게 됩니다. 무엇을 먹느냐에 따라 건강이 좌우되고 드러나는 삶의 유형도 달라집니다. 먹는 것에 따라 체질이 달라지듯 말씀과 성령의 역사를 통해 그리스도를 공급받은 사람은 그 삶이 확연히 달라집니다.

당신의 영적 건강 상태는 어떠합니까?
말씀과 성령의 역사가 잘 공급되고 있습니까?

새로운 경영(3)
- 무교병과 쓴 나물을 먹으라

"그 밤에 그 고기를 불에 구워 무교병과 쓴 나물과 아울러 먹되".

출애굽기 12 : 8에서는 무교병과 쓴 나물을 먹는다고 말씀합니다. 무교병은 누룩이 없는 떡을 말합니다. 누룩은 이스트(Yeast)를 말하는데, 이게 없으면 부풀지도 않고 맛도 없습니다. 쓴 나물도 마찬가지입니다. 쓴 나물이란 지금으로 말하면 씀바귀나 민들레 같은 것을 말합니다. 그런데 왜 하나님께서 이런 쓰디쓴 나물을 맛도 없는 떡과 함께 먹으라고 하셨을까요? 여기서 무교병과 쓴 나물은 거룩한 생활을 의미합니다.

"너희는 이레 동안 무교병을 먹을지니 그 첫날에 누룩을 너희 집에서 제하라 무릇 첫날부터 일곱째 날까지 유교병을 먹는 자는 이스라엘에서 끊어지리라"(출 12 : 15).

이것은 삶 속에서 거짓되고 신앙에 방해가 되는 것을 제하라는 의미입니다. 무교병을 먹는다는 것은 누룩, 즉 죄를 거절하는 삶을 말하고, 쓴 나물을 먹는다는 것은 과거에 죄를 짓던 생활을 부끄럽게, 고통으로 여기는 마음의 자세를 말합니다. 이를 통해 과거의 자신을 되돌아보고 앞으로 더 나아가도록 채찍질하라는 의미이기도 합니다. 거룩하기 위해서는 자기 경영을 해야 하는데 거룩하기 위해 애쓰는 그 삶이 바로 무교병과 쓴 나물을 먹는 삶입니다. 예수 그리스도 이외의 첨가물을 과감하게 제해 버리는 것이 우리의 주된 관심사가 되어야 합니다. 그리고 그러한 결단이 우리가 이전의 삶으로 절대 돌아가지 못하도록, 계속해서 거룩한 삶을 살아갈 수 있도록 우리를 돕습니다.

우리는 은혜를 받고 나서 그 받은 은혜를 훼손시키지 않도록 조심해야 합니다.

"하물며 하나님의 아들을 짓밟고 자기를 거룩하게 한 언약의 피를 부정한 것으로 여기고 은혜의 성령을 욕되게 하는 자가 당연히 받을 형벌은 얼마나 더 무겁겠느냐 너희는 생각하라".

히브리서 10 : 29에서는 은혜를 받고 나서 그것을 훼손시키는 것이 얼마나 심각한 죄인지 말하고 있습니다. 이것은 그리스도의 보혈로 정결함을 입고, 말씀을 취하고, 성령을 음료로 취해 신령한 삶을 사는 사람이라 하더라도 그 받은 은혜를 소홀히 여기고 함부로 대할 때 해당되는 말입니다. 피나 양고기를 소홀히 해서는 안 됩니다. 출애굽기 12 : 7에 보면 그 피를 양을 먹을 집 좌우 문설주와 인방에 바르라고 되어 있습니다. 하지만 문지방에는 바르라는 말이 없습니다. 그것은 문지방이 사람들이 드나들면서 밟는 곳이며, 그 피가 사람들에게 밟혀 함부로 홀대될까 염려되기 때문입니다. 또한 10절에서는 양고기를 아침까지 남겨두지 말며 아침까지 남은 것은 곧 불사르라고 말씀합니다. 그 다음 날에는 소홀히 취급되기 때문에 그것을 막기 위해서 남기지 말고 불사르라고 말씀합니다. 새로운 존재가 된 우리는 새로운 삶을 망가뜨려 버릴 수 있는 모든 행동들에 대해서 긴장해야 합니다.

우리를 거룩하게 한 언약의 피를 항상 귀하게 여기고, 삶 속에서 매일 피 관리를 해야 하며, 말씀의 공급을 받고 성령의 기름 부음을 받아 날마다 죄를 거부하는 삶을 살아야 합니다. 그리고 나뿐만 아니라 같이 신앙생활을 하는 사람의 새로운 경영을 방해하지 않도록 말과 행동을 조심하고 서로 받은 은혜를 귀하게 여길 줄 알아야 합니다.

당신의 삶에서 하나님의 은혜를 훼손시키는 것이 있습니까?
하나님의 은혜를 잃지 않기 위해 매일 애쓰는 별다른 수고가 혹 있습니까?

새로운 삶(1)
- 여호와의 군대

빠르게 변화하고 발전하는 시대 속에서 꼭 필요한 사람은 역동적인 사람입니다. 역동적인 사람은 언제, 어디에 있든지 자신을 필요로 하는 위치를 빠르게 인식하고, 자신에게 요구되는 역할을 수행하는 데 필요한 기술을 습득할 수 있어야 합니다. 그리고 변화의 속도에 발맞추어 다양하게 자신을 변화시켜 가고 적응시켜 나갈 수 있어야 합니다. 우리는 새로운 피조물, 새로운 신분이 되었으므로 그에 적합한 삶을 살아야 합니다.

새롭게 얻은 신분 중 하나는 바로 여호와의 군대입니다.

"너희는 무교절을 지키라 이날에 내가 너희 군대를 애굽 땅에서 인도하여 내었음이니라……"(출 12 : 17).

"사백삼십 년이 끝나는 그날에 여호와의 군대가 다 애굽 땅에서 나왔은즉"(출 12 : 41).

하나님께서는 400년 동안 노예 생활을 하면서 등짐 지고 막노동 했던 사람들을 유월절을 경험하자마자 '여호와의 군대' 라고 부르셨습니다. 오합지졸을 불러내어 출발하자마자 대오를 정렬하고, 편대를 짜고, 부대를 만들고, 깃발을 세우고 따라나서라고 하십니다. 구원을 받자마자 자격이 되는 사람은 앞장세우고 백성들은 뒤에 따라오게 해서 훈련을 시작하셨습니다.

우리는 일반 백성이 아니라 여호와의 군대로 부름을 받았습니다. 훈련을 놓치면 사고가 납니다. 훈련을 하지 않으면 아군인지 적군인지 분간을 하지 못합니다. 총을 거꾸로 들기도 합니다. 자신을 다치게도 하고, 남을 다치게도 할 수 있습니다. 그렇기에 훈련은 너무나도 중요합니다. 전옥표 씨가 쓴 《이기는 습관》에 "직원에게 최고의 복지는 혹독한 훈련이다."라는 말이 있습니다. 여호와의 군대로서 정확하게 훈련하는 것은 너무나도 중요합니다.

월드컵 시즌에 약 40일 가량 미국에 머무르고 있었습니다. 코리아타운에서 한인들이 빨간 티셔츠를 주면서 함께 응원하자고 했습니다. "대~한민국! 짝짝짝 짝짝! 우오오~" 새벽 4시였지만 약 1,500명 정도의 사람들이 나와서 응원하는 것을 보았습니다. 승리를 기원하며 하나가 되어 일사불란하게 박수를 치고 외치는 모습은 잘 훈련된 군대를 보는 듯했습니다.

같은 목적을 가진 하나님의 군인들은 함께 발을 맞추어 나가야 합니다. 함께 훈련해야 합니다. 그래야 승리를 거두었을 때 그 기쁨이 배가될 수 있습니다. 한 골, 한 골 집어넣을 때마다 목이 터져라 외치던 그 승리의 함성, 얼마나 흥분됩니까? 얼마나 설렙니까? 성도의 삶이란 숨어서 몰래 사는 삶이 아닙니다. 하나님께서 하나하나 다 보고 계십니다. 하늘에 우리의 경주를 응원하는 허다한 증인들이 있다고 합니다.

하나님께서는 우리를 군대라고 부르셨습니다. 여호와의 군대로서 제대로 배우고 제대로 훈련하는 것이 중요합니다.

또한 무엇을 위해서 싸울 준비를 하고 있는지 분명하게 알아야 합니다. 하나님으로부터 우리를 멀리 떼어 놓으려는 사탄의 꼬임에 맞서서, 그리고 세상 속에서 하나님의 백성으로 살아갈 수 없도록 만드는 유혹에 맞서서 싸워야 합니다. 그에 대항하기 위해서는 군기가 바짝 든 훈련받은 용사들이 되어야 합니다. 예배를 드리고 성경공부를 하면서, 그리고 봉사의 훈련을 통해서 하나님의 전신갑주를 입은 여호와의 군대로 세워져야 합니다.

 하나님의 사람으로서 당신이 훈련받아야 할 부분은 무엇입니까? 어떠한 훈련이든지 순종하며 받아들일 준비가 되어 있습니까?

새로운 삶(2)
-제사장

또 하나님께서는 우리를 제사장으로 부르셨습니다.
하나님께서는 우리가 또 하나의 노예가 되기를 원하지 않으십니다. 출신이 어떠하든지 이제는 혈통적 이스라엘이 아니라 피의 이스라엘이자 언약적 이스라엘입니다. 하나님과의 관계가 새로워지고 신분이 바뀌었습니다. 지금까지 노예로 살았고 종살이를 했지만 이제는 자녀로, 후사로, 주인으로, 하나님 나라를 책임지는 사람으로 신분이 달라졌습니다. "언약을 잘 지키면 너희는 열국 중에서 내 소유가 되겠고 너희가 내게 대하여 제사장 나라가 되며 거룩한 백성이 되리라. 언약 백성으로서 당당하게 살아라. 그러면 세계를 하나님께로 돌이키는 일을 위하여 너희 나라를 사용하겠다."라고 말씀하십니다 (출 19 : 5 - 6). 왕권을 가진 제사장으로 신분이 달라졌으니 이제는 당당하게 살아야 한다는 말입니다. 우리는 하나님 나라를 위해 부름을 받은 제사장 의식을 가지고 살아야 합니다. 나 혼자 잘 먹고 잘살기 위해서 사는 사람이 아니라 누군가를 돕고 섬기고 세워야 할 제사장입니다.

제사장은 어떤 사람입니까? 하나님 앞에서 항상 정결함을 유지하는 사람입니다. 하나님과 백성 사이에서 중재하는 사람입니다. 신앙적으로 성숙하고, 영적으로 충만한 깊이를 가져야 합니다. 그래서 주님을 만나지 못한 사람들이 주님을 만날 수 있도록 이끌어 주고, 이제 주님을 만난 사람들에게는 신앙적으로 성숙할 수 있도록 손을 내밀어 잡아 줘야 합니다. 그리고 하나님 앞에 더 가까워질 수 있도록 끊임없이 자신을 경영해야 합니다.

우리는 구원받는 순간 종이 아닌 아들로, 백성이 아닌 여호와의 군대로 부름을 받았습니다. 군인으로서 훈련받고, 새로운 가치관과 목적을 가지고 말씀을 공부해야 합니다. 삶의 방향도 달라져야 합니다. 그것은 하나님 나라를 건설하며, 교회 공동체를 섬기면서 사는 제사장적인 삶을 말합니다. 또한 이제는 출신과 관계없는 그리스도의 피가 우리의 새로운 신분입니다. 피가 우리의 능력이 되었습니다. 혈통적 이방인이 피의 백성, 언약의 백성으로 바뀌었습니다. 하나님을 위해 일하도록 부름 받은 제사장 민족으로 바뀌었습니다.

하나님의 백성으로서 삶을 관리하고 경영하면서 새로운 존재로 살아갑시다.

독수리 같은 삶을 살아가는 용사가 됩시다.

하나님 나라를 위해 부름 받은 제사장으로서 살아가고 있습니까?
제사장으로서 살기 위해 어떤 구별됨을 가지고 있습니까?

Memo

우리는 세상에 속해 살지만 세상 사람들처럼 땅만 바라보고 사는 존재가 아니라 하늘을 바라보고 사는 존재로 부름 받았습니다.
예수 그리스도의 피는 우리의 신분을 바꾸었습니다.

우리는 여호와의 군대가 되었습니다.
적을 돕는 행위를 멈추십시오.
하나님 나라를 위해 싸우는 용사가 되십시오.

우리는 제사장이 되었습니다. 거룩하게 자신을 지켜야 합니다.
문제 있는 세상, 사고 치는 사람들을 품고 하나님께로 나아가십시오.
타락한 세상, 어두운 현장이라도 이 땅을 품고 중재할 제사장이 거기 있다면 이 땅은 여전히 하나님의 나라, 희망의 땅입니다.

chapter 2.

'고난의 환경'
- 하나님의 부르심

(출 2 : 23 - 25)

²³여러 해 후에 애굽 왕은 죽었고 이스라엘 자손은 고된 노동으로 말미암아 탄식하며 부르짖으니 그 고된 노동으로 말미암아 부르짖는 소리가 하나님께 상달된지라 ²⁴하나님이 그들의 고통 소리를 들으시고 하나님이 아브라함과 이삭과 야곱에게 세운 그의 언약을 기억하사 ²⁵하나님이 이스라엘 자손을 돌보셨고 하나님이 그들을 기억하셨더라

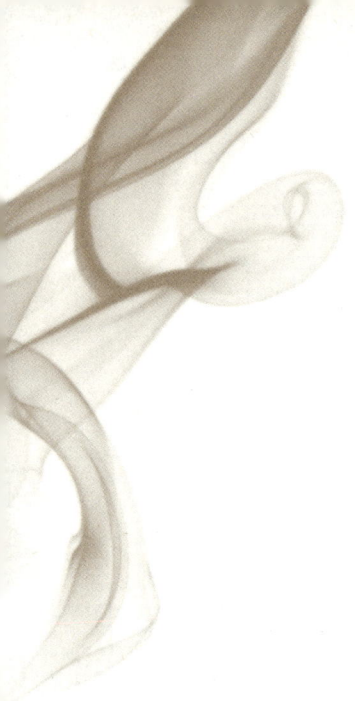

(출 2 : 23-25)

사람들은 위기를 만나면 신을 찾게 됩니다.
이스라엘 백성들도 고통 속에서 하나님께 부르짖었습니다. 그 부르짖음이 바로 신앙의 출발입니다. 어려운 환경은 당신이 선택한 것이 아니라 하나님께서 당신을 부르시는 콜링(Calling)입니다. "이제는 돌아와라, 너는 내 백성이다, 내가 선택했다, 내가 너를 통해서 해야 할 일이 있다."는 신호가 바로 고난입니다. 당신의 부르짖음을 하나님께서 보고, 듣고, 아십니다. 그리고 그것을 통해 우리를 향한 계획과 섭리를 풀어 나가십니다.

고난
-하나님을 만날 수 있는 기회

　출애굽기 2 : 23~25에 보면 이스라엘 백성들은 고된 노동으로 탄식하고 있다고 했습니다. 이스라엘인 요셉이 애굽의 총리가 되어 애굽을 흉년으로부터 건져 낸 것은 익히 알고 있는 놀라운 기사입니다. 그러나 요셉이 총리가 되어서 통치할 당시 애굽은 15대부터 17대까지 힉소스 왕조시대로, 그전에 14대까지는 함족이 애굽을 다스리다가 15대 때 셈족이 애굽을 점령해서 3대 동안 애굽 땅을 다스리게 됩니다. 종살이하던 요셉이 총리까지 올라갈 수 있었던 이유는 요셉이 셈족이며, 셈족을 쓰는 것이 정치적으로 훨씬 유익했기 때문입니다.

"요셉을 알지 못하는 새 왕이 일어나 애굽을 다스리더니"(출 1 : 8).

　요셉을 모르는 왕은 소위 신왕조시대인 18대 왕조입니다. 다시 함족이 셈족으로부터 나라를 빼앗아 함족의 시대가 되었습니다. 그러므로 함족 입장에서는 마치 우리가 일제강점기를 보내며 일본에 대한 분노가 있는 것처럼 세 왕조나 잃어버린 세월에 대한 분노와 아픔이 있었습니다. 더군다나 계속 늘어나는 이스라엘 백성들이 쫓겨난 셈족과 다시 결탁하여 나라를 빼앗을지도 모른다는 두려움이 더해져서 의도적인 정책으로 이스라엘을 핍박하고 괴롭히고자 했습니다.
　이렇게 형언할 수 없을 정도로 고난이 극심할 때 모세는 태어났습니다. 이스라엘 백성들은 피라미드를 건축하고, 나일 강의 운하 공사를 하고, 신전을 건축하고, 바로의 국고성을 만들며 죽을 고생을 하고 있었습니다. 인구 억제 정책으로 중노동을 시켰는데 그러면 그럴수록 그들은 아이를 더 많이 낳았습니다. 남자아이가 태어나면 산파를 통해 죽이려고 했지만, 하나님을 두려워하는 산파 십브라와 부아가 "우리가 가기 전에 애를 다 낳아서 어떻게 못합니다."라고 말하여 그 정책은 실패합니다. 결국 그들은 마지막 수단으로 남자아이를 낳으면 나일 강에 던지라고 하였습니다. 그렇게 끔찍한 상황임에도 불구하고, 생육하고 번성하며 충만하도록 하시겠다는 그 약속대로 이스라엘 백성은 중다해지고 충만해집니다.
　어려움을 만나면 부르짖어야 합니다. 하나님께서는 부르짖는 소리를 들으시고 우리와 맺었던 언약, 우리 조상들과 맺었던 언약을 기억하십니다. 그러므로 하나님의 선택받은 백성이 어려움이 왔는데도 기도하지 않으면 끝없는 미로를 헤매게 될 뿐입니다. 이것이 첫 번째 코스입니다. 사람들은 위기를 만나면 살기 위해서 나보다 더 강력한 힘을 가진 신을 찾게 됩니다. 그 동기가 신앙의 출발입니다. 어려운 환경은 내가 선택한 것이 아니라 하나님께서 나를 부르시는 부르심입니다. "이제는 돌아와라, 너는 내 백성이다, 내가 선택했다, 내가 너를 통해서 해야 할 일이 있다." 돌아오라는 신호가 바로 고난(Suffering)입니다.

고난은 모세 한 사람에게만 해당되는 것이 아니라 하나님을 믿고 따르기 원하는 사람들 모두에게 공통적으로 나타납니다. 그 고난의 시간들은 어느 누구에게나 찾아오는데, 그때 하나님을 찾느냐, 다른 대체물을 찾느냐에 따라 그 결과가 엄청나게 달라집니다. 하나님께 부르짖고 하나님을 찾는 사람은 어려움을 극복하고 하나님의 선택 받은 사람으로, 더 나아가서는 성장하여 여호와의 군대로, 왕 같은 제사장으로, 구속사의 지도자로 세워집니다.

"여호와께서 아브람의 아내 사래의 일로 바로와 그 집에 큰 재앙을 내리신지라"(창 12:17).

창세기 12장에서 아브람이 약속을 따라 가나안에 들어가자마자 기근이 들었습니다. 그때 아브람은 애굽 땅은 풍년이라는 소식을 접하게 됩니다. 그는 하나님께 기도하지 않고 성급하게 식솔들을 거느리고 애굽 땅으로 내려가는 실수를 범합니다. 기도하지 않는 아브람의 실수는 이것으로 그치지 않습니다. 아브람은 이방 땅에 들어갈 때 사래의 아름다운 외모 때문에 봉변을 당할까봐 두려움을 느끼고 "나의 누이라고 하자."라고 합니다. 사래를 보자 바로는 그녀를 탐하게 되고, 아브람은 결국 아내를 잃게 됩니다. 뒤늦게야 아브람은 모든 것이 잘못되었음을 깨닫고 하나님께 부르짖습니다. 하나님께서는 그 부르짖음을 들으셨고, 결국 아브람이 살아서 나오는 것뿐만 아니라 금은보화와 노예들까지 얻게 하여 부자가 되게 하셨습니다.

사무엘상 17장에는 다윗의 때에 큰 전쟁이 일어나 6규빗(2m 70cm)이 넘는 장신 골리앗이 소리를 지르며 이스라엘을 위협하는데, 그가 입은 갑옷의 무게만도 오천 세겔(약 57kg)이었다고 하니 그 분위기를 가히 상상할 수 있겠습니다. 모든 이스라엘의 장수들은 그 앞에서 그를 대항하여 싸우지 못하고 벌벌 떨고 서 있었습니다. 다윗은 형님들을 만나기 위하여 왔다가 이 광경을 보게 되었고, 물맷돌 다섯 개를 취해 골리앗을 때려눕혔습니다. 이처럼 무섭고 죽음의 위기가 닥쳐오는 순간은 하나님의 특별한 은총을 덧입을 수 있는 기회의 순간이 되기도 합니다.

역대하 36장에는 유다 나라가 망하는 장면이 나옵니다. 유다의 여호야김 왕 때 느부갓네살이 예루살렘을 파괴하고, 성전 기물 전부를 바벨론으로 가지고 갔습니다. 그때 다니엘과 그의 세 친구도 포로로 끌려가게 됩니다. 인류 역사상 사자 굴에 들어가서 살아났던 사람, 풀무불에 집어넣어도 살 수 있었던 사람은 다니엘과 그의 세 친구뿐입니다. 게다가 다니엘은 70년 동안 바벨론 땅에서 고위 관리가 되어 네 명의 황제를 섬기면서 포로가 된 자국민들을 보호하였습니다. 또한 장차 하나님께서 어떻게 세계 역사를 진행시키실지에 대한 이 정표를 보여 주셨습니다.

신앙인이라고 해서 하나님께서 늘 그의 날개 안에 품어 주시는 것만은 아닙니다. 늘 여유롭고 풍족하고 아늑한 생활을 누릴 수 있는 것도 아닙니다. 오히려 '하나님을 위함'이 고난의 원인이 될 수도 있습니다. 그렇기에 준비되지 않은 사람은 고난이 오면 두려워합니다. "큰일 났네. 우리 집에 재앙이 왔네. 어떻게 하면 좋지?" 하고 부들부들 떨지만, 주님 안에서 늘 신앙으로 준비된 사람들은 때를 기다립니다. 성도들에게 고난의 시기는 하나님 앞에서 점수를 따고 승리의 노래를 부를 기회이기 때문입니다. 고난의 가장 큰 특징은 이해할 수 없고 피하기 힘들다는 점에 있습니다만, 하나님 안에 있는 사람들에게 다가오는 고난(Suffering)과 역경(Adversity)이란 하나님 앞에 공을 세울 때입니다. 더 집중적으로 기도하고 예배하고 선포할 때입니다. 준비된 신앙인에게는 위기(Crisis)가 오히려 기회(Chance)가 됩니다.

『IMF를 기억하시지요? 정말 난리가 아니었습니다. 모든 사업체들이 부도가 나고, 가장들은 실직을 하고, 경제적인 침체는 끝이 날 것 같지 않았습니다. 그러나 이때, 제가 아는 어떤 회사의 사장님은 오히려 회사를 열 배나 성장시켰습니다. 어찌 된 일인가 싶어 찾아갔는데 회사 입구에 "빛이 있으라!"라고 쓰여 있는 큰 현수막을 보았습니다. 그 사장님은 믿음의 원리, 기도의 비밀을 알기에 매일 일과를 시작하기 전에 먼저 직원예배를 드리고 전 직원이 1시간씩 기도를 드렸습니다. 다른 사람은 다 죽겠다고 할 때 하나님께서 주신 기회라고 생각하면서 신앙으로 자신을 격려하고 직원들을 다독거리며 이 자리까지 왔다고 고백했습니다.』

'어쩌면 나는 이렇게 일이 안 풀릴까?', '일이 왜 이렇게 꼬일까?' 라고 생각될 때가 있습니다. 두려워하지 마십시오. 그것은 기회입니다. '나는 재수가 없고 운도 따르지 않고 인맥이 없어.', '나는 되는 일이 없어.' 하는 생각은 하나님의 자녀들의 생각이 아닙니다. 위기의 순간은 "지금이야말로 영적 전쟁에서 승리할 때구나!"라고 선포하고 선언할 때입니다.

이해할 수 없고 피할 수 없는 고통의 순간들이 있습니까?
그때 당신은 하나님의 자녀로서 무엇을 선택할 수 있습니까?

꼬이는 환경
-훈련

매일의 삶이 광야인 경우가 있습니다. 신앙대로 살려고 하지만 꼬이는 경우도 있습니다. 믿음 생활을 시작하고, 십일조 생활을 하고, 기도 생활을 하는데도 계속 안 풀릴 때가 있습니다. 꿈을 붙잡고 비전을 붙잡았지만 자꾸 일이 뜻대로 되지 않는 경우도 많습니다. 그것은 하나님께서 돕지 않아서가 아니라 하나님께서 그 사람을 쓰기 위해서 고난으로 훈련하고 계시기 때문입니다.

요셉은 갈등 구조에서 성장했습니다. 어머니가 일찍 돌아가시고, 형제들의 시기와 질투로 인해 노예로 팔려 가 10년 이상 종살이를 하다가 억울한 누명을 쓰고 감옥에 갇힙니다. 술 맡은 관원장의 꿈을 해석해 주어 곧 풀려날 줄 알았지만 2년씩이나 잊혀지는 배신을 당합니다. 광야를 극복하고 나면 또 광야입니다. 그러나 요셉은 하나님을 신뢰했습니다. 일찍이 하나님께서 주신 비전이 있었기 때문에 흔들리지 않고 마음을 지킬 수 있었습니다. 마침내 하나님께서는 요셉을 나라를 살리는 생명의 부양자로 세우셨습니다.

"사울은 그가 죽임 당함을 마땅히 여기더라 그날에 예루살렘에 있는 교회에 큰 박해가 있어 사도 외에는 다 유대와 사마리아 모든 땅으로 흩어지니라"(행 8:1).

초대교회 때 베드로가 한 번 설교하면 3천 명, 5천 명이 순식간에 회심했습니다. 당시 예루살렘의 인구를 15만 명 정도로 추산하는데 온 도시가 떠들썩했겠지요. 스데반이 순교당하고 핍박이 일어나자 사도들은 교회를 지키기 위해 남았지만, 일반성도들은 다 도망쳤습니다. 빌립도 도망쳐서 사마리아 성에 들어갑니다. 사마리아는 앗수르가 이스라엘을 침공할 때 혼혈정책을 썼던 곳입니다. 통혼정책으로 땅이 더러워졌다고 이스라엘 사람들이 혐오하던 지역으로서, 정상적인 상황이면 빌립이 전도여행을 가지 않았을 곳입니다. 그런데 사도도 아닌 집사 빌립을 통해서 사마리아에 복음이 증거되자 귀신

이 쫓겨나고 병자가 일어나는 역사가 이루어졌습니다.

사도행전 16장에서 바울이 빌립보에서 귀신 들린 여종을 치료하자 그 점치는 여종으로 인해서 돈을 벌던 주인의 고발 때문에 죽도록 매를 맞았습니다. 바울과 실라가 만신창이가 되어 감옥에 갇혔지만, "복음을 전하게 하시고 그리스도의 십자가 고난에 동참할 수 있도록 매질을 하셨군요." 하면서 일어나 찬양을 할 때 옥문이 열렸습니다. 간수는 죄수들이 도망친 줄 알고 자결하려고 하다가 그들이 감옥 안에 있는 것을 보고 회심했습니다. "내가 어떻게 하면 좋겠느냐?", "주 예수를 믿으라. 그리하면 너와 네 집이 구원을 얻으리라." 이 일로 인해 간수의 가족들이 다 세례를 받고 예수를 믿었습니다.

우리가 복음을 전하고 의로운 일을 하지만 그것이 오히려 매질과 불이익을 줄 때가 있습니다. 그럴 때에라도 불평하지 않고 감사하고 찬양하면 전혀 뜻밖의 결과를 볼 수가 있습니다. 사마리아 지역에 복음이 전파되고, 빌립보 지역에 교회가 세워질 수 있었던 동기는 '고난'입니다. 신앙생활을 잘하다가 고난을 당하는 경우가 있습니다. 그럴지라도 불평하지 말고 감사하십시오. 하나님께서는 그런 악조건들을 통해서도 복음을 전파하게 하시고 하나님께 영광을 돌리게 하시기 때문입니다.

"이 백성은 내가 나를 위하여 지었나니 나를 찬송하게 하려 함이니라" (사 43 : 21).

가정문제, 부부갈등, 자녀문제는 모두 구원과 연결되고 교회와 연결되고 하나님 나라와 연결됩니다. '왜 하나님께서 이런 사람을 만나게 하셨을까?', '왜 하필 이 사람을 동역자로 만나게 하셨을까?' 라는 생각이 들 정도로 고약한 인연으로 만날 때가 있습니다. 하나님께서는 우리 곁에 훈련대장을 세우시고 나를 구속사에 쓰임 받는 사람으로 세우기 위해서 연단(Trial)하십니다. 내게 주어진 환경은 하나님의 뜻(God's will)입니다. 하나님의 섭리(Divine providence)가 그 안에 있습니다. 피하거나 도망치지 말고 가슴으로 껴안아야 합니다. 잘 훈련받고 통과하게 되면 하나님께서 크게 쓰십니다. 하나님께서는 자신의 사람이 원하는 수준으로 성장하기까지 계속해서 얽히고 설키고 꼬이는 자리로 내모십니다. 그것은 안주하는 것을 막아 하나님께서 원하시는 자리에 이르도록 하기 위함입니다.

당신이 얽히고 설키고 꼬이는 자리에서 해야 할 일은 무엇입니까?
어려움 속에서도 찬양할 수 있는 힘은 어디에서 나옵니까?

이해할 수 없는 환경
- 부르심과 은혜

"하나님 뜻대로 살고자 몸부림치는 나에게 고난과 역경이 다가오는 이유는 무엇일까? 하나님께서는 왜 내가 어려운 상황 속에 처하도록 내버려 두실까?" 이는 신앙인으로서 새로운 출발을 하는 당신이 어려움이 다가올 때마다 늘 해 보는 질문일 것입니다. 그것에 대한 답은 두 가지입니다.

하나는 하나님의 자녀로의 부르심(Calling)입니다. 이제 당신은 세상의 자녀가 아니라 하나님의 자녀로 선택을 받았고, 앞으로 세속적인 삶이 아니라 하나님의 자녀로서의 삶을 살아가야 한다는 것을 주지시켜 주기 위함입니다. 예전의 것과는 작별하고 새로운 것을 맞이하기 위한 준비이자 훈련으로서 자녀이기 때문에 주시는 하나님의 특별한 은총입니다.

또 하나는 이제 당신을 왕 같은 제사장으로 키우기 위한 부르심입니다. 하나님께서는 당신을 부르시고, 당신을 준비시키시고, 당신을 훈련시키십니다. 하나님께서는 당신을 통하여 하나님의 사역을 이루시기 위해 이미 계획을 세워 놓으셨습니다. 그 역량에 걸맞도록 당신이 성숙하길 원하십니다. 그 훈련이 바로 당신이 겪는 어려움입니다. 우리는 구원을 위해 부르심을 받았습니다. 그러나 더 나아가서 하나님 나라를 위해 부르심을 받았습니다. 그 나라를 위해 왕 같은 제사장으로 세워져야 합니다.

그렇다면 그 고난이 다가왔을 때, 우리는 어떻게 해야 합니까?

(1) 예상치 못한 어려움을 만났을 때 두려워하지 말고 기도하라

예상치 못한 어려움을 만났을 때 두려워하지 말고 기도해야 합니다. 하나님께서는 우리에게 기도해야 문제가 해결되도록 위기를 주시고 고난을 주십니다. 모세가 이끄는 공동체가 광야에서 아말렉이라는 아주 호전적인, 마적이나 산적 같은 고약한 무리와 만납니다.

이제까지 이스라엘은 등짐을 지고 중노동을 하며 노무자로 살았던 사람들인데 어떻게 이런 강적들과 전쟁을 치를 수 있겠습니까? 모세는 위기를 만났을 때 아론과 훌의 도움을 받습니다. 주변 사람과 합심해서 기도로 동역하자고 요청했습니다. 믿음이 좋은 사람도 혼자의 힘으로 문제를 해결하지 못할 때 주변의 기도하는 사람에게 도움을 구해야 합니다. 이것이 신앙의 성숙입니다.

고난을 자신의 힘으로 해결할 수 없을 때, 기도로 부르짖으면 하나님 나라가 열리기 시작합니다. 하나님의 언약, 하나님의 약속을 성취할 목적으로 주신 고난은 머리를 굴리거나 인간적인 방법으로 문제를 해결하려고 하면 더 꼬이기 마련입니다.

"여러 해 후에 애굽 왕은 죽었고 이스라엘 자손은 고된 노동으로 말미암아 탄식하며 부르짖으니 그 고된 노동으로 말미암아 부르짖는 소리가 하나님께 상달된지라 하나님이 그들의 고통 소리를 들으시고 하나님이 아브라함과 이삭과 야곱에게 세운 그의 언약을 기억하사 하나님이 이스라엘 자손을 돌보셨고 하나님이 그들을 기억하셨더라"(출 2:23-25).

우리가 부르짖을 때 하나님께서 들으십니다. 위기가 와도 두려워하지 않고 어린아이처럼 부르짖어 기도할 때, 위기는 축복으로 전환될 수 있습니다.

(2) 하나님의 관점을 가지라

『전쟁 중에 총탄에 맞아서 오른팔을 다친 병사가 병원에서 치료를 받다가 그만 팔을 자르게 되었습니다. 수술 전에 군의관이 "안타깝게도 팔을 잃게 되었소."라고 위로했습니다. 그러자 병사는 "나는 팔을 잃은 것이 아닙니다. 나는 조국에 나의 팔을 바쳤습니다."라고 자랑스럽게 이야기했습니다.』

어떤 관점에서 보느냐에 따라서 생각은 전혀 달라집니다. 이처럼 어려움을 만났을 때 하나님의 관점으로 사건을 보는 것이 중요합니다. 당신에게 원하시는 하나님의 의도를 알아챈다면 그 어려움의 순간은 순식간에 달아날 것입니다.

IMF 외환위기 때 전 세계가 이제 대한민국은 망했다고 했습니다. 그러나 세계역사에 유래가 없는 금 모으기 운동과 외화 모으기 운동으로 그 위기를 극복했습니다.

2007년 겨울, 서해안 기름 유출 사건으로 태안 앞바다가 기름띠로 완전히 덮였습니다. 미국이나 일본에서도 그런 사건이 있었지만 대한민국은 달랐습니다. 교회마다 연합하여 숟가락과 수건을 준비하여 바위 틈새에 들어간 기름찌꺼기를 다 닦아 내고, 모래와 뻘을 뒤집어 기름띠를 샅샅이 긁어내었습니다. 인류 역사에 이런 사례가 없었습니다. 이 민족의 능력입니다.

일제 34년 11개월 동안 일본 사람들이 우리에게 잘못된 교육을 했습니다. '의식화 교육'으로 "너희들은 혼자는 똑똑하지만 단체로는 힘을 쓰지 못하는 그런 민족이다. 너희는 호랑이가 아니고 토끼다.

반만년 유구한 역사라고 하지만 무궁화를 봐라. 진드기만 붙고 피어나지 못한 꽃이 아니냐?"라고 폄하했습니다. 그 교육을 통하여 우리의 의식구조를 평가절하시켜 스스로도 자존감을 갖지 못하도록 만들었습니다. 그런데 오히려 위기의 때가 되면 한국 사람들의 저력이 나타납니다. 월드컵 때 쓰레기 잘 모으기, 질서 잘 지키기, 응원 잘하기를 실천하였습니다. 우리 민족은 위기를 만나면 능력이 나타나는 저력 있는 민족입니다. 미래 역사를 연구하는 사람들은 우리 한국을 보통 눈으로 보지 않습니다. 이 조그만 나라, 그것도 허리가 잘리고 반만년 유구한 역사에 밟고 또 밟아도 밟히지 않는 이 민족의 저력은 무엇을 위하여 준비된 것일까요?

하나님께서 이 역사의 마지막에 제사장 나라로 세우기 위해서 우리에게 이런 아픔의 역사를 주신 줄 믿습니다. 그러므로 우리 자신의 자긍심을 높여야 합니다.

도종환 시인의 "흔들리며 피는 꽃"이라는 시가 있습니다.

> 흔들리지 않고 피는 꽃이 어디 있으랴
> 이 세상 그 어떤 아름다운 꽃들도
> 다 흔들리면서 피었나니
> 흔들리면서 줄기를 곧게 세웠나니
> 흔들리지 않고 가는 사랑이 어디 있으랴
>
> 젖지 않고 피는 꽃이 어디 있으랴
> 이 세상 그 어떤 빛나는 꽃들도

다 젖으며 젖으며 피었나니
바람과 비에 젖으며 꽃잎 따뜻하게 피웠나니
젖지 않고 가는 삶이 어디 있으랴

꽃은 흔들리면서 피고, 나무는 세찬 비바람의 고난 속에서 강한 나무로 세워집니다. 이처럼 비바람에 젖고 고난의 세파에 시달리면서도 하나님의 종들은 일어납니다.

질병으로 고생하다가 치료하시는 하나님을 만난 사람들이 있습니다. 자녀 때문에 애타는 고통을 겪다가 나 때문에 오랜 시간 애달파하시는 주님의 마음을 경험한 사람들도 있습니다.

하나님을 신뢰하고 부르심을 받은 자들이 합력해서 선을 이룬다는 사실을 선포하게 되면(롬 8 : 28), 그 즉시 고난이 축복으로 바뀌게 됩니다.

(3) 하나님을 신뢰하라

김홍신의 《인생사용 설명서》에 나오는 이야기를 하나 소개합니다.

『다스트라 만지는 인도의 가장 비천한 신분인 수드라 계급의 천민이었습니다. 어느 날 그의 아내가 산에서 굴러떨어져 머리를 다쳤으나 치료를 받지 못하고 죽었습니다. 병원은 88킬로미터를 돌아가야 있었습니다. 마을 뒤에 있는 산은 산세가 험해 국가에서도 조치를 취할 엄두를 내지 못하고 사고가 나면 먼 산길을 돌아가야 했기에 속수무책으로 죽어야 했습니다.

만지는 아내의 장례를 치르고 즉시 망치 한 자루와 정 하나로 칼바위 산을 부수기 시작했습니다. 사람들은 미친 짓이라고 비난하고 조소했지만 푼푼이 남의 일을 거들고 밥을 얻어먹으며 그 일을 계속했습니다. 드디어 22년 만인 1982년에 칼바위 산을 관통하는 길이 뚫렸습니다. 총 길이 915미터, 평균 너비 2.3미터, 깊이는 최고 9미터까지 이르는 바위를 뚫고 길을 만들어 냈습니다. 88킬로미터의 거리가 1킬로미터로 가까워졌습니다. 마을 사람들은 먼 길의 읍내를 자전거를 타고 갈 수 있게 되었고, 손수레를 끌고도 갈 수 있게 되었습니다. 뒤늦게 인도 정부에서 상금과 훈장을 주겠다고 했지만 그는 거절하며 "나는 내 할 일을 했을 뿐입니다."라고 대답했습니다. 』

우리가 할 수 있는 것도 이 만지와 같습니다. 시키는 대로 한 걸음씩만 나아갑니다. 하나님만 바라보며 묵묵히 나아갑니다. 지금은 아무것도 할 수 없고, 무기력하고 무능력해 보입니다. 모든 것들이 어렵고, 답답하고, 얽혀 있습니다. 하지만 그것은 하나님께서 우리를 외면하시는 것이 아닙니다. 모든 것에는 다 하나님의 의도된 계획이 있습니다.

유명한 크리스천 시인인 애니 존슨 플린트(Annie Johnson Flint)의 시 가운데 "그러나 하나님은"(But God)이라는 시가 있습니다.

나는 모르지만 하나님은 아신다네
내가 모르는 미지의 날들이
그에게는 분명하고 확실함을 알기에
나 두려움에서 벗어나 복된 안식을 누린다네

모든 수수께끼 같은 당혹할 "왜"의 물음이
회의와 공포가 되어 커져 갈 때
난 이 생각으로 해답을 찾는다네
난 모르지만 그러나 하나님은 아신다고

난 할 수 없지만 그러나 하나님은 할 수 있으시다네
내가 감당할 수 없는 어떤 짐도
그의 손길은 능히 들어 올리심을 알기에
내 염려했던 일들은 오히려 유쾌한 일들일 수 있다네

비록 독수리의 날개가 피곤해지고
내가 한때 달렸던 길을 이젠 걸어야 할지라도
난 내게 주어질 능력을 알고 있다네
난 할 수 없어도 그러나 하나님은 할 수 있으시기에

나는 볼 수 없지만 그러나 하나님은 보신다네
내게는 어둡고 감추어진 길이어도
그분에겐 여전히 밝은 길이기에
내 가는 길에 넉넉한 빛을 볼 수 있다네

내 긴장되고 충혈된 눈이
안식 가운데 눈 감을 수 있고
평화로움 속에 잠들 수 있는 이유는
나는 보지 못하나, 그러나 하나님은 보시기 때문이라네

모든 것을 주관하시고 다 아시는 하나님을 신뢰하면서 그분의 뜻을 갈구한다면, 어려움을 넉넉히 이길 수 있는 능력을 경험할 것입니다. 그리고 마침내 우리는 그 나라를 위해 쓰임받는 위대한 일꾼으로 우뚝 설 것입니다.

 위기의 상황 속에서 가져야 할 믿음의 관점은 무엇입니까?
그럼에도 불구하고 항상 기뻐해야 할 이유는 무엇입니까?

고난은 하나님께서 우리를 부르시는 방법입니다. 고난 가운데서 우리가 부르짖을 때 하나님께서는 당신의 계획과 섭리를 이루십니다. 그러므로 고난이 다가올 때 두려워하지 말고 기도로 하나님 앞으로 나아가야 합니다.

당신이 당하고 있는 고난!
어떻게 결실되어지기를 원하십니까?
고난 중에서라도 설레는 마음으로 그 일을 준비하십시오.

Memo

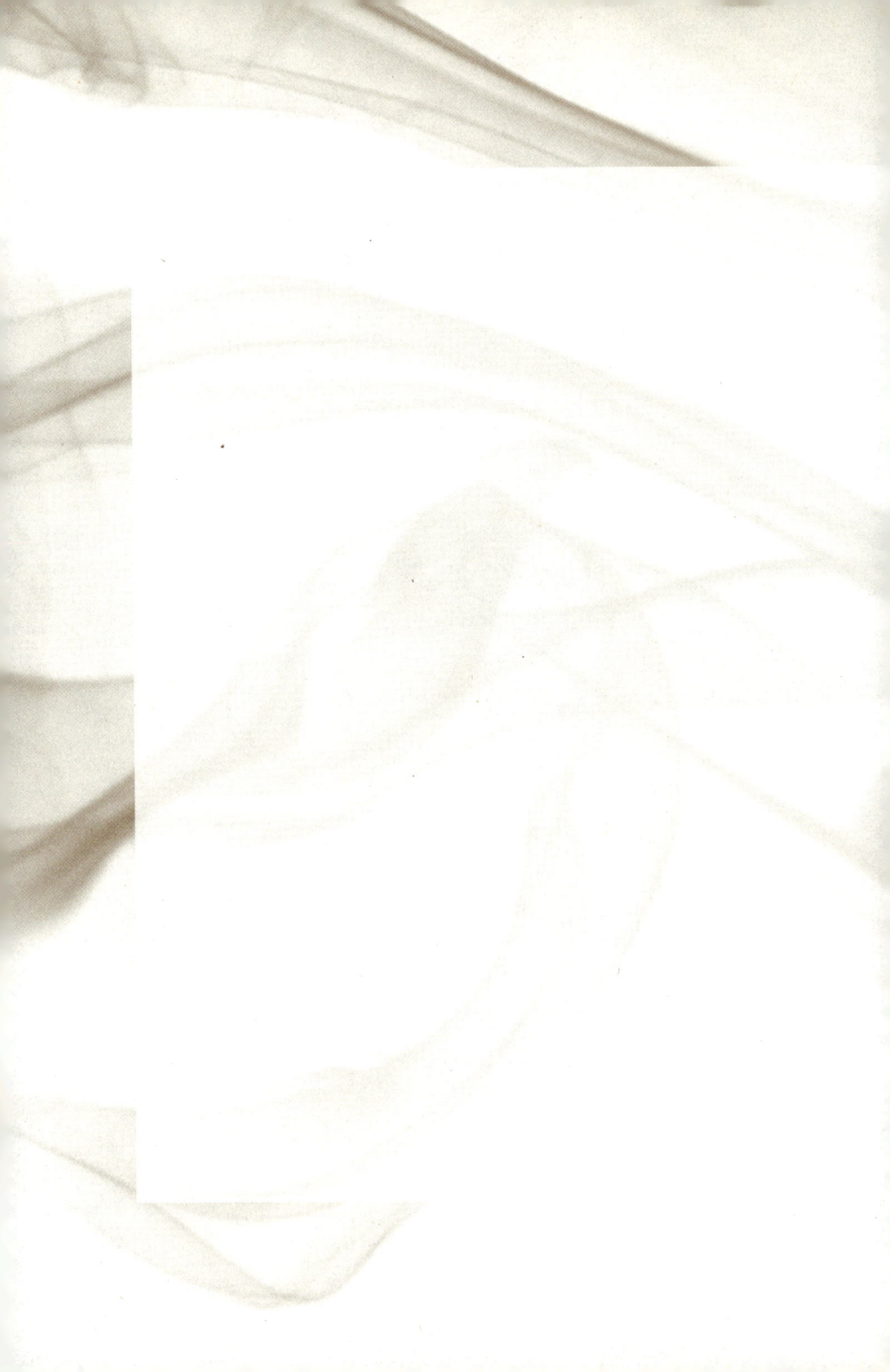

chapter 3.

하나님께서
준비시킨 목자

(출 7 : 1 - 7)

¹여호와께서 모세에게 이르시되 볼지어다 내가 너를 바로에게 신같이 되게 하였은즉 네 형 아론은 네 대언자가 되리니 ²내가 네게 명령한 바를 너는 네 형 아론에게 말하고 그는 바로에게 말하여 그에게 이스라엘 자손을 그 땅에서 내보내게 할지니라 ³내가 바로의 마음을 완악하게 하고 내 표징과 내 이적을 애굽 땅에서 많이 행할 것이나 ⁴바로가 너희의 말을 듣지 아니할 터인즉 내가 내 손을 애굽에 뻗쳐 여러 큰 심판을 내리고 내 군대, 내 백성 이스라엘 자손을 그 땅에서 인도하여 낼지라 ⁵내가 내 손을 애굽 위에 펴서 이스라엘 자손을 그 땅에서 인도하여 낼 때에야 애굽 사람이 나를 여호와인 줄 알리라 하시매 ⁶모세와 아론이 여호와께서 자기들에게 명령하신 대로 행하였더라 ⁷그들이 바로에게 말할 때에 모세는 팔십 세였고 아론은 팔십삼 세였더라

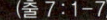

한 사람이 변화되어 이 땅을 변화시킬 수 있는 능력을 갖추기까지는 그만큼의 시간과 대가 지불이 필요합니다. 어느 날 은혜 받았다고 갑자기 변화되는 것이 아닙니다. 모세 같은 사람도 쓰임 받겠다고 40세에 자신을 내어 놓았지만, 하나님께서는 훈련을 위한 또 다른 40년을 더 요구하셨습니다. 인격이 변화되고, 각자의 성품 속에 하나님의 형상이 각인되며, 하나님처럼 살리는 일을 하는 사람으로 세워지는 일은 하루 이틀에 되지 않습니다. 잘못하고, 갈피를 잡지 못해 헛갈리면서도 우리는 변화되어 갑니다.

하나님의 준비는 쉽게가 아닌, 어렵게, 철저하게 이루어진다

  한 사람이 변화되어서 이 땅을 변화시킬 수 있는 능력을 갖추기까지는 그만큼의 대가가 지불되어져야 합니다. 하나님께서는 '모세' 라는 한 사람을 선택하여 80년 동안 훈련시키셨습니다. 그를 통해서 이스라엘을 구원하시는 모습을 보면 하나님의 구속사의 그 장엄함과 탁월함을 가슴 깊이 감동으로 느낄 수 있습니다.

  세상의 모든 것들은 쉽고 빠르게 만들어 낼 수 있습니다. 모든 것이 '빨리, 서둘러' 의 모토(Motto)를 따라 움직입니다. 프로그램이나 조직 혹은 건물은 다 급조할 수 있습니다. 심지어 돈도 급하게 만들 수 있습니다.

그러나 사람을 만드는 일은 하나님께서 절대로 급하게 하지 않으십니다. 아담 외에는 하나님께서 직접 만든 사람이 없습니다. 모든 사람은 하나님께서 정하신 출산의 방법을 통해서 출생합니다. 모세 같은 사람도 쓰임 받겠다고 40세에 자신을 내어 놓았지만, 하나님께서는 훈련을 위한 또 다른 40년을 더 요구하셨습니다.

  당시는 남자아이들이 태어나면 무조건 강물에 버려야 하는 급박한 상황이었습니다. 그런 절박한 상황 속에서도 하나님께서는 80년 동안 모세가 합당한 일꾼으로 준비되기를 기다리셨습니다. 인격이 변화되고, 각자의 성품 속에 하나님의 형상이 각인되며, 하나님처럼 살리는 일을 하는 사람으로 세워지는 일은 하루 이틀에 되지 않습니다. 잘못하고, 갈피를 잡지 못해 헷갈리면서도 우리는 변화되어 갑니다. 창세기와 출애굽기의 결론은 "이렇게 지지부진한 사람들을 통해서도 하나님께서는 결국 하신다."입니다. 하나님께서 나를 통해서 하실 것을 믿고, 그 눈으로 나를 조망해 보는 시각을 '구속사적 관점'이라고 말합니다.

  하나님께서는 어려운 환경을 통해서 하나님을 인격적으로 만나게 하십니다. 사업이 어려워지거나 가정에 위기가 오고 전혀 뜻밖의 질병으로 절망하는 순간, 사람은 하나님을 찾게 됩니다. 사람에게는 태어날 때부터 신을 찾을 수밖에 없는, 그 어떤 것으로도 채울 수 없는 공허한 자리가 있습니다. 그래서 사람은 위기를 만나면 하나님을 찾고 교회를 찾습니다.

  하나님께서 이끄시는 구속사의 핵심 중의 하나는 사람, 즉 목자와의 만남입니다. 사람의 생애 속에 중대한 영향력을 미치는, 주로 교회의 목사님이나 또 어떤 경우에는 셀장(구역장, 속장)을 만나게 하십니다. 그때 그 사람을 통해서 하나님을 경험하기 시작합니다. 이때를 우리는 '은혜의 단계'라고 말할 수 있습니다.

"우리가 알거니와 하나님을 사랑하는 자 곧 그의 뜻대로 부르심을 입은 자들에게는 모든 것이 합력하여 선을 이루느니라"(롬 8 : 28).

부모나 선생님, 심지어 교회를 잘못 만났다고 불평하는 사람들이 있으나 구원받은 하나님의 백성들은 결국 하나님께서 원하시는 선한 상태로 이끌려 가게 됩니다. 결국 틀림없는 인연이었고, 필연적인 만남이었다고 고백하게 됩니다.

 오늘 당신을 만지시는 하나님의 손길을 느낍니까?
당신을 바르게 이끌어 주는 하나님께서 세워 주신 목자를 만났습니까?

목자로서의 준비(1)
– 구별 : 씨의 출발

모세가 태어나기 이전, 모세가 속한 이스라엘 백성들은 애굽에서 온갖 곤욕을 치르며 멸시와 천대를 받고 힘든 일을 하는 노예로 살았습니다. 게다가 태어나는 남자아이마다 나일 강에 던져져 죽임을 당해야 하는 비참한 처지에 있었습니다. 그런 노예의 삶 속에서 모세가 자신의 민족인 이스라엘을 애굽에서 이끌어 내는 지도자가 되기까지는 많은 시간이 걸렸습니다. 하나님께서는 자신이 선택한 사람을 단숨에 슈퍼맨으로 만들어 주시지 않습니다. 목자로 세워지기까지 몇 가지의 단계가 필요합니다.

모세가 태어났던 당시는 남자아이가 태어나면 모두 강물에 던져 넣어야 하는 비참한 상황이었습니다. 남자들은 중노동에 시달렸고, 가정마다 임신을 하면 '큰일 났다. 아들을 낳으면 어떻게 하나?' 하는 걱정부터 앞섭니다.

"레위 가족 중 한 사람이 가서 레위 여자에게 장가들어"(출 2 : 1).

한편 이 말씀을 통해 이 결혼이 얼마나 의도적이고 계획적이었나를 알 수 있습니다.

『토머스 J. 스탠리가 쓴 《백만장자 마인드》라는 책이 있습니다. 미국의 백만장자 가운데 733명을 인터뷰하여 성공한 이유를 알아보았습니다. 항목을 100위까지 선정했는데 5위에 '다른 사람보다 더 열심히 일한 열정'이 성공의 요인임을 꼽았습니다. 4위는 '외조 혹은 내조를 잘해 주는 배우자의 중요성'이 뽑혔습니다. 좋은 배우자를 만나면 협력을 받고 돕는 배필이 되어 함께 갑니다. 좋은 동역자로 부족한 부분을 비난하거나 공격하지 않고 오히려 격려하고 지지하는 마음으로 함께 간다면 어떤 위기라도 극복할 수 있고, 어떤 고난 가운데서라도 성공할 수 있습니다.』

   모세의 부모는 서로 배우자를 찾을 때 잘생긴 외모나 학력 좋은 사람을 찾지 않고 레위 지파 사람을 찾았습니다. 레위 사람들은 태어날 때부터 성별된 사람들이기 때문입니다. 그들은 말하고, 행동하고, 사람을 만나고, 시장에 가는 일에도 구별됨이 있었습니다. 자신의 영적 자질을 잃어버리지 않기 위해 얼마나 조심했는지 모릅니다. 자기만족과 자신의 충족을 위해서 사는 사람과 거룩함을 추구하며 사는 사람은 태어날 때부터 그 삶의 질이 다릅니다.

   레위의 아들은 고핫이고, 손자가 아므람입니다. 아므람은 자기가 원하는 규수를 찾기 위하여 오랫동안 기도하였습니다. 그 부모도 안목의 정욕이나 세상의 자랑거리로 며느릿감을 찾지 않고 거룩한 레위 사람을 찾았습니다. 행동이 방정하고, 품행이 구별되며, 성품이 겸손하고, 거룩함을 추구하는 사람을 찾는 것이 결혼의 첫 번째 조건이었습니다.

   모세의 부모인 아므람과 요게벳은 둘 다 레위 족속이었습니다. 하나님을 닮고, 하나님을 섬기며, 하나님을 예배하는 일이 삶의 최고의 가치이며 사명이라고 생각하는 사람은 구별된 사람입니다. 구속사에 쓰임받기 위해 우리가 준비해야 할 가장 우선적인 가치는 하나님을 위한 구별됨입니다.

당신은 야망을 위해서 사는 사람입니까?
아니면 거룩을 위해 사는 사람입니까?

목자로서의 준비(2)
- 가정교육, 사회교육

"믿음으로 모세가 났을 때에 그 부모가 아름다운 아이임을 보고 석 달 동안 숨겨 왕의 명령을 무서워하지 아니하였으며 믿음으로 모세는 장성하여 바로의 공주의 아들이라 칭함 받기를 거절하고 도리어 하나님의 백성과 함께 고난 받기를 잠시 죄악의 낙을 누리는 것보다 더 좋아하고 그리스도를 위하여 받는 수모를 애굽의 모든 보화보다 더 큰 재물로 여겼으니 이는 상 주심을 바라봄이라"(히 11 : 23-26).

모세가 지도자로 선택받을 수 있었던 데에는 그 부모의 믿음을 빼놓을 수 없습니다. 그냥 아름다운 아이를 살려야겠다는 단순하고 본능적인 부모로서의 신념이 아니라 믿음으로 바로의 명을 무서워하지 않았다고 기록되어 있습니다. 아이에 대한 하나님의 섭리를 확신했고, 하나님의 뜻 안에서 태어난 아이이기에 하나님께서 살리실 것을 확신한 것이라 볼 수 있습니다.

모세를 석 달 동안 숨겼다가 그 울음소리가 너무 커지자 그 부모가 역청을 바른 갈대상자에 모세를 눕혀 나일 강에 띄웠습니다. 그리고 미리암이 동생이 어떻게 되는지 보기 위해 따라가고 있었습니다. 이때 투트모세(Thutmosis) 1세의 딸인 핫셉수트(Hatshepsut) 공주가 목욕하러 물가에 나왔다가 이 갈대상자를 발견하고 물에서 건져 내게 되고, 아이의 이름을 '건져 냄'이라는 뜻의 '모세'라고 짓게 됩니다. 이를 지켜보던 미리암이 유모로 어머니인 요게벳을 소개하여 모세를 젖먹이고 양육하게 되었습니다. 우연 같지만 모든 것이 하나님 안에서 이루어진 일들이었습니다. 애굽의 왕자로서 화려한 삶 속에서 자라나게 될 모세에게 어렸을 때 어머니 요게벳으로부터 교육을 받게 한 것은 하나님의 특별한 섭리였습니다. 모세의 정서와 사상이 세상의 죄악 된 낙이나 자기 행복을 추구하는 데에 있지 않고 하나님 나라와 백성들에 초점이 맞추어져 있었던 것은 이미 신앙적 가치관이 어머니 요게벳을 통해서 형성되었기 때문입니다.

심리학자들은 부모들이 아이를 기를 때 세 살 정도까지는 절대로 아이에게 제재나 꾸중, 강압을 하지 말 것을 요청합니다. 정서적인 부분은 3세 이전에 거의 결정되기 때문이며, 이 기간을 최대 6세 정도까지 보는 학자들도 있습니다. 3세 이전에 아이의 욕구가 충족되면 두뇌가 발달하고 도덕성이 자동으로 형성됩니다. 그러므로 위험한 상황이 아니라면 아이가 하는 일을 제재하지 말고, 확실하게 격려하고 지지해 주어야 합니다. 4살쯤 되면 반응이 나타나는데 간혹 떼쓰고 싸우는 난폭한 아이들이 있습니다. 3세 이전에 욕구가 충족되지 않은 아이들입니다. 그때라도 엄마가 정신을 차리고 잘 돌봐야 하는데 더 강압을 하는 경우가 있습니다. 그러면 이 아이의 반항하는 마음이 청소년기로 이어집니다. 청소년기에도 부모가 돌보지 못하면 청년기로 이어져 중년이 되고 장년이 되어도 분별력 없는 사람이 됩니다. 이러한 사람을 심리학에서는 숙제가 덜 끝난 사람이라 하여 '미해결된 과제', '숙제'(Unfinished business)라고 합니다.

자녀에게 해 줄 수 있는 최상의 축복은 바로 '자존감'(Self-esteem)을 심어 주는 일입니다. "너는 세상에 태어날 가치가 있다. 너는 이 세상에 존재해야 할 이유가 분명한 사람이다. 하나님께서 너를 이 땅에 보내셨고, 너는 틀림없이 큰일을 할 것이다." 이런 넉넉한 '자존감'은 아이가 배 속에 있을 때부터 정서적으로 지원을 받은 경우입니다. 부모가 배 속에 있는 아기에게 격려하고 축복하며 노래를 불러주고, 태어날 때 잔치하는 이유가 여기에 있습니다. 지적인 사고는 4~6세 때 형성되지만 정서적인 능력은 이미 배 속에서부터 형성되기 때문입니다.

모세는 40세까지 바로의 궁궐에서 두 가지의 교육을 동시에 받게 됩니다. 어머니로부터 하나님께서 자신에게 세우신 뜻이 있음을 아는 신앙교육을 받고, 그 위에 바로의 궁궐에서 리더로서의 정치, 경제, 사회, 외교, 군사, 행정 등 모든 분야의 공교육을 받게 됩니다. 이로 인해 히브리서 11장에 표현된 "내가 바로의 궁궐에서 잘살아 죄악의 낙을 즐기는 것보다 고난 받는 백성들과 함께 아픔을 나누고 고난에 동참하는 일에 내 생애를 바치겠다."는 가치관을 갖게 됩니다. 하나님께서는 모세를 어머니의 교육을 통하여 한 역사를 이끌어 갈 인물로 양육시키셨습니다. 다시 말해 모세는 거절해야 할 것은 단호히 거절하고, 선택해야 할 것은 분명하게 선택하는 선별하는 교육을 받았고, 그 교육은 모세가 하나님의 사람으로서의 자신을 자각하고 그 역할을 수행하도록 도와주었습니다.

〰 하나님의 사람으로서 자신을 자각하기 위해서 필요한 교육들이 있습니다. 그러한 교육을 다음 세대에 전하기 위해서 어떻게 해야 합니까?

목자로서의 준비(3)
- 광야

40세가 되어 모세가 하나님을 위해서 일하겠다고 나섰지만 하나님께서는 "아니다. 너에게 훈련이 더 필요하다." 하시고 그를 광야로 내보내십니다. 광야는 하나님께 집중하는 것과 자기를 내려놓는 두 가지 훈련이 이루어지는 곳입니다. 또한 하나님 앞에서 하나님을 높이고 자신을 감출 줄 아는 하나님의 종으로 세우기 위한 곳이기도 합니다.

『광야에서 우리들은 메마름이 무엇인지 배우게 되는데, 광야는 메마른 곳이기 때문이다.

세례 요한은 광야에서 메마름을 극복하고 사는 법을 배웠을 뿐만 아니라, 그가 요단강에서 외칠 때 그의 말을 듣게 될 사람들의 영적 고갈을 이해할 수 있게 되었음이 틀림없다. 사람은 광야에서 하나님께 의지하는 법을 배우게 된다. 히브리인들이 수세기 전에 깨달았던 것처럼 광야에서는 긍휼하신 하나님의 은혜가 없이는 생명을 유지할 수 없다. 광야에서와 같은 고초를 겪어 본 사람만이 하나님께 전적으로 자신을 맡긴다는 것이 무엇인지 알게 되는데, 광야에는 달리 의지할 것이 남아 있지 않기 때문이다.』

(고든 맥도날드 저, 《내면세계의 질서와 영적 성장》, IVP, pp. 74-75.)

역사 속에서 쓰임 받았던 종들은 모두 광야의 훈련을 받았습니다. 사방이 막힌 광야를 지나면서 하나님께 집중하게 되고, 또 사람의 소리가 들리지 않는 곳에서 세미한 하나님의 음성을 들을 수 있었습니다. 하나님께서 그런 영성을 훈련시키십니다. 힘들고 어려울 때 하나님이 보이고 하나님의 음성이 들립니다. 인기 있고, 돈 잘 벌고, 모든 것이 형통할 때는 하나님이 보이지 않습니다. 그러나 외롭게 철저히 버림 받고, 믿었던 사람들에게 배신을 당하며, 사방 어디에도 의지할 곳이 없을 때 비로소 하나님의 음성이 들리고 하나님이 보이기 시작합니다.

하나님께서는 모세에게 40년의 홀로 있는 시간을 주셨습니다. 실패하게 하시고, 좌절하게 하시며, 사람 없는 외로움의 세월, 고독의 세월을 겪게 하셨습니다. 하나님께서 혼자 있게 하실 때는 혼자 있어야 합니다. 억지로 사람을 만나려고 계획을 세워 궁리하지 말고, 하나님께서 사방을 막으시고 나를 가두실 때에는 갇혀 있어야 합니다.

모세는 너무 잘난 사람이었습니다. 육신이 강했고 자신만만했습니다. 하나님께서는 이렇게 자아가 강한 사람들을 광야로 내보내셔서 자기를 표현하는 사람, 자기를 드러내는 사람이 아니라 하나님을 보여 주는 사람으로 형성될 때까지 훈련시키십니다. 인기보다는 인격이 중요하기 때문입니다. 성공보다 중요한 것은 성품입니다. 광야를 잘 통과하면 자기가 드러나지 않습니다. 하나님을 높여 드립니다.

하나님께서 우리를 하나님의 종으로 선택하실 때에는 내 못난 모습이 아니라 하나님의 모습을 보여 주라고 하십니다. 그러나 사람의 성품과 인격은 하루아침에 바뀌지 않고 오랜 시간이 걸립니다.

예수님의 십자가가 단순히 공중에 떠 있는 십자가, 법 안에 있는 십자가가 아니라 내 인격과 성품 속에 들어와 예수를 못 박았던 그 십자가가 되어야 합니다. 옛사람을 죽이고 내 깊은 심령 속에 각인될 때까지, 그 십자가가 나를 잡을 때까지 하나님께서는 오랫동안 훈련시키십니다. "아무든지 내 제자가 되려거든, 나처럼 살려거든 날마다 자기를 부인하고 나를 따르라."고 하십니다(마 16 : 24). 이것이 바로 제자 훈련이며, 자기를 부인하는 삶입니다. "나요, 나!" 하면서 자기를 과시하고 홍보하는, 자기를 드러내기 위해서 안간힘을 쓰는 사람이 아닙니다. 자기를 십자가에 못 박는 사람, "내가 아닙니다. 주님입니다."라고 주님이 나를 통해서 전달될 것을 기대하고 훈련을 받는 사람이 되어야 합니다.

광야 훈련은 사람을 품는 훈련입니다. 허물 있는 사람을 고발하고, 흠집 내고, 험담하는 사람이 아니라 온유하게 품고 기다리는 사람이 곧 어른이고, 스승이고, 목자입니다. 그런 인격과 덕은 절망하고 실패하면서 형성됩니다. 하나님께서는 우리를 검사로 부르시지 않고, 변호사의 일을 하도록 부르셨습니다.

다윗이 인기 있을 때에는 하나님께서 그를 쓸 수가 없었습니다. "사울은 천천이요, 다윗은 만만이로다." 오빠부대가 손을 흔들면서 환호할 때 하나님께서는 그를 내치셨습니다. 광야로 나가서 10년 동안이나 버림 받고, 고통당하고, 쫓겨 다니면서 환난 당한 자와 빚진 자와 마음이 원통한 자들(삼상 22 : 2)을 품던 가슴이, 한 나라도 껴안을 수 있는 넓은 가슴이 되게 하셨습니다. 그의 가슴이 연단을 받았습니다.

주님이 우리를 광야에서 다루실 때 우리가 남의 허물을 용납하고, 실수를 보아도 드러내지 않고 품고 기다리며 오히려 변호하는 사람이 된다면 광야의 기간이 짧아집니다.

모든 자질을 준비시킨 다음에 "이제는 가서 내 백성에게 나를 증거하라. 나를 전달하라."라고 명하시며 일하게 하십니다. 그때서야 하나님의 대행자로 모세가 부름을 받고 80세에 사역을 시작하게 됩니다.

광야는 홀로 있는 곳입니다.

광야를 통과한 사람은 사람을 품습니다.

광야를 거쳐 왔습니까? 아니면 지금 광야에 있습니까?
허물이 있는 사람도 품을 수 있습니까?

하나님의 대행자(1)
- 바로 앞에 선 모세

"여호와께서 모세에게 이르시되 볼지어다 내가 너를 바로에게 신같이 되게 하였은즉 네 형 아론은 네 대언자가 되리니"(출 7 : 1).

바로 앞에 신의 대행자로 모세를 세웁니다. "바로에게 신같이 되게 하셨다"는 말을 먼저 이해해 보십시다. '엘' 이란 단어가 고유명사로 쓰일 때는 하나님의 이름으로 쓰입니다. 그러나 보통명사로 쓰일 때는 '하나님을 대신하는 사람', '하나님의 대행자' 라는 뜻입니다. 천사는 하나님의 심부름꾼이어서 가브리엘, 미가엘 등 '엘' 자를 붙였습니다. 사무엘, 다니엘, 엘리야 등 '엘' 이 붙어 있는 이름은 부모가 "너는 하나님의 대행자가 되고 하나님의 모습을 보이는 사람이 되어라."라는 의도에서 지었습니다. 이 사람들은 다 하나님의 대행자로 살기를 갈망합니다. 그러므로 하나님께서 모세를 바로에게 신같이 되게 하셨다고 하는 말은 '엘' 이 된 것을 의미합니다. 그러면 이제는 내 말을 하지 않고 하나님의 말씀을 하고, 내 모습이 아니라 하나님의 모습을 보여 주며, 내 일이 아닌 하나님의 일을 해야 합니다.

사람들을 전도하여 등록시켜도 일 년이 안 되어 떠나는 경우가 많습니다. 마음으로 결단해도 그 뜻대로 안되는 경우가 많습니다. 그 배후에 더 큰 힘이 있기 때문입니다. 그렇기에 그 사람이 가진 기존의 신앙, 옛 신들과의 관계를 끊어 주어야 합니다. 그것을 끊어 주지 못하면 다시 옛 생활로 돌아가 버립니다. 그러므로 교회의 직분자는 이력이나 경력으로 직분을 받는 것이 아니라 영적 실력을 갖추어, 찾아온 사람들의 영적 문제를 도와줄 수 있는 사람이어야 합니다. 또한 '엘' 로서 하나님의 사역을 대행하는 사람에게는 하나님을 모르는 눈이 어두운 사람들을 붙여 주십니다. 그들에게 하나님을 보여 주고 하나님의 백성으로 바르게 살도록 도와주는 것이 지도자의 역할입니다.

"내가 나의 두 증인에게 권세를 주리니 그들이 굵은 베옷을 입고 천이백육십 일을 예언하리라 그들은 이 땅의 주 앞에 서 있는 두 감람나무와 두 촛대니 만일 누구든지 그들을 해하고자 하면 그들의 입에서 불이 나와서 그들의 원수를 삼켜 버릴 것이요 누구든지 그들을 해하고자 하면 반드시 그와 같이 죽임을 당하리라 그들이 권능을 가지고 하늘을 닫아 그 예언을 하는 날 동안 비가 오지 못하게 하고 또 권능을 가지고 물을 피로 변하게 하고 아무 때든지 원하는 대로 여러 가지 재앙으로 땅을 치리로다"(계 11 : 3-6).

마지막 큰 전쟁의 날이 다가오고, 환난이 시작되기 직전에 하나님의 백성을 추수하기 위해서 큰 두 사람이 일어납니다. 두 증인, 두 감람나무, 두 촛대가 개인을 말하는 것인지, 그룹을 말하는 것인지, 아니면 당시 교회의 특성을 말하는 것인지 정확한 의미는 시간이 더 흘러 봐야 알 수 있습니다. 하지만 중요한 것은 그들이 엘리야나 모세처럼 능력을 행한다는 사실입니다. 물이 피가 되게 하고, 하늘에서 불이 떨어지게 하며, 하늘을 닫고 하늘을 열어 비가 내리는 역사가 그 증인들을 통해서 나타납니다.

모세는 적 앞에서 신의 대행자로 서 있는 사람, '엘'입니다. 이 백성들은 400년 동안 우상을 숭배했던 사람들입니다. 바로를 무서워했고, 바로가 섬기는 신들을 자기들의 신앙의 대상으로 섬기던 패역한 백성들입니다. 그들 앞에 하나님만이 유일한 참 신이라는 것을 보여 주기 위해서는 능력이 있어야 합니다.

'엘'로서 하나님의 사역을 대행하는 당신은 주변 사람들에게 하나님의 살아 계심을 어떻게 보여 주고 있습니까?

잘못된 길로 가는 사람들에게 어떠한 지도자가 되어야 합니까?

하나님의 대행자(2)
-하나님을 보여 주는 자

'내 말을 믿지 않고, 하나님을 외면하는 이스라엘 백성들에게 어떻게 하나님을 보여 줄 것인가?'

모세는 하나님을 대행하는 사역자로서 그 백성들을 다음과 같이 이끌었습니다.

(1) 하나님과의 약속을 일깨운다

"그러므로 이스라엘 자손에게 말하기를 나는 여호와라 내가 애굽 사람의 무거운 짐 밑에서 너희를 빼내며 그들의 노역에서 너희를 건지며 편 팔과 여러 큰 심판들로써 너희를 속량하여 너희를 내 백성으로 삼고 나는 너희의 하나님이 되리니 나는 애굽 사람의 무거운 짐 밑에서 너희를 빼낸 너희의 하나님 여호와인 줄 너희가 알지라 내가 아브라함과 이삭과 야곱에게 주기로 맹세한 땅으로 너희를 인도하고 그 땅을 너희에게 주어 기업을 삼게 하리라 나는 여호와라 하셨다 하라"(출 6:6-8).

모세가 일하는 모습을 살펴보면 하나님께서 '직접' 하신 것처럼 합니다. 하나님께서 일하시고, 하나님께서 건져 내시며, 하나님께서 그들을 이끄실 때에 모세가 그 일을 그대로 대행합니다. 그들이 보통 사람들입니까? 걸핏하면 배신하고, 돌아서고, 양심도 없고, 의리도 없는 사람들이 이스라엘 백성입니다. 그 사람들을 40년 동안 인도하려면 하나님의 가슴을 가져야 합니다. 이렇듯 사람을 섬길 준비를 하는 것이 중요합니다. 하나님께서 광야로 집어넣어서 연단하시는 이유는 목자로 세우시기 위함입니다. 목자라면 하나님의 약속을 계속 일깨워 주어야 합니다.

『월트 디즈니(Walt Disney)는 자신의 꿈이었던 디즈니랜드를 세우는 데 매달렸습니다. 좀 더 넓은 곳에서, 좀 더 과학적이고, 좀 더 자연 친화적이며, 어린이들에게 꿈과 희망이 될 수 있는 놀이동산, 디즈니랜드를 만들기 위해 최선을 다했고, 마침내 완공되었습니다. 그러나 그는 디즈니랜드의 개막식을 보지 못하고 세상을 떠나야만 했습니다. 그것이 안타깝다고 말한 유명인사에게 디즈니의 아내는 다음과 같이 대답했습니다.
"남편에 대해 여러 좋은 말씀을 해 주시니 감사합니다. 그러나 한 가지 수정할 것이 있습니다. 남편이 오늘 이 개막식을 보지 못해 안타깝다고 하셨는데 사실 남편은 오늘 이 동산이 열리는 것을 보면서 일했다는 것을 말씀드리고 싶습니다. 그가 보았기 때문에 우리가 오늘 여기에 있는 것입니다. 꿈은 이루어집니다"(Dreams come true).』

『찰스 웨슬리의 어머니 수산나는 열아홉 명의 아이를 낳았습니다. 가난한 목사의 집안에서 열아홉 명의 자식들 가운데 역사적으로 큰일을 한 사람이 네 명이나 됩니다. 수산나는 고통이 오고 어려움이 와도 한 번도 어려운 이야기를 아이들에게 해 본 적이 없었습니다. 그저 격려하고 지지할 뿐이었습니다. 고통을 통해서 하나님께서 주실 은혜를 노래하고, 아이들에게 꿈을 심어 주고, 계속해서 격려함으로써 자녀들은 큰 자신감을 갖고 시대적인 인물들이 될 수 있었습니다.』

지도자는 하나님의 약속이 성취될 것을 미리 보는 사람입니다. 그래서 자신의 연약한 상태와 꼬이는 환경만 보면서 절망하는 사람들에게 그 그림을 보여 주는 사람이어야 합니다. 그때마다 "당신은 가나안을 가는 사람이다.", "여기는 과정이지 결론이 아니다.", "고난은 잠깐이다. 그러나 그 영광은 영원할 것이다."라고 하나님께서 주신 그 목표를 사람들의 가슴속에 일깨워 주고 약속을 끊임없이 상기시켜야 합니다.

(2) 하나님께 집중시킨다
어떤 상황에서도 하나님을 볼 수 있도록 합니다.

『코리텐 붐 여사는 나치독일하에서 고통을 당했던 사람인데, 그녀는 감옥에 있을 때 유명한 말을 했습니다.
"만일 우리가 이 세상을 보면 절망할 것이다. 만일 우리가 우리의 내면을 보면 낙담할 것이다. 그렇지만 그리스도를 보면 우리는 안식할 것이다."』

광야는 수시로 사람과 환경이 보이고, 사건이 보이고, 자신의 연약함이 보이는 곳입니다. 어려운 문제만 보면 원망과 불평이 나올 수밖에 없습니다. 부정적인 이야기를 들으면 부정적인 가치관이 형성되고 부정적인 언어를 사용하게 되어 하나님을 향한 신뢰를 잃어 버리게 됩니다.

그럴 때 하나님의 사역자는 하나님께서 하신 일을 계속 보아야 합니다. '왜 이 일을 배열하셨을까? 왜 이 사건을 주셨을까?', '틀림없이 무슨 뜻이 있으실 텐데, 도대체 그 뜻이 무엇일까?' 하나님께 항상 여쭈어 보아야 합니다.

광야는 그리스도께 집중하는 훈련을 하는 곳입니다. 고통과 위기를 통해서, 나를 배신하는 사건 속에서 하나님께 집중하는 훈련을 하는 곳입니다. 훈련하지 않으면 절대로 본능을 이길 수 없습니다.

(3) 희망을 노래하게 한다

『어떤 아버지가 어린 아들을 데리고 사막으로 여행을 떠났습니다. 사막은 너무나도 뜨거웠고, 준비해 갔던 물은 다 떨어져 버렸습니다. 아들은 지쳐서 금방 쓰러져 버릴 것만 같았습니다. 그때마다 아버지는 "조금만 참자, 곧 마을이 나올 거야." 하며 다독거렸습니다. 그렇게 얼마를 걷다 보니 무덤들이 보였습니다. 무덤을 보자 아들은 맥이 탁 풀려 주저앉아 버렸습니다.

"아버지, 틀렸어요. 저 무덤들을 보세요. 우리처럼 가다가 목이 말라 죽은 사람들일 거예요."

그러자 아버지는 오히려 빙그레 웃으면서 아들을 일으켜 세웠습니다.

"아니다, 애야. 무덤이 있다는 건 누군가가 묻어 주었단 얘기고, 그렇다면 근처에 사람들이 살고 있는 마을이 있다는 얘기란다. 어서 일어나렴."

아버지의 말대로 조금 더 걸어가자 마을이 나왔고, 아버지와 아들은 그곳에서 충분한 휴식을 취할 수 있었습니다.』

동일한 무덤이 아들에게는 절망으로, 아버지에게는 희망으로 보여졌습니다. 지도자는 같은 것을 본다 하더라도 여호수아와 갈렙처럼, 믿음으로 더 멀리 내다볼 수 있어야 합니다. 눈앞의 현실에 지쳐서 쓰러진 사람들에게 그 너머의 것을 가리키며 일으켜 세우는 사람이 지도자입니다.

『PGA 골프 선수 가운데 아프리카 짐바브웨 출신의 닉 프라이스라는 선수가 있었습니다. 그는 슬럼프가 없기로 유명한 선수였는데 그에게 그 비결이 무엇인지 물었을 때 이렇게 대답했습니다.

"제가 어렸을 때 아버지께서 어려움이 있을 때는 휘파람으로 노래를 부르라고 말씀하셨습니다. 그래서 나는 게임이 풀리지 않으면 휘파람을 붑니다."』

하나님의 사람은 희망이 보이지 않을 때, 어두움이 지배할 때에도 노래할 줄 아는 사람입니다. 환경에 관계없이 어려움이 있을 때에라도 약속을 붙잡고 노래하며 끊임없이 희망을 말로 표현하는 것이 중요합니다.

(4) 끊임없이 희망을 붙잡게 한다

『 A. C. 스티브 글랙스라는 사람은 시신경에 장애가 있던 사람이었습니다. 이 사람은 글을 한 자, 한 자 읽지 못하고 사진 형태로 전체를 읽을 수밖에 없는 시력장애로 인해 글 읽기가 한참 늦었습니다. 그리하여 이 사람의 생활기록부에는 지진아, 부진아, 학습지진아라는 멘트가 항상 따라다녔습니다. 초등학교 5학년 때, 스티브는 그의 운명을 바꾸는 하디 선생님을 만났습니다. 선생님은 스티브에게 "너는 저능아가 아니야. 너는 보통 아이들과 조금도 다를 바가 없어. 다만 특징이 다를 뿐이야!"라고 격려해 주었습니다. 그는 자기 평생에 이 선생님을 잊지 못했습니다. 세월이 흘러 하디 선생님이 말기 암으로 뉴욕의 한 병원에 입원했을 때 그를 문병한 사람이 자그마치 700여 명이나 되었습니다. 병원 측에서 깜짝 놀라 '이 사람이 과연 누군데 이렇게 많은 사람들이 문병을 오는가?' 싶어서 알아봤습니다. 문병 온 사람들 중에 미국 상원의원이 세 명, 주 의회 의원이 열두 명, 기업체와 회사의 CEO들이 즐비했습니다. 그런데 문병 온 사람들 가운데 3/4 정도가 학교 다닐 때 저능아, 학습지진아라는 평가를 받았던 사람들이었습니다. 이 사람들은 하디 선생님을 만난 이후부터 삶이 완전히 달라진 것입니다. 』

희망을 말하는 한 사람이 세워지면 수천 명이 그 영향을 받게 됩니다. 이 어두운 역사 속에서 하나님께서 행하시는 구속사를 노래할 줄 아는 한 사람이 나타나면 그 사람을 통해 수많은 사람이 도움을 얻게 됩니다.

『 콜롬비아에 '몸의 학교'라는 춤 학교가 있습니다. 이 학교는 1997년에 세워졌습니다. 무용가이면서 안무가인 '알바로 레스트레포'라는 사람이 자기의 불행했던 청소년 시절을 생각하면서 춤의 학교, '몸의 학교'라는 학교를 세웠습니다. '마리'라는 여자가 옆에서 그분을 도와 사회적인 불안, 폭력, 마약, 빈곤 등의 열악한 환경에 노출된 콜롬비아의 어린아이들과 청소년들에게 현대 무용을 가르치는 일에 동역하였습니다. 희망을 심어 주고, 콜롬비아의 미래를 준비하였습니다.』

불행했던 사람이 성공을 하면 그 후에 어떤 일을 해야 합니까? 내가 얻은 행복이 또 다른 사람의 행복을 위하여 흘러가게 해야 합니다. 가난했던 사람이 돈을 벌었습니다. 그러면 그 돈으로 무엇을 해야 합니까? 돈이 목적이 되면 불행해집니다. 꿈 너머 꿈이 있어야 합니다. 하나님께서는 우리를 고난 가운데서 연단시켜 돈과 사회적 지위를 주시고, 성공을 주셨습니다. 내가 가진 것이 있습니다. 내가 가진 이 행복이 타인의 행복으로 연결되어질 때 그 사람을 통해서 세상이 밝아지고 구원을 경험하게 됩니다.

하나님의 사역을 대행하는 지도자는 쉽게 세워지지 않습니다. 하나님께서는 아무나 세우시지 않습니다. 오랜 시간이 걸린다 해도 그 사람을 철저하게 훈련시킨 다음에야 일을 맡기십니다. 혼자서는 그 훈련이 이루어질 수 없습니다. 하나님께서는 그 사람 혼자 두시지 않습니다. 만나야 할 사람, 배워야 할 교육의 장으로 이끄시고 그곳에서 영향을 받아 성장하게 하십니다. 그리고 광야로 이끄셔서 자신을 내려놓고 하나님만 바라보게 하십니다.

어렵고, 철저하게 교육을 받은 지도자는 자신의 일을 하는 것이 아니라 하나님의 일을 합니다. 하나님의 일을 수행할 때에는 '하나님'이 '직접' 그 일을 '행하시는' 것처럼 해야 합니다. 하나님의 일을 대행하는 '엘'의 역할을 해야 합니다. '엘'은 상황을 볼 때, 그것에 국한되지 않고 그 너머의 것을 봅니다. 그리고 자신을 따르는 사람들에게 그것에 얽매이지 않도록 하나님을 일깨우며, 절망을 소망으로 노래하게 만듭니다.

지도자가 되는 일은 어렵지 않습니다. 하나님께서는 누구나 리더가 되길 바라시기 때문입니다. 그 길은 사모하는 사람들에게 열려 있습니다. 하나님을 신뢰하고 성실하게 훈련받는 자를 '엘'로 세우십니다.

희망의 노래를 부르는 지도자가 되십시오.
원수 앞에서 하나님을 보여 주는 '엘'로 우뚝 서십시오.

하나님의 대행자로서 살아가고 있습니까?
어떻게 하면 절망에 빠진 사람들에게 하나님을 보여 줄 수 있습니까?

Memo

모세가 하나님께 쓰임 받기까지 80년간의 훈련의 시간이 필요했던 것처럼, 우리의 인격이 변화되고, 다듬어지는 일은 하루 이틀에 끝나지 않습니다.

광야, 고난의 시간들은 내가 죽고 그리스도가 사는 훈련의 시간들입니다.

광야에서 다루심을 받고 있는 나의 인격의 거친 부분들은 무엇입니까? 얼마의 광야를 더 지나야 모세처럼 신발 벗은 사람으로 설 수 있겠습니까?

하나님을 보여 주고, 하나님을 대행하는 '엘'로 우뚝 서십시다.

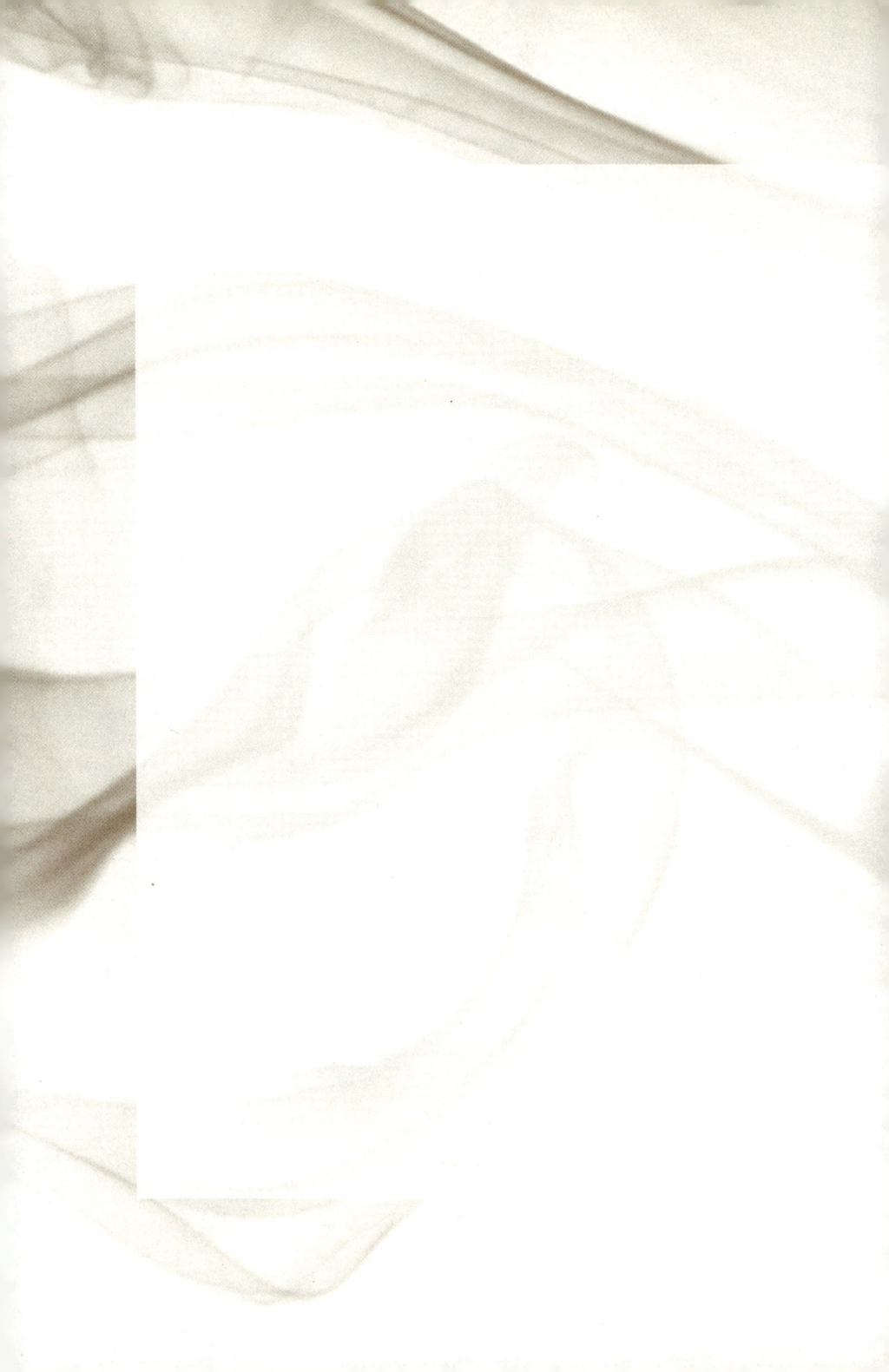

chapter 4.

유월절
- 피의 복음, 피의 능력

(출 12 : 11-14)

¹¹너희는 그것을 이렇게 먹을지니 허리에 띠를 띠고 발에 신을 신고 손에 지팡이를 잡고 급히 먹으라 이것이 여호와의 유월절이니라 ¹²내가 그 밤에 애굽 땅에 두루 다니며 사람이나 짐승을 막론하고 애굽 땅에 있는 모든 처음 난 것을 다 치고 애굽의 모든 신을 내가 심판하리라 나는 여호와라 ¹³내가 애굽 땅을 칠 때에 그 피가 너희가 사는 집에 있어서 너희를 위하여 표적이 될지라 내가 피를 볼 때에 너희를 넘어가리니 재앙이 너희에게 내려 멸하지 아니하리라 ¹⁴너희는 이날을 기념하여 여호와의 절기를 삼아 영원한 규례로 대대로 지킬지니라

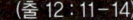

200만 명이 넘는 이스라엘이 구원받는 그 출발점이, 온 백성이 축복의 땅으로 가는 그 출발점이 바로 '피'의 유월절입니다. 시작 선상에서 유월절이 없으면 그 다음으로 넘어갈 수도 없고, 이후의 과정이 있다 하더라도 아무런 의미가 없어져 버립니다.

유월절 이후에야 하나님의 장자로서 축복의 길을 걸을 수 있습니다. 피가 구원이며 피가 우리의 능력이기 때문입니다. 피, 어린양의 대속의 죽음, 이 어린양의 피의 사건을 통해서만 우리 모두가 심판과 진노로부터 벗어날 수 있습니다.

피
- 구원과 능력

신앙생활을 할 때 내가 서 있는 위치가 어디이며, 다음 단계가 어떤 곳이고, 도달해야 할 목표는 무엇인지를 아는 일은 참 중요합니다. 그래야 하나님께서 원하시는 수준까지 올라가는 신앙의 여정, 영어로 말하면 로드 맵(Road map), 곧 구원으로 가는 노정을 바르고 정확하게 따라갈 수 있기 때문입니다.

그러나 많은 사람들이 어느 날 특별한 은총 가운데 뜨거운 영적 경험을 하게 되면 이미 신앙의 여정을 다 통과한 것으로 속단하는 경향이 있습니다. 그 뜨거운 성령의 체험을 하나의 과정이나 현상으로 보지 않고 마치 성숙의 결과로 착각하기 때문입니다. 그런 의미에서 구약시대에 광야 교회를 이끌었던 모세의 목회 방법과 그가 이끌었던 출애굽 노정을 아는 것은 이 시대를 사는 우리들에게 중요한 지침이 됩니다.

앞장에서 다루었던 출애굽기의 내용을 개괄적으로 살펴보면, 1~2장에서는 환경을 배열하시는 하나님의 모습이 그려져 있습니다. 이스라엘 백성에게 구원의 때가 임박하였기에 하나님께서 그들을 어려운 환경으로 몰아넣으셨습니다. 힉소스 왕조가 망하고 요셉을 모르는 18대 신 왕조가 들어서서 이스라엘을 계속 핍박합니다. 또 아들을 낳으면 강물에 집어던지게 하고, 남자들은 중노동에 시달리게 하면서 그들의 입에서 오직 구원자, 하나님을 찾는 소리가 나오도록 환경을 배열하십니다. 꼬이는 환경, 풀리지 않고 더욱 어려워지는 상황들은 하나님을 왕으로 찾도록 일깨워 주시는 하나님의 손길입니다.

3~11장은 목자를 준비하시는 하나님의 모습을 그려 놓았습니다. 이 땅에 살면서 가장 중요한 축복 중의 하나는 사람과의 만남입니다. 부모님을 내 의지로 선택할 수 없듯이, 선생님 또한 내 마음대로 선택할 수 없습니다. 심지어 우리가 교회와 목자를 선택했다고 생각하는 부분 역시 하나님께서 준비하신 것입니다. 우리는 피동적으로 하나님께서 예비해 두신 꼭 만나야 할 목자를 만나 양육을 받습니다. 3~11장까지는 피동적입니다. 내가 선택하지 않고 하나님께서 배열해 주시고, 만나게 하십니다. 은혜의 단계입니다.

그렇지만 이제 12장부터는 다릅니다. 하나님께서 준비해 두신 환경 속에서 양육받고 성장해서 이제는 능동적으로 움직여야 합니다.

하나님께서 말씀하시면 내가 결단하고, 내가 선택하고, 내가 행동해야 합니다. 주체적으로 움직이기 위해서는 내가 절대 빠트려서는 안 되는 한 가지가 있습니다. 그것은 바로 '피'입니다.

12장은 유월절에 대해서 이야기하고 있습니다. 구약시대에는 아담이 범죄한 후 제단을 통해서 하나님께서 죄를 용서하시고 구원하셨습니다. 아담과 아벨, 그리고 노아의 제단입니다. 아브라함은 장막을 옮길 때마다 제단을 쌓았습니다. 그리고 그 제단에서 양을 잡아 하나님께 드리게 될 때 그들의 허물과 죄가 다 탕감되었습니다. 양이 죽임을 당함으로 저주와 심판을 양이 대신 받고, 제사를 드리는 그들은 살아났습니다. 구약시대의 제단들은 하나같이 모두 '피'가 있었습니다. 그 피가 우리의 죄를 씻고, 하나님과 우리의 사이를 다시 화목하게 하는 매개체가 되었습니다. 신약시대에도 마찬가지입니다. 신약시대부터는 죄를 지을 때마다 제단을 쌓는 것이 아니라 하나님의 아들 예수 그리스도가 십자가에서 흘리셨던 피가 대신합니다. 제단이 아니라 예배를 드리고, 그 피를 기념하고, 그 피에 의해 대속받아 구원을 받습니다. 피의 복음을 말한다는 것은 강단에서 '피', 곧 '십자가의 공로'를 이야기하고, 교인들이 그 말씀을 듣고 '회개'하여 자기를 돌이키게 만드는 것을 뜻합니다. '예수의 피'(The Blood of Jesus)를 의존하여 예배를 드려야만 힘을 얻을 수 있습니다.

우리의 예배에 이 '피'가 있습니까?

아름다운 건물, 장엄한 파이프 오르간, 멋있는 가운을 입은 찬양대와 고조된 예배 분위기, 격식 있고 교양 있게 드리는 프로그램으로 장식된 예배가 지금 우리의 예배입니다. 물론 보기 좋고, 드리기 좋습니다. 그러나 더욱 중요하고, 우선적인 예배의 요소는 '피' 입니다. '피'가 빠져 버리면 그 예배는 죽은 예배가 되고, 예배가 아닌 하나의 형식이자 의식이 되어 버립니다.

하지만 현대인들은 고난주간에나 십자가, 피를 생각하지, 회개하라거나 '피' 이야기를 하면 싫어합니다. 그리고 회개 기도를 잘 하지 않습니다. 피의 제단이 없기 때문에 예배를 드려도 하나님의 임재를 경험할 수가 없습니다. 죄인의 모습 그대로 속죄를 받지 않은 채 하나님 앞에 나오기 때문에 가슴이 뜨거워질 수가 없습니다. 예배를 드려도 가슴이 답답하고 무언가 막혀 있는 느낌입니다.

예배에서 제일 중요한 요소는 '피'입니다. 이스라엘이 구원받기 위하여 200만 명이 넘는 전 국민이 축복의 땅으로 가는 그 출발이 바로 '피'의 유월절입니다. 피가 구원이며, 피가 우리의 능력입니다. 이 피를 기억하고 우리의 삶에 적용하는 것이 바로 유월절입니다. 그렇기에 이 유월절이 없으면 출발이 없습니다. 유월절이 있어야 그 다음부터 하나님의 장자로서의 축복의 길을 걸을 수 있게 됩니다. 또한 이 유월절은 다원주의적인 세상 속에서 하나님만이 유일하신 참 신이라는 사실을 보여 주는 사건이기도 합니다. 애굽 사람들은 어떤 신이 복을 줄 것인지 잘 몰라서 모든 신들을 다 숭배했습니다. 그 모든 신들이 가장 소중히 여기는 장자를 축복한다고 믿었지만, 오히려 하나님께서는 많은 신들을 믿는 애굽인들의 장자를 치시고 대신 이스라엘의 장자는 구원하셨습니다. 뿐만 아니라 그날부터 이스라엘 전체가 장자의 나라가 됨을 보여 주셨고, 모든 신들보다 하나님께서 더욱 우월하다는 것을 보여 주셨습니다.

유월절 피 안에 구원이 있고, 장자권의 복과 은총이 약속되어져 있습니다.

이스라엘 백성이 유월절을 보내는 방법은 다음과 같습니다.

먼저 양을 한 마리씩 준비합니다. 그것도 일 년 된, 반드시 흠도, 점도 없는 양이어야만 합니다. 혹시 한 가족의 숫자가 적을 경우 한 마리 양을 다 먹을 수 있도록 이웃집과 두 가정이 합쳐서 양을 준비합니다. 그래서 보통 열 명에서 열다섯 명 정도 모여서 양 한 마리를 잡아먹게 됩니다.

양을 준비한 이후에는 이 양고기를 먹기 전에 '반드시' 문 인방과 좌우 설주에 피를 발라야 합니다. (문 좌우 설주 – 양쪽 기둥을 설주라 하고 위에 이마가 닿는 부분을 인방이라고 합니다.) 피를 밖에 바르는 이유는 하나님께서 보시고, 죽음의 사자가 보게 하기 위해서입니다.

마지막으로, 피를 바른 다음에는 양고기를 먹습니다.

유월절을 지키라는 말씀은 현대에 사는 우리가 이스라엘 백성들과 동일하게 양을 잡고 피를 바르라는 말씀이 아닙니다. 예수님이 오시기 이전의 제단과 예수님이 오신 이후의 우리의 예배는 본질은 같지만 형식은 다릅니다.

당신이 드리는 예배에는 그 '피'가 있습니까?
당신의 예배는 하나님께 열납되는 예배입니까?

"유월절을 지킨다"는 말씀의 현대적 의미는 무엇입니까?

유월절을 지키라(1)
-Coming out

커밍아웃(Coming out)이란 좁은 의미에서는 개인의 성 정체성 혹은 성적 취향을 밝히는 것이지만, 넓은 의미에서는 스스로 자신의 지향성이나 사상을 밝히는 행위를 가리킵니다.
유월절의 의미는 바로 '밝히 드러내는' 데에 있습니다.

"누구든지 사람 앞에서 나를 시인하면 나도 하늘에 계신 내 아버지 앞에서 그를 시인할 것이요 누구든지 사람 앞에서 나를 부인하면 나도 하늘에 계신 내 아버지 앞에서 그를 부인하리라"(마 10 : 32-33).

우리가 그리스도인, 즉 신앙을 지키고 성경에 따라 사는 사람임을 분명하게 알리는 표가 유월절입니다. 항상 우리의 복음은 외형적이어야 합니다. 속으로만 알찬 그리스도인이 아니라 밖으로 선포해야 하고, 우리 정체성을 활짝 드러내야 합니다. 세상의 수없이 많은 악한 사람들과 죄지은 사람들도 커밍아웃을 하는데, 왜 예수님을 믿는 우리가 오히려 그것을 부끄러워하고, 손해를 볼까 걱정하고, 숨겨야 합니까? 당당하게 "나 장로다.", "나, 집사다." 커밍아웃해야 합니다. 세상에 드러내야 합니다. 신앙에 있어서 007 비밀 그리스도인은 필요하지 않습니다. 세상에 영향을 끼치고 세상을 변화시키는 그리스도인이 되기 위해서는 커밍아웃이 꼭 필요합니다.

이 시대에 유월절 어린 양의 피를 바른다는 의미는 우리가 각자의 공적인 삶의 자리에서 "예수가 나의 주인이십니다."라고 고백하는 것을 의미합니다. 우리가 당당하게 고백할 때, 비로소 그리스도인이 "달같이 아름답고 해같이 맑고 깃발을 세운 군대같이 당당한"(아 6 : 10) 빛을 발할 것입니다. 그리고 우리를 따라 세상도 반드시 변할 것입니다.

당신이 그리스도인임을 부끄러워한 적은 없습니까?
말로만 그리스도인임을 고백하는 것이 아니라 더 효과적으로 주위에 알리는 방법에는 무엇이 있습니까?

유월절을 지키라(2)
-우리의 양식, 음료는 오직 예수 그리스도

커밍아웃한 사람들에게 세상은 신앙인으로서의 자세를 요구하게 됩니다. 커밍아웃을 한다는 것은 단지 믿는다는 고백 외에 믿음을 가진 사람으로서의 삶을 살아가겠다는 공식 선포입니다. 그렇기에 송이꿀보다 더 주의 말씀을 사모하고, 돈과 순금보다 주의 말씀을 더 좋아해야 합니다.

"예수께서 이르시되 내가 진실로 진실로 너희에게 이르노니 인자의 살을 먹지 아니하고 인자의 피를 마시지 아니하면 너희 속에 생명이 없느니라 내 살을 먹고 내 피를 마시는 자는 영생을 가졌고 마지막 날에 내가 그를 다시 살리리니 내 살은 참된 양식이요 내 피는 참된 음료로다"(요 6 : 53-55).

　유월절에 이스라엘 백성들은 음료, 곧 물을 마십니다. 그것은 영적으로 우리가 하나님의 말씀, 예수 그리스도를 양식으로 취하고 음료로 마시는 것을 말합니다. 우리가 성령의 공급을 받으면 답답했던 마음이 시원해지고, 윤기가 나고, 삶에 기쁨이 넘칩니다. 찬양만 해도 즐겁고, 교회에 오면 행복해집니다. 바로 음료가 충분하게 채워졌을 때 가능한 일입니다.
　양고기를 먹으라는 뜻은 "지금부터 이전의 세상 재미대로 살던 모습을 버리고, 성경을 읽고 공부하며 기도하는 기쁨으로 사는 삶"을 말합니다. 성경 공부가 즐겁고, 예배가 우리에게 영적 에너지를 공급하게 됩니다.

　당신의 예배에는 은혜의 공급이 있습니까?
　지금 당신은 예수 그리스도의 음료와 양식으로 충만하게 채워져 있습니까?

유월절을 지키라(3)
　-Pass-over

피가 발려 있는 문 안에, 집 안에 있을 때에만 하나님의 죽음의 사자가 피해 갑니다. 복음의 커밍아웃을 한 사람들의 주변은 바로 하나님의 보호 구역이 되며, 그 보호반경 이내에 있는 사람들이 전도의 대상이기도 합니다. 그들은 하나님께로 이끌어 올 수 있는 사람들로서 나를 구원한 피의 영향력이 흘러가야 할 대상들입니다. 그렇기에 그들을 위해 기도하고, 그들이 유월절 어린 양의 피의 보호 안으로 들어오도록 적극적으로 전도해야 합니다.

그런데 우리가 분명하게 주의해야 할 것들이 있습니다.

하나는 피를 문설주와 인방에 뿌리고 문턱, 혹은 문지방에는 뿌리면 안 된다는 사실입니다. 그것은 피를 밟지 않기 위함입니다. 피는 절대 밟아서는 안 됩니다.

"하물며 하나님의 아들을 짓밟고 자기를 거룩하게 한 언약의 피를 부정한 것으로 여기고 은혜의 성령을 욕되게 하는 자가 당연히 받을 형벌은 얼마나 더 무겁겠느냐"(히 10 : 29).

피를 밟는다는 것은 예수님의 피의 공로, 십자가의 은총으로 은혜 받고 여기까지 왔는데, 살아왔던 삶을 저주한다든지 "내가 헛살았다."고 하나님 앞에 원망하는 모습을 말합니다. 그것은 명백히 '피를 짓밟는' 행위입니다. 하나님께서는 그런 사람들을 광야에서 심하게 심판하셨습니다.

또 하나는 그 피가 발려 있는 문 안에, 집 안에 있을 때에만 혜택을 받을 수 있다는 사실입니다. 집 밖으로 나가면 절대 혜택을 받을 수 없습니다.

그렇다면 하나님께서는 왜 문설주와 인방에 피를 바르라고 하셨습니까?

『맥스웰 화이트 목사님은 매일 밤 잠자기 전에 예수님의 보혈로 그분이 사시는 집과 자녀들을 덮어 달라고 기도하였다고 합니다. 그러던 어느 날 밤에 목사님이 살던 동네에 13개나 되는 폭탄이 떨어져서 온 동네가 다 파괴되었습니다. 그러나 목사님의 집과 가족은 모두 무사했습니다.』

이것이 우연입니까? 아닙니다. 주님의 '피', 그 보혈이 그와 그 집을 덮어 주셔서 일어난 일입니다. 흠 없고 죄 없으신 하나님의 어린 양 예수님의 피가 우리에게 영혼의 구원만 주는 것이 아니라 우리 삶 전체에 영향을 줍니다.

유월절 행사는 양을 잡아 피를 흘리게 하고, 그 피를 집 안의 좌우 문설주와 인방에 바르는 일이었습니다. 그리고 고기는 구어서 온 가족이 나누어 먹었습니다. 그 밤에 하나님께서 보내신 죽음의 사자가 애굽 전역을 칠 때에 이스라엘 집 안의 문설주와 인방에 양의 피를 바른 집은 유월(Pass over), 즉 뛰어넘었다고 해서 유월절이라고 말합니다. 어린 양의 피를 바른 집은 죽음의 사자가 뛰어넘었습니다. 집 안에 있는, 또 그 집 안에서 양고기를 먹는 사람들에게는 하나님의 심판이 패스 오버 합니다. 옆집의 애굽 사람이 "아이고, 내 아들이 죽었네!" 대성통곡을 할 때에, 이스라엘 가정은 피를 발랐기에 장자의 생명을 구원받았습니다.

"내가 애굽 땅을 칠 때에 그 피가 너희가 사는 집에 있어서 너희를 위하여 표적이 될지라 내가 피를 볼 때에 너희를 넘어가리니 재앙이 너희에게 내려 멸하지 아니하리라"(출 12 : 13).

우리가 예수님을 믿을 때 항상 즐거우면 좋겠지만 어떤 때는 불안에 떨 때가 있고, 스트레스를 심하게 받아 암에 걸릴 수도 있고, 어떤 때는 예수님을 믿어도 하나님께서 나를 예뻐하시는지, 미워하시는지 도대체 감이 잡히지 않을 때도 있습니다. 그렇지만 분명한 사실은 피에 의해서 구원받은 것이지, 절대 느낌이나 분위기 때문에 구원받은 것이 아니라는 점입니다. 하나님의 은총을 경험하는 일은 분위기 때문이 아니라 하나님의 약속, 곧 '피' 때문이라는 것을 믿는 믿음이 신앙의 출발입니다. 내 집 문에, 내 인생의 문에 피를 발랐느냐가 축복의 출발입니다. 피를 볼 때에 넘어가겠다고 하십니다. 피를 바르면 재앙이 피해 갑니다. 그때 하나님께서 우리를 용서해 주십니다.

〰️ 구원은 우리의 의(義)에 기인하는 것이 아니라 '피'에 있음을 믿습니까?

당신은 피를 바른 '그 안'에 거하고 있습니까?

인간은 어떤 존재인가?

집 주변에 더러운 쓰레기가 있으면 파리, 모기, 들쥐가 계속 들끓게 됩니다. 그럴 땐, 파리나 모기를 잡는 것이 우선이 아니라 먼저 쓰레기를 처리하는 것이 해결책입니다. 쓰레기통을 깨끗하게 비우지 않으면 아무리 모기를 잡고, 파리를 잡아도 계속 몰려들기 때문입니다. 교회를 다녀도 내 가정에, 내 개인에게 계속 어려움이 반복되는 경우가 있습니다. 그 이유는 내 안의 쓰레기통을 깨끗하게 치우지 않고 지저분한 것, 해결해야 할 것을 다 처리하지 않았기 때문입니다.

인간은 어떤 존재입니까?
인간 안에 있는 죄의 문제를 분명하게 깨닫지 못한다면 당신은 온전히 변화될 수 없습니다. 계속해서 다람쥐가 쳇바퀴 돌듯이 죄 속에서 반복적인 삶을 살 수밖에 없습니다.

(1) 인간은 하나님의 영광을 잃어버린 존재

"전에는 우리도 다 그 가운데서 우리 육체의 욕심을 따라 지내며 육체와 마음의 원하는 것을 하여 다른 이들과 같이 본질상 진노의 자녀이었더니"(엡 2 : 3).

하나님 앞에서 죄를 범한 인간은 본래의 영광스러운 모습을 잃어버렸습니다. 하나님의 심판과 진노를 받아 영원한 불못에 들어가는 것이 죄인의 운명입니다. 인간은 배워서 죄를 짓는 것이 아니라 죄악 중에 출생되었습니다. 그 내면세계는 부패하여 세상의 온갖 찌꺼기보다 더 더럽습니다. 하나님의 법에 대항하여, 하나님에 대하여 원수로 살 수밖에 없는 존재입니다. 하나님의 심판과 진노를 받아 영원한 불못에 들어가는 것이 죄인의 운명입니다.

(2) 인간은 하나님과 원수 된 존재

"육신의 생각은 하나님과 원수가 되나니 이는 하나님의 법에 굴복하지 아니할 뿐 아니라 할 수도 없음이라 육신에 있는 자들은 하나님을 기쁘시게 할 수 없느니라"(롬 8 : 7-8).

죄를 따라가면 하나님과 원수가 될 수밖에 없습니다. 죄를 즐기거나 죄 가운데 있는 사람은 마귀의 자녀로서 복을 받지 못하고 계속 어려움 가운데 지내게 됩니다. 죄를 짓고 살면 하나님의 진노로부터 벗어날 수가 없습니다. 하나님의 원수로 살아가면 장자임에도 불구하고 장자권을 빼앗기게 됩니다. 그 대표적인 사람으로 르우벤이 있습니다. 하나님께서는 우리가 세상에서 장자권을 행사하며 살기 원하시지만 죄로 인해 마귀의 자녀처럼 살게 됩니다.

"죄를 짓는 자는 마귀에게 속하나니 마귀는 처음부터 범죄함이라 하나님의 아들이 나타나신 것은 마귀의 일을 멸하려 하심이라 …… 이러므로 하나님의 자녀들과 마귀의 자녀들이 드러나나니 무릇 의를 행하지 아니하는 자나 또는 그 형제를 사랑하지 아니하는 자는 하나님께 속하지 아니하니라"(요일 3 : 8-10).

하나님의 자녀가 있고, 마귀의 자녀가 있습니다. 죄를 즐기거나 죄 가운데 있는 사람은 마귀의 자녀입니다. 구원받은 하나님의 자녀도 죄를 반복해서 지으면 마귀의 자녀처럼 살게 됩니다.

하나님께서는 "이제 바로를 섬기지 마라. 하나님을 섬겨라."라고 하시며 엑소더스(Exodus) 시키십니다. 탈출시키십니다. "이제는 가나안이 너희 땅이다. 너희 기업이 있다. 너희는 나의 후사이다."라고 하면서 약속을 주십니다. 십자가를 붙잡으면 축복의 인생을 살고, 행복한 인생을 살며, 미래가 보이고, 보장받은 인생을 삽니다. 하나님께서 "내가 피를 보고, 넘어가리라."라고 하십니다. 우리가 얼마나 착한지 보겠다는 것이 아니라, 우리가 얼마나 열심히 노력하며 사느냐가 아니라, 피를 보고 넘어간다고 하십니다. 피가 있느냐, 없느냐가 중요합니다. 피를 바르고 십자가를 붙잡으면 하나님의 심판으로부터 구원을 받습니다. 죄가 해결되고, 사탄의 문제가 해결됩니다. 십자가를 붙잡고, 피를 의존하게 되면 죄의 노예, 사탄의 노예였던 우리가 구원받을 뿐만 아니라 하나님의 장자가 됩니다. 하나님의 후사로서 상속권을 갖습니다. 비리비리하게 사는 인생이 아니라 하나님으로부터 어마어마한 권세를 받습니다.

이것을 놓치지 마십시오.

마귀의 자녀에서 하나님의 자녀가 되는 길은 어디에 있습니까?
내 삶은 죄로 인한 심판이 아닌 하나님의 은혜 안에 있다고 생각되십니까?

피, 보혈, 십자가 :
하나님과 죄인의 화목을 위한 필요조건

죄를 지은 인간과 흠 없는 하나님과의 사이는 가까워질 수 없습니다. 그 갈등의 골이 깊어져 갈 수밖에 없고, 인간은 하나님 앞에 나서기가 점점 어려워져 죄 속으로 더 깊이 빠져들게 될 뿐입니다. 그래서 하나님께서는 죄로부터 엑소더스(출애굽), 탈출시키십니다. 그리고는 영원한 속죄로서 예수 그리스도의 십자가, 보혈을 예표하는 유월절 어린 양의 피로서 인간과 하나님 사이의 화목을 도모하십니다.

피의 복음(1)
- 단번에, 영원히

"염소와 송아지의 피로 하지 아니하고 오직 자기의 피로 영원한 속죄를 이루사 단번에 성소에 들어가셨느니라 염소와 황소의 피와 및 암송아지의 재를 부정한 자에게 뿌려 그 육체를 정결하게 하여 거룩하게 하거든 하물며 영원하신 성령으로 말미암아 흠 없는 자기를 하나님께 드린 그리스도의 피가 어찌 너희 양심을 죽은 행실에서 깨끗하게 하고 살아계신 하나님을 섬기게 하지 못하겠느냐"(히 9 : 12-14).

구약의 원칙은 양을 잡아서 제사를 드리는데, 이 양의 효력은 다음 죄를 짓기 전까지입니다. 이것은 어제 내가 양을 드렸어도 오늘 내가 또 죄를 지으면 다시 양을 준비해야 함을 의미합니다. 이것이 곧 구약의 한계였습니다. 히브리서의 영원한 속죄를 이룬다는 말씀은 단 한 번에(Once for all) 해결한다는 뜻입니다. 신약시대에도 구약처럼 안수하지만, 그때마다 양을 준비하는 것이 아니라 십자가로 이미 죗값이 치러졌기 때문에 안수를 통하여 내 죄를 전가(轉嫁, Impute)하면 됩니다. 예수님께서 십자가에 달려 돌아가실 때 이미 내 안에 있는 죄의 가능성까지도 다 해결하셨기 때문입니다.

『어린아이들이 잘못했을 때 부모가 "너 지난주에도 그랬고, 한 달 전에도 그렇게 했지?" 하고 말하는 것을 조심해야 합니다. 아이들은 도덕성이 약하기 때문에 선악에 대한 판단력이 부족하고 또 기억력이 없습니다. 아이 입장에서는 평생 처음 죄를 지었다고 생각합니다. 그런데 부모가 3주 전 일이나 2달 전 일을 추궁하면 애가 망가집니다. 그러면 아이는 '나는 몹쓸 인간인가 보다.' 라고 생각하게 됩니다. 아이가 잘못하면 마치 오늘 처음 잘못한 것처럼 그렇게 대해 줘야 합니다. 부모가 그 잘못을 기억하면 안 됩니다.』

하나님도 그렇게 하십니다. 우리의 연약함을 아시기 때문에 우리가 마치 처음 죄를 지은 사람처럼, "저를 용서해 주세요."라고 회개기도를 하면 용서해 주십니다. 그렇기에 영원한 속죄를 이룬다는 말은 범죄한 후에 회개기도 하는 것을 뜻합니다.

영원한 속죄를 받기 위해서, 또한 죄지은 우리가 다시 하나님 앞에 나아가기 위해서는 때로는 '뻔뻔한 마음'이 필요합니다. 마치 처음 죄를 지은 사람처럼 "하나님, 아시죠? 제가 잘못했어요. 용서해 주세요."라고 회개하는 것이 바로 뻔뻔한 마음입니다. 그럴 때 하나님께서 용서해 주시고, 속죄가 이루어집니다. 철저하게 회개하면 예수님의 피가 영원한 속죄의 능력이 있기 때문에 죄를 용서받게 됩니다.

그러나 용서를 받아도 징계는 따릅니다. 하나님께서 사람의 죄는 용서해 주시되 그 안에 죄를 즐기는 기질은 고쳐 주시기 위함입니다. 그것이 바로 히브리서 12장의 '징계'입니다. 그 징계를 받으면서 내 영혼 속에, 마음속에, 생각으로 범죄했던 것들까지 깨끗하게 닦아 내면, 우리에게 드리워져 있는 심판과 진노와 재앙들이 모두 사라집니다. 범죄하고, 회개하고, 하나님께서 봐주시는 그 과정을 지나면서 사람이 바뀌기 시작합니다.

실수할지라도 철저하게 회개하면, 예수님의 피가 영원한 속죄의 능력이 있으므로 우리의 죄를 용서받습니다. 그러므로 회개기도는 죄로부터 우리를 구원하고, 율법의 저주로부터 벗어나게 하며, 죄로 인한 형벌로부터 우리를 건져 줍니다.

우리가 죄를 지을 수밖에 없는 연약한 존재임을 아시는 하나님께서 취한 조치가 무엇입니까?

내 안에 있는 습관적인 죄의 기질을 뿌리 뽑을 수 있는 방법은 무엇입니까?

피의 복음(2)
-은혜에 근거한 회개

피가 모든 심판과 진노, 그리고 저주로부터 우리를 건져 냈습니다. 이것이 성경의 약속입니다. 피의 복음은 환경적인 어려움에서 건져 주며, 또 악에서 구원합니다. 내 삶에 드리워져 있는 고난을 걷어 내는 것뿐만 아니라 그 인격이 바뀌고, 성품이 바뀌며, 삶의 자세까지 바뀌게 만듭니다. 오로지 예수님의 피에만 그 능력이 있습니다.

『 ♬ 나의 죄를 씻기는 예수의 피밖에 없네
다시 정케 하기도 예수의 피밖에 없네
예수의 흘린 피 날 희게 하오니
귀하고 귀하다 예수의 피밖에 없네 ♪(찬송가 252장 1절) 』

예수 그리스도의 완전한 희생 제사를 통하여, 그 은혜로 인하여 인간의 모든 죄 문제가 해결되었습니다.

"우리는 그리스도 안에서 그의 은혜의 풍성함을 따라 그의 피로 말미암아 속량 곧 죄 사함을 받았느니라"(엡 1:7).

'피를 바른다'는 말은 회개기도를 드리는 것을 의미합니다. 여기에서 주의할 것은 회개기도가 공로화되어서는 안 된다는 사실입니다.
피의 능력, 은혜의 공급이 있기 때문에 회개기도가 의미가 있습니다. 죄를 용서받는 일은 십자가의 공로 때문이지 나의 뉘우침이나 고백으로 인한 것이 아님을 알아야 합니다.
회개해도 우리는 다시 죄 가운데 빠집니다. 또 회개하고, 또 회개하고 …… 이런 과정을 반복하면서도 우리는 계속 은혜의 공급을 받습니다. 결국 우리를 변화시키는 힘은 지속적인 은혜의 공급을 통한 성장에 있다는 사실을 깨닫게 됩니다.

뻔뻔한 양심으로라도 회개기도하는 일을 멈춰서는 안 됩니다. 은혜 안에 있을 때에만 변화는 가능합니다.

죄를 지었을 때, 나는 회개기도를 합니까?

은혜의 지속적인 공급을 위하여 지금 내가 할 수 있는 일은 무엇입니까?

피의 복음(3)
  - 화목의 능력

"곧 우리가 원수 되었을 때에 그의 아들의 죽으심으로 말미암아 하나님과 화목하게 되었은즉 화목하게 된 자로서는 더욱 그의 살아나심으로 말미암아 구원을 받을 것이니라"(롬 5 : 10).

우리는 피로 말미암아 하나님과 아주 친해집니다. 이것은 법적으로 하나님께서 제도화시켜 놓으신 것입니다. 예수님의 십자가가 하나님과 나를 친하게 만들어 놓았으므로 어려운 일이 생기면 '틀림없이 무슨 뜻이 있으실 거야!', '무엇을 돕기 위해서 이 일을 배열하셨을까?', '마침내 주님은 찬양을 받으실 거야. 기대가 되네, 가슴이 뛴다!' 라는 소망으로 바뀌게 됩니다.

『 어떤 청년이 목사님께 전화를 걸었습니다.
"목사님, 중요한 시험에 떨어졌어요."
그런데 그 목사님이 "야! 기대가 된다. 가슴이 뛴다."라고 대답을 하십니다.
그 청년은 어안이 벙벙해서 "아니, 목사님! 어떻게 그런 말씀을 하실 수 있습니까?"라고 물었습니다.
"이보게! 내가 설명할게. 내가 살아 보니까 예수님을 열심히 믿는데도 자꾸 문제가 꼬이면 그것이 오히려 축복되더구만. 그때 떨어졌고, 그때 방황했기 때문에 지금 내가 얼마나 알짜배기를 붙잡고 사는지 모른다네. 기대하시게. 틀림없이 무슨 뜻이 있을 것이네." 』

처음에는 흥분하던 청년이 나중에는 기대감에 차올라 "아멘." 했습니다. 이것을 믿어도 됩니다. 하나님의 약속이기 때문입니다.
푸념했던 일들까지도 전부 합력하여 선을 이루게 하시는 분은 하나님이십니다.

"우리가 알거니와 하나님을 사랑하는 자 곧 그의 뜻대로 부르심을 입은 자들에게는 모든 것이 합력하여 선을 이루느니라"(롬 8 : 28).

"평화는 내 안에서 오는 것이 아니라 위로부터 온다."는 사실을 경험하게 되면 생각이 달라집니다. 이 피의 능력, 피의 권세가 나의 권세이고 나의 삶입니다. 예수님의 공로를 힘입어서 담대하게 하나님 앞에 나아가면, 은혜의 보좌 앞에 담대히 나아가면 하나님께서 보장해 주십니다. 법적으로 내가 받아야 할 심판을 십자가가 모두 가져가 버렸습니다. 하나님께서 그 십자가 사건을 통해서 나를, 그리고 여러분을 보장하십니다.

하나님께서는 누구든지 십자가만 붙잡으면, 누구든지 회개하면 어떤 죄도 용서하겠다고 말씀하셨습니다. 이것이 바로 하나님의 약속입니다. 이 십자가의 축복, 이 십자가의 능력이 곧 삶의 능력입니다. 내가 뻔뻔하고 못났어도 그런 것들을 보시지 않고 십자가로 법적인 제도를 장치해 놓으셨습니다. 그런데 이 십자가를 소유하면서도 자기의 허물과 죄를 자기가 짊어지고 살아가는 어리석은 인생들이 많아 안타까울 뿐입니다.

우리는 하나님의 자녀로서 잘 살아야 됩니다. 저주와 심판으로부터 벗어나서 자유롭게 살아야 합니다. 흥겹게 찬양하면서 노래하고 춤추며 살아야 합니다. 주님이 십자가를 지셨는데 왜 내가 내 죗값을 감당해야 합니까? 이 십자가의 축복, 이 십자가의 능력이 곧 삶의 능력입니다. 이것이 시대와 환경적인 어려움, 재난, 불안, 초조함을 다 극복할 수 있게 합니다. 십자가가 바로 우리의 능력이기 때문입니다.

하나님과 우리 사이의 화목을 이루신 분은 누구입니까?
왜 예수님이 십자가에서 죽으신 것이 화목을 이루는 일입니까?

피가 없으면 장자가 죽었습니다. 그러나 피를 바르면 하나님의 장자가 되어 가나안을 향한 진군이 시작됩니다.
피가 능력입니다. 피가 새로운 삶의 출발입니다.
당신의 인생 장막에 피가 발려 있습니까?
문제가 있을 때마다 피의 복음을 적용하고 계십니까?

Memo

¹여호와께서 모세에게 일러 이르시되 ²이스라엘 자손 중에서 사람이나 짐승을 막론하고 태에서 처음 난 모든 것은 다 거룩히 구별하여 내게 돌리라 이는 내 것이니라 하시니라 ³모세가 백성에게 이르되 너희는 애굽 곧 종 되었던 집에서 나온 그날을 기념하여 유교병을 먹지 말라 여호와께서 그 손의 권능으로 너희를 그곳에서 인도해 내셨음이니라 ⁴아빕월 이날에 너희가 나왔으니 ⁵여호와께서 너를 인도하여 가나안 사람과 헷 사람과 아모리 사람과 히위 사람과 여부스 사람의 땅 곧 네게 주시려고 네 조상들에게 맹세하신 바 젖과 꿀이 흐르는 땅에 이르게 하

chapter 5.

신앙의 오리엔테이션
– 다르게 사는 사람들

(출 13 : 1 – 10)

시거든 너는 이 달에 이 예식을 지켜 ⁶이레 동안 무교병을 먹고 일곱째 날에는 여호와께 절기를 지키라 ⁷이레 동안에는 무교병을 먹고 유교병을 네게 보이지 아니하게 하며 네 땅에서 누룩을 네게 보이지 아니하게 하라 ⁸너는 그날에 네 아들에게 보여 이르기를 이 예식은 내가 애굽에서 나올 때에 여호와께서 나를 위하여 행하신 일로 말미암음이라 하고 ⁹이것으로 네 손의 기호와 네 미간의 표를 삼고 여호와의 율법이 네 입에 있게 하라 이는 여호와께서 강하신 손으로 너를 애굽에서 인도하여 내셨음이니 ¹⁰해마다 절기가 되면 이 규례를 지킬지니라

(출 13 : 1-10)

예수를 그리스도로 만난 사람은 성령의 능력을 경험하게 됩니다. 그는 더 이상 현세적인 세상을 사는 것이 아닌, 하나님 나라를 사는 사람으로서 죄와 사망의 권세와 싸우는 삶을 살아갑니다. 사람들을 만나면 도와주고, 살리는 일을 합니다. 이런 사람들은 Before와 After가 확실하게 다른 인생을 사는 사람들입니다.

왜 변화되지 않는가?

성경에서 '하나님'을 '신실하신 하나님, 미쁘신 하나님'이라고 묘사한 부분을 종종 볼 수 있습니다. 그것은 '믿을 수 있는 분'이란 뜻의 표현입니다. 그런 하나님께서는 약속하신 것을 반드시 지키시는 분입니다.

뿐만 아니라 그분은 모두가 절망을 말하고 끝을 말할 때, 우리에게 희망을, 새로운 시작을 말씀해 주는 분입니다.

"일곱째 천사가 나팔을 불매 하늘에 큰 음성들이 나서 이르되 세상 나라가 우리 주와 그의 그리스도의 나라가 되어 그가 세세토록 왕 노릇 하시리로다 하니"(계 11 : 15).

하나님께서는 '망할 수밖에 없는 이 세상 나라'가 '우리 주와 그리스도의 나라'가 될 것과 우리 주님이 왕으로 세세토록 다스리실 것을 말씀합니다. 우리는 그 나라를 완성하는 일에 수고하며 공을 세워야 합니다.

복음은 타락한 세상을 바꾸기 위해 주신 하나님의 선물인데 왜 세상은, 사람들은 변하지 않습니까?

하나님의 약속은 신실하고 예수 그리스도께서 이미 모든 약속을 다 이루셨는데, 왜 우리는 승리의 삶을 살고 있지 못합니까?

그것은 바로 씨가 뿌려진 밭에 문제가 있기 때문입니다.

"씨를 뿌리는 자가 그 씨를 뿌리러 나가서 뿌릴새 더러는 길가에 떨어지매 밟히며 공중의 새들이 먹어 버렸고 더러는 바위 위에 떨어지매 싹이 났다가 습기가 없으므로 말랐고 더러는 가시떨기 속에 떨어지매 가시가 함께 자라서 기운을 막았고 더러는 좋은 땅에 떨어지매 나서 백 배의 결실을 하였느니라"(눅 8 : 5 - 8).

성령께서 처녀인 마리아를 사용하여 예수님을 잉태하게 하신 것처럼 하나님께서는 사람을 밭으로 사용하십니다. 타락했던 사람들과 새로운 생명을 가지고 오신 예수 그리스도를 연합하게 하여 씨와 밭의 역사처럼 새 역사를 일으킨다고 성경은 약속하고 있습니다. 그렇기에 새로운 사람으로의 변화가 일어나지 않는다면, 그것은 분명

씨가 뿌려진 그 밭에 문제가 있는 것입니다. 우리는 같은 품종의 씨앗이라도 어느 밭에 뿌리느냐, 어떤 토양에 뿌리느냐에 따라서 그 결과가 얼마나 달라지는지 잘 알고 있습니다. 그래서 예수님은 네 가지 밭의 비유를 통해 말씀하십니다.

"이 비유는 이러하니라 씨는 하나님의 말씀이요 길가에 있다는 것은 말씀을 들은 자니 이에 마귀가 가서 그들이 믿어 구원을 얻지 못하게 하려고 말씀을 그 마음에서 빼앗는 것이요 바위 위에 있다는 것은 말씀을 들을 때에 기쁨으로 받으나 뿌리가 없어 잠깐 믿다가 시련을 당할 때에 배반하는 자요 가시떨기에 떨어졌다는 것은 말씀을 들은 자이나 지내는 중 이생의 염려와 재물과 향락에 기운이 막혀 온전히 결실하지 못하는 자요 좋은 땅에 있다는 것은 착하고 좋은 마음으로 말씀을 듣고 지키어 인내로 결실하는 자니라"(눅 8 : 11-15).

밭에 문제가 있는 사람은 마귀의 방해나 외부적인 시련에 약합니다. 그리고 하나님의 말씀보다는 눈앞에 보이는 현실의 삶에 마음을 두고 사는 사람들입니다. 쉽게 흔들리고, 쉽게 현혹됩니다. 이들은 모두 말씀을 듣지 못한 사람들이 아닙니다. 모두가 말씀을 들었지만 그 말씀으로 인해 이전의 삶과 그 이후의 삶의 변화를 체험하지 못한 사람들입니다. 이는 좋은 밭을 갖추지 못했기 때문입니다.

당신의 마음 밭은 어떤 상태입니까?
무엇이 당신의 변화를 막는지 진단해 보십시오.

3가지 증거(Proof)

앞서 말한 좋은 밭이 아닌 마음은 기경되지 않은 마음입니다. 척박하고 메마른 땅이 비옥하고 기름진 땅이 되도록 하는 3가지의 증거를 제대로 갖추고 있지 못합니다.

"예수께서 하나님의 아들이심을 믿는 자가 아니면 세상을 이기는 자가 누구냐 이는 물과 피로 임하신 이시니 곧 예수 그리스도시라 물로만 아니요 물과 피로 임하셨고 증언하는 이는 성령이시니 성령은 진리니라 증언하는 이가 셋이니 성령과 물과 피라 또한 이 셋은 합하여 하나이니라"(요일 5 : 5-8).

이와는 다르게 베드로나 요한처럼 "예수님이 하나님의 아들이고, 예수님이 그리스도이시다."라고 당당하게 세상 앞에서 선포하는 사람들이 있습니다. 요한1서 5 : 1에 '예수님을 그리스도라고 믿는 자가 하나님께로부터 난 자'라고 하며, 5절에서는 '예수님이 하나님의 아들인 것을 믿는 자가 세상을 이긴다'고 합니다. 세상을 이겨 내는 이러한 사람들의 공통점은 바로 3가지 증거를 갖추고 있다고 말씀합니다. 그 3가지 증거는 무엇입니까?

증거(證據, Proof)란 어떤 사실을 증명하기 위해 드는 근거를 말합니다. 우리의 증거는 바로 하나님의 아들이신 예수 그리스도가 사탄을 꺾고 우리를 죄에서 건져 내셨음을 증명하는 것입니다. 죄에서 벗어나 더 이상 사탄의 노예가 아니라 하나님의 자녀로서 살아가는 삶의 증거입니다.

요한1서 5장에서 이 3가지 증거를 곧 '피'와 '물'과 '성령'이라고 말씀합니다.

'피'는 죄의 문제를 해결하는 증거입니다. 죄가 해결되면 사탄이 힘을 쓰지 못합니다. 죄는 사탄을 끌어들이고 우리 자신을 심판대 앞에 서게 만듭니다. 쓰레기통에는 계속 쓰레기가 들어갑니다. 죄가 처리되지 않은 사람은 사탄이 들락거리는 그릇밖에 될 수 없습니다. 그 죄를 끊어 내는 것이 바로 '피'입니다. 회개하고 씻음 받은 상태입니다.

'물'은 하나님의 거룩함을 입게 되는 증거입니다. 성막에 들어가면 번제단에서 먼저 피로서 죄의 문제를 해결합니다. 그 다음 순서가 물로 자기를 씻는 곳인 물두멍으로, 세례를 상징합니다. 우리가 하나님의 거룩한 처소, 약속의 땅인 기업에 들어가기 위해서는 하나님 앞에서 거룩해져야 합니다. 죄로부터의 거룩만이 아닌 옛 사람, 자아로부터도 거룩해져야 합니다.

'성령'은 이전과 전혀 다른 삶을 살게 만들어 주는 증거입니다. 성령을 받게 되면 하나님의 능력을 경험하게 되고, 하나님의 영으로 살게 됩니다. 성령으로 이끌림 받아 영적 전쟁에서 승리하고 하나님 나라를 건설합니다. 사람들을 회복시켜 주고, 사람들을 만나면 도와주고, 살리는 일을 하도록 돕는 일을 성령이 하십니다.

사탄에게 지배받고 있는 이 세상 나라에서 이들과 싸워서 하나님 나라를 건설하고 멋진 승리의 삶을 사는 사람들은 이 3가지 증거를 가지고 있습니다. 대한민국 국민으로서 국방과 납세의 의무를 지키지 않으면 법적인 제재와 처벌이 뒤따르는 것처럼, 구원은 받았지만 이 3가지 기본 의무, 증거를 갖추지 않으면 하나님 앞에 쓰임 받는 데 결격 사유가 됩니다. 신앙생활을 30년, 40년 했다 하더라도 하나님 앞에서 승리의 증거가 없는 사람들입니다.

《초대교회 사람들》(박영선 저)이라는 책에서는 "성령강림의 의미가 무엇이냐?"고 묻고 있습니다. 성령이 오신 이유는 천당 가는 일을 도와주러 온 것이 아니라 성도의 질적인 수준을 향상시켜서 이 땅에서부터 하나님 나라를 건설하는 일에 쓰겠다는 의도입니다. 이것이 성령을 받은 사람들의 특징입니다. "예수 믿고 천당 가자."가 구원받은 우리의 목표가 아니라, "구원받은 이후 내가 어떤 사람이 될 것이냐?"에 관심을 두고 변화를 추구하는 것이 우리가 지향해야 할 모습입니다.

 당신은 3가지의 증거를 갖춘 사람입니까?

변화된 삶을 부르는 원칙(1)
- 첫 것을 드리라(출 13 : 1-2, 11-16)

지금까지 살아왔던 죄의 삶에서 벗어나 죄를 이겨 내는 삶을 살기로 작정한 사람들에게 요구되는 것이 있습니다. 이제는 이전의 자기 원칙대로 살지 않고 하나님의 원칙대로 살겠다는 서약입니다.

예수님이 오신 것은 타락한 사람들, 본질상 진노의 자녀들, 허물과 죄로 죽었던 우리에게 새로운 생명을 주시기 위해서였습니다. 하늘의 생명을 살고, 신령한 삶을 살 수 있도록 변화시키기 위해서 오신 분입니다. '예수 그리스도'라는 이 이름이 참 중요합니다. 베드로가 신앙고백을 할 때 "주는 그리스도시요, 살아 계신 하나님의 아들이십니다."라고 했습니다(마 16 : 16). '예수'라는 이름은 '자기 백성을 그들의 죄에서 구원할 자'라는 뜻입니다. 우리의 신분이 종, 노예, 타락자가 아니라 이제는 하나님의 백성, 하나님의 자녀로 새롭게 바뀌게 됩니다.

또 그분이 '그리스도'라는 이름으로 오셨습니다. 그리스도라는 이름의 뜻은 구약의 언어로 말하면 '메시야'이며, 메시야라는 말은 '기름 부음을 받은 자' 혹은 '기름을 부어 주려고 오신 분'이란 뜻입니다.

그렇기에 우리는 예수님을 살아 계신 하나님의 아들, 죄 문제를 해결하시고, 씨 곧 생명을 주시는 분으로 경험하며 그 예수님을 그리스도로, 성령세례를 주러 오신 분으로 믿고 따르며, 예수님의 원칙대로 살아야만 합니다. 그래야 변화를 경험할 수 있습니다.

그 원칙 중 첫 번째가 바로, 첫 것이 하나님의 것임을 인정하는 결단입니다. 유월절날 애굽의 모든 장자들이 죽었습니다. 사실은 이스라엘 사람들도 그동안 우상을 숭배하였으므로 장자들이 똑같이 다 죽어야만 하는 상황이었습니다. 그러나 피를 바르고 하나님께서 제시한 양을 희생의 제물로 드림으로 말미암아 양이 대신 죽고 장자들은 살았습니다. 하나님께서는 "내가 양을 주고 너희들을 샀으므로 네 장자들을 내게 내어놓아라."라고 하십니다. 그러므로 유월절 사건 이후에 이스라엘의 모든 장자는 하나님의 것이 되었습니다. 이것이 하나님과의 첫 번째 계약이었습니다.

"나를 존중히 여기는 자를 내가 존중히 여기고 나를 멸시하는 자를 내가 경멸하리라"(삼상 2:30b).

우리가 하나님을 우대하면 하나님도 우리의 인생을 우대해 주십니다. 그러나 삶의 우선을 드리지 않으면 그 사람은 하나님 앞에 존대를 받지 못합니다.

"그가 그 피조물 중에 우리로 한 첫 열매가 되게 하시려고 자기의 뜻을 따라 진리의 말씀으로 우리를 낳으셨느니라"(약 1:18).

첫 열매는 '으뜸' 이라는 말이며, '장자' 라는 뜻입니다. 하나님께서 장자와 장자의 나라로 우리를 부르셨습니다. '왕 같은 제사장' 이라는 말은 장자권을 말하는데 구약에서 장자는 3가지 특권이 있었습니다. 왕권, 제사장권, 그리고 2배의 몫입니다. 그러므로 '왕 같은 제사장'은 나를 하나님 나라에 후사로, 상속자로, 장자로 부르셨다는 특권을 의미합니다. 그러나 사람들이 세례 시에 드렸던 이 약속을 지키지 않아 특권을 잃고 살아갑니다. 으뜸이 드려지지 않으면 하나님 앞에서 계약이 무효가 됩니다. 으뜸을 드린다는 말이 무엇을 의미합니까? 예배의 삶을 말합니다. 내가 주님께 으뜸을 드리고, 하나님께 주권과 영광을 드리며, 하나님께서 내 삶의 주관자라고 고백하는 삶입니다. 나는 하나님을 경배하는 자이며, 내 경배의 대상이 하나님이시라는 것을 고백하는 삶입니다. 또한 십일조를 드리는 삶을 말합니다. 하나님의 것을 먼저 구별하여 하나님께 드리는 삶입니다.

 십일조 생활을 잘하고 있습니까?
하나님께 최고의, 으뜸인 것으로 드릴 수 있는 것에는 또 무엇이 있습니까?

부정한 짐승인 나귀의 첫 새끼는 다 어린 양으로 대신하라고 하십니다. 그렇게 하지 않으면 그 목을 꺾으라고 명령하십니다. 나귀는 근본이 부정한 짐승이며, 하나님께서 가증하게 여기시는 동물입니다. 이 나귀를 살리려면 대신 양을 희생제물로 드리면 됩니다. 그러면 양이 죽고 나귀는 살아납니다. 그러나 양을 드리지 않으면 나귀는 다 죽어야 합니다.

여기에 중요한 원리가 있습니다. 우리는 다 부정한 사람입니다. 누군가 나를 위해서 희생제물이 되어 주지 않으면 우리의 목이 꺾입니다. 우리 인생이 보장받지 못합니다.

"그 사람을 대속할 때에는 난 지 한 달 이후에 네가 정한 대로 성소의 세겔을 따라 은 다섯 세겔로 대속하라 한 세겔은 이십 게라이니라"(민 18 : 16).

모든 집에서 장자가 태어나면 은 5세겔을 내게 하여 대속했습니다. 은 5세겔을 내면 양을 잡지 않아도 그 장자가 보장받습니다. 에서와 르우벤은 장자로 태어났지만 하나님께 구별된 삶을 살지 못하여 장자권을 잃었습니다. 오늘날에도 하나님을 예배할 줄 모르고, 존중할 줄 모르는 사람은 장자권을 다 잃어버리고 가나안의 약속들을 얻지 못하고 광야에서 끝이 납니다. 높은 분과 대결 구도에 놓이게 되면 손해를 보는 것은 자신입니다. 그러나 법을 지키고 주의 뜻을 따르면 그때부터 축복의 삶을 살게 됩니다. 하나님께서 보장해 주시는 간단한 원리입니다.

『미국의 기독 실업가인 아더 미다스 장로는 미국의 10대 재벌 중 한 사람이었습니다. 미다스 장로는 많은 재산을 선교사업을 위하여 사용했습니다. 선교재단을 설립하기 위하여 7억 달러를 헌금했고, 또 한국의 대학생 선교단체에 50만 달러를 기증하기도 했습니다. 그 외에도 남을 돕고 구제하는 일에 많은 재산을 사용했습니다.

어느 날 한 기자가 그에게 성공적인 인생을 살게 된 비결을 묻자 그는 이렇게 대답했습니다.

"나는 다섯 가지 인생철학을 가지고 있습니다.

첫째는 주일 성수요,

둘째는 온전한 십일조 생활이요,

셋째는 하루의 첫 시간을 기도로 시작하는 것이요,

넷째는 가정의 주인을 예수님으로 모시는 것이요,

그리고 다섯째는 시간과 돈을 선한 사업에 사용하는 것입니다."』

『 멘소래담 상표의 주인공 알버트 하이드는 바르는 약 멘소래담을 발명하여 큰 재산을 모았습니다. 그는 철저하게 십일조 생활을 했을 뿐만 아니라 YMCA에 수천만 달러를 헌납했고, 87세로 죽을 때는 150억 원이 넘는 돈을 선교사업으로 내놓았습니다. 』

『 윌리엄 콜게이트도 뉴욕으로 가는 뱃길에서 노인을 만나 "네가 훌륭한 비누업자가 되려면 하나님을 잘 섬기는 가운데 십일조를 드려라."라는 조언을 듣고 이를 실천하여 세계의 재벌이 되었습니다. 』

성수 주일과 온전한 십일조는 하나님을 어른으로 섬기는 예배 스피릿입니다. 세례 시 '성부의 이름'으로 세례를 받는 일은 하나님을 내 인생의 어른으로 모시겠다는 예배정신입니다. 성수 주일과 십일조는 성도에게 있어서 믿음의 고백이며, 하나님의 은총을 얻는 길입니다.

첫 것을 드리는 삶이 중요합니다. 구원받은 사람들은 무조건 첫 것을 하나님께 드려야 합니다. 그 이유는 하나님께서 대가를 지불하셨기 때문입니다. 한 주간의 첫날인 주일을 구별하여 드리십시오. 물질의 첫 것인 십일조를 드리십시오. 십일조를 드릴 수 없는 사람은 하나님께 십일조를 드릴 수 있도록 상황을 허락해 달라고 기도하십시오. 하나님을 으뜸으로, 최고의 자리에 모시고 섬기는 사람은 주간의 첫날을 구별하여 예배를 드리고, 구별된 삶을 살며, 십일조를 드립니다.

온전한 십일조 생활을 하고 있습니까?

성수 주일, 십일조가 하나님을 섬기는 예배의 스피릿임을 알고 있습니까?

변화된 삶을 부르는 원칙(2)
-무교병을 먹으라

"이레 동안 무교병을 먹고 일곱째 날에는 여호와께 절기를 지키라 이레 동안에는 무교병을 먹고 유교병을 네게 보이지 아니하게 하며 네 땅에서 누룩을 네게 보이지 아니하게 하라"(출 13 : 6-7).

사람들은 맛있고 달콤한 것을 찾고, 맛없는 음식은 싫어합니다. 그런데 유월절, 그 밤에 나그네처럼 황급하게 이스트(Yeast)를 넣지 않은 채 그냥 구워서 먹어야만 했습니다. 그것이 무교병이었습니다. 왜 그 맛도 없는 무교병을 먹으라고 하십니까?

하나님께서 우리를 광야에 집어넣어 훈련시키시는 방법은 두 가지입니다. 소극적인 방법으로는 가난하게 하고, 질병 가운데 빠뜨리고, 어려운 고난을 준비하십니다. 암에 걸려 마음 빼앗길 틈이 없습니다. 부도가 나서 애들 교육을 시키느니 못 시키느니, 집을 어디로 옮겨야 되느니 하며 그렇게 살다 보면 정신이 하나도 없습니다. 그런 고난이 우리를 세상으로부터 보호해 주는 소극적인 방법입니다.

보다 적극적인 방법은 무교병을 먹는 것에 있습니다. 무교병은 예수 그리스도를 상징합니다. 소그룹 모임 성경공부와 말씀 세미나, Q·T와 주일 설교 소감문까지 써 내라고 하면 "아이고, 목사님 어디 다녀올 틈도 없습니다."라고 하며 하소연합니다. 그러나 그것이 광야를 극복하는 비결입니다. 죄성에 취약한 우리에게 죄짓지 말라고 경고하는 대신 적극적으로 그리스도를 먹는 삶을 살도록 훈련합니다. 교회 안에 꾸준하게 붙어 있는 사람, 그저 힘들어도 훈련 가운데 있는 사람은 계속 성장합니다. 이것을 '붙어 생존의 원리'라고 합니다. 나무에 붙어 있는 자마다 열매를 맺는 것이 요한복음 15장의 원리입니다. 쓸데없는 것에 마음 빼앗기지 않도록 토요일이면 알파다, 1:1이다, 아버지 학교다, 주일이면 소그룹과 셀모임으로 시간이 너무 부족합니다. 그러나 그것이 건강한 시간관리법입니다. 성숙하지 못한 사람이 돈 있고, 시간이 많으면 그릇 살기 쉽습니다. 인생을 사는 원리, 성경에서 가르치는 원리가 있습니다. "급하게 먹어라." 언제 발효시켜 맛있는 빵을 먹습니까? 발효시키지 않은 무미건조한 빵을 급하게 먹은 것 같은데 그런 세월들이 우리를 지탱해 줍니다. 그것이 나의 인생을 건강하게 만들었습니다. 무교병을 먹으라는 것은 그리스도가 우리의 양식이 되는 삶입니다. 예수 믿고 공급받고, 영혼들을 섬기는 일이 우리의 매일의 일상사가 되어야 하고, 그 일이 우리의 즐거움이 되고 문화가 되어야 합니다.

"너희는 이날을 기념하여 여호와의 절기를 삼아 영원한 규례로 대대로 지킬지니라"(출 12:14).

"……그날을 기념하여 유교병을 먹지 말라……"(출 13:3).

무교병을 먹는다는 것은 하나님과 우리 관계에서 유월절을 절대 잊어버리지 말고 기억하라는 명령입니다. 피에 의한 구원, 하나님 앞에서 정결하게 살아야 하고, 무교병을 먹어야 인생이 건강하다는 사실을 잊어버리면 안 됩니다. 그러므로 피와 살을 상징하는 빵과 포도주를 먹습니다. 그리스도를 먹어야 삽니다.

"너희는 이 일을 규례로 삼아 너희와 너희 자손이 영원히 지킬 것이니 너희는 여호와께서 허락하신 대로 너희에게 주시는 땅에 이를 때에 이 예식을 지킬 것이라 이후에 너희의 자녀가 묻기를 이 예식이 무슨 뜻이냐 하거든 너희는 이르기를 이는 여호와의 유월절 제사라 여호와께서 애굽 사람에게 재앙을 내리실 때에 애굽에 있는 이스라엘 자손의 집을 넘으사 우리의 집을 구원하셨느니라 하라 하매 백성이 머리 숙여 경배하니라"(출 12 : 24 - 27).

이스라엘 사람들은 아이들에게 이상한 복장을 하게 합니다. 성경말씀을 적은 두루마리 쪽지가 담긴 상자를 이마에 붙이고 손목에 달아 아이들의 호기심을 자극시킵니다. 신앙교육을 시키지 않으면 어떠한 지식을 얻는다 해도 그 영혼이 썩어 버립니다. 대학을 보내고 유학을 보내도 아이들의 정서가 망가지고 영적으로 타락하면 다음 세대는 희망이 없습니다. 신앙교육과 예배교육을 시켜야 합니다.

"여호와께서 모세와 아론에게 이르시되 유월절 규례는 이러하니라 이방 사람은 먹지 못할 것이나 각 사람이 돈으로 산 종은 할례를 받은 후에 먹을 것이며 거류인과 타국 품꾼은 먹지 못하리라 한 집에서 먹되 그 고기를 조금도 집 밖으로 내지 말고 뼈도 꺾지 말지며 이스라엘 회중이 다 이것을 지킬지니라 너희와 함께 거류하는 타국인이 여호와의 유월절을 지키고자 하거든 그 모든 남자는 할례를 받은 후에야 가까이 하여 지킬지니 곧 그는 본토인과 같이 될 것이나 할례 받지 못한 자는 먹지 못할 것이니라"(출 12 : 43-48).

이방인은 자연인을 말합니다. 거듭나지 못한 사람, 외국에서 잠깐 와 있는 사람, 또 품꾼은 돈을 받고 일하는 사람입니다. 성경은 신앙생활을 하나님을 이용하는 것으로, 경건을 이익의 재료로 생각하는 사람이 있다고 말합니다. 자신을 헌신하지 않고, 축복만 받으려고 하고 하나님과의 언약을 지키지 않는 사람이 있습니다. 이 사람은 유월절 음식에 참여할 수 없습니다. '돈으로 산 종'은 "값을 지불하고 구했다."는 구속의 뜻입니다. 타국인이지만 할례를 행한 다음에, 신약으로 말하면 세례 받고 서약한 다음에 먹으라고 하십니다. 왜 하나님의 음식을 이방인이나 타국인에게 먹지 못하게 하십니까? 세례, 자기를 부인하는 삶이 없기 때문입니다. 겸손하게 남을 우대할 줄 알고 자신을 양보할 줄 아는 것이 자기 부인입니다. 끝까지 자기중심적으로 살면 하나님과의 관계가 이어질 수 없습니다. 40년, 50년 신앙생활을 하면서도 여전히 음모를 꾸미고, 수군거리며, 남을 정죄하고, 시기와 질투를 하면 하나님의 음식에 참여할 자격이 없습니다. 성경 공부를 강조하는 이유는 이런 원칙들을 가르치기 위함입니다.

피는 예수님이 우리를 위하여 지신 십자가입니다. 세례는 그 십자가를 내가 지는 것을 뜻합니다. 오늘의 기독교는 예수님의 십자가만 이야기하고 자기 십자가는 말하려 하지 않습니다. 모두 자기주장만 하고 있습니다. 그래서 축복이 없습니다. 변화도 없고, 능력도 없습니다. 무교병은 자기를 부인한 사람에게만 먹을 자격이 주어진다는 것을 기억하십시오.

당신은 무교병을 먹는 삶을 살고 있습니까?
당신은 다음 세대를 위하여 지금 무엇을 하고 있습니까?

변화된 삶을 부르는 원칙(3)
-구름기둥과 불기둥을 따르라

구름기둥과 불기둥을 따르라는 말씀은 다른 말로 하면 성령을 따라 행하라는 말씀입니다. 사람들은 자신의 지혜, 경험, 노하우를 자랑합니다. 그러나 하나님께서는 "너의 지식을 의존하지 말고 내 말대로 따라오겠느냐?" 이렇게 물으십니다.

세상에는 세 종류의 사람이 있습니다. 첫 번째로 자연인은 'Natural man', 불신자들을 말합니다. 두 번째는 'Carnal man', 예수님을 믿지만 육에 속한 사람입니다. 아직 신앙생활의 기간이 짧아서 그런 사람이 있고, 오래되었지만 변하지 않은 강퍅한 사람이 있습니다. 세 번째는 성령을 따라 사는 'Spiritual man'이 있습니다. 하나님께서 어디로 인도하시든지 영의 인도를 잘 분별하여 따라가는 사람입니다. 분노와 혈기, 미움과 시기, 질투, 남을 무시하는 교만한 마음은 누구에게나 다 있지만 그런 본능들을 통제하며 삽니다. 화가 나지만 상대의 마음을 생각하여 조절할 줄 아는 마음이 성숙한 마음입니다.

"육신을 따르는 자는 육신의 일을, 영을 따르는 자는 영의 일을 생각하나니 육신의 생각은 사망이요 영의 생각은 생명과 평안이니라"(롬 8:5-6).

사망을 한마디로 정의하라 하면 상실입니다. 예수님을 믿지만 계속 잃고 사는 사람이 있습니다. 배우자, 자식, 주위의 사람 모두 잃어버리고 원수가 되어 갑니다. 다 빼앗기는 사망의 질서 가운데 있는 사람입니다.

생명은 무엇입니까? 아기들을 보면 하루가 다르게 자랍니다. 씩씩해지고 예뻐지는 것이 바로 생명입니다. 계속 번성하고, 자라며, 회복되고, 멋있습니다. 그러나 육신을 따라 사는 사람의 특징은 자기중심적(Self-centered)이 되어 하나님과 원수가 되고 하나님을 기쁘시게 하지 못합니다. 성령을 따라 사는 사람, 영적인 생각을 존중하는 사람의 특징은 생명과 평안입니다. 삶이 달라지고 늘 마음에 평화가 있습니다.

『 북미와 남미는 거의 비슷한 시기에 개발되었습니다. 북미는 200년 만에 전 세계를 장악하는 큰 나라가 되었지만, 남미에는 세계에서 가난한 나라들이 모여 있습니다. 북미와 남미의 차이는 바로 신앙입니다. 1620년 12월 26일, 신앙 때문에 영국을 떠났던 146명의 청교도들이 큰 희생의 대가를 지불하고, 117일 동안 항해를 해서 찾아온 대륙이 미국입니다. 메이플라워호를 타고 도착하여 집을 짓고, 자기들이 먹을 양식을 준비하기 전에 먼저 교회를 세우고 신앙 중심으로 살았습니다. 추수감사절(Thanksgiving Day)은 미국에서 제일 큰 잔치입니다. 신앙 중심으로 출발한 미국은 세계 제일의 강대국이 되었습니다. 남미에도 비슷한 시기에 사람들이 왔지만, 그들의 목적은 황금을 캐기 위해서였습니다. 그들은 신앙도, 돈도, 힘도 다 잃었습니다.』

돈을 좇아 사는 사람들은 다 잃어버립니다. 그러나 영적인 신령한 것을 붙잡으면 돈도 얻고, 권력도 얻고, 명예도 얻고, 축복도 받습니다. 무엇이 지혜로운 인생입니까? 어떻게 살아야 합니까? 우리는 영을 따라 살아야 합니다. 성령의 생각, 신령한 생각을 따라 살아야 합니다. 성령의 삶을 사십시오.

당신은 Natural man, Carnal man, Spiritual man 중 어디에 속하는 사람입니까?

Memo

성령 받은 사람들은 Before와 After가 뚜렷하게 다릅니다.
다른 사람을 회복시켜 주고, 도와주고, 살리는 일을 함으로써 이 땅에 하나님의 나라를 건설하는 삶을 살아갑니다.
나의 삶을 뒤돌아보십시다.
나를 통하여 살아난 사람이 얼마나 됩니까?
나는 나의 행복, 나의 축복을 위해 살았습니까? 아니면 하나님 나라를 위해 살았습니까?

¹여호와께서 모세에게 말씀하여 이르시되 ²이스라엘 자손에게 명령하여 돌이켜 바다와 믹돌 사이의 비하히롯 앞 곧 바알스본 맞은편 바닷가에 장막을 치게 하라 ³바로가 이스라엘 자손에 대하여 말하기를 그들이 그 땅에서 멀리 떠나 광야에 갇힌 바 되었다 하리라 ⁴내가 바로의 마음을 완악하게 한즉 바로가 그들의 뒤를 따르리니 내가 그와 그의 온 군대로 말미암아 영광을 얻어 애굽 사람들이 나를 여호와인 줄 알게 하리라 하시매 무리가 그대로 행하니라 ⁵그 백성이 도망한 사실이 애굽 왕에게 알려지매 바로와 그의 신하들이 그 백성에 대하여 마음이 변하여 이르되 우리가 어찌 이같이 하여 이스라엘을 우리를 섬김에서 놓아 보내었는가 하고 ⁶바로가 곧 그의 병거를 갖추고 그의 백성을 데리고 갈새 ⁷선발된 병거 육백 대와 애굽의 모든 병거를 동원하니 지휘관들이 다 거느렸더라 ⁸여호와께서 애굽 왕 바로의 마음을 완악하게 하셨으므로 그가 이스라엘 자손의 뒤를 따르니 이스라엘 자손이 담대히 나갔음이라 ⁹애굽 사람들과 바로의 말

chapter 6.

세례의 강을
건넌 사람들

(출 14 : 1 - 14)

들, 병거들과 그 마병과 그 군대가 그들의 뒤를 따라 바알스본 맞은편 비하히롯 곁 해변 그들이 장막 친 데에 미치니라 ¹⁰바로가 가까이 올 때에 이스라엘 자손이 눈을 들어 본즉 애굽 사람들이 자기들 뒤에 이른지라 이스라엘 자손이 심히 두려워하여 여호와께 부르짖고 ¹¹그들이 또 모세에게 이르되 애굽에 매장지가 없어서 당신이 우리를 이끌어 내어 이 광야에서 죽게 하느냐 어찌하여 당신이 우리를 애굽에서 이끌어 내어 우리에게 이같이 하느냐 ¹²우리가 애굽에서 당신에게 이른 말이 이것이 아니냐 이르기를 우리를 내버려 두라 우리가 애굽 사람을 섬길 것이라 하지 아니하더냐 애굽 사람을 섬기는 것이 광야에서 죽는 것보다 낫겠노라 ¹³모세가 백성에게 이르되 너희는 두려워하지 말고 가만히 서서 여호와께서 오늘 너희를 위하여 행하시는 구원을 보라 너희가 오늘 본 애굽 사람을 영원히 다시 보지 아니하리라 ¹⁴여호와께서 너희를 위하여 싸우시리니 너희는 가만히 있을지니라

 (출 14 : 1-4)

교회에 나온 지 일정 기간이 지나면 세례 받도록 권유하고, 세례가 성부와 성자와 성령의 이름으로 나를 부인하는 자기 부인임을 가르칩니다. 그렇게 우리가 세례를 받았습니다. 예수 믿는 사람에게 왜 세례가 필요합니까? 세례는 십자가의 비밀을 담고 있습니다. 첫 번째 십자가에서는 예수님이 돌아가셨지만 두 번째 십자가는 내가 죽는, 나를 부인하는 십자가입니다. 이것이 세례의 과정입니다. 첫 번째와 두 번째 십자가가 없으면 선포만 할 뿐 능력이 없습니다. 그러나 이 두 십자가를 거치고 난 이후의 세 번째 십자가에는 사탄을 꿰어 달 수 있습니다.

예수님의 십자가, 나의 십자가

푸른 초원 위에 몸집이 큰 황소들이 있습니다. 그런데 그 황소 몸집의 반의 반도 안 되는 어린 목동이 소 떼를 치고 있습니다. 이렇게 몸집도 작고 힘도 약한 어린아이가 소들을 순한 양처럼 끌고갑니다. 어떻게 가능합니까? 소가 사람 말을 잘 듣는 이유는 바로 코뚜레에 있습니다. 코를 꿰어 그 끝에다 고삐를 매어 당기면 코가 찢어질 듯 아파 말을 잘 듣게 됩니다. 이 코뚜레에 얽힌 재미있는 우화가 있습니다.

『두 마리 송아지가 자라 코뚜레를 할 즈음 첫째 소가 농부에게 사정을 합니다.

"어르신, 저한테는 코뚜레를 하지 마십시오."

"너, 코뚜레를 하지 않으면 망아지처럼 될 텐데!"

"아닙니다, 주인님, 두고 보십시오. 코뚜레를 하지 않았더니 갑절로 잘한다는 말을 듣겠습니다."

"약속할 수 있느냐?"

"예, 약속하겠습니다."

첫째 송아지는 코뚜레를 하지 않았고, 둘째는 어수룩하게 코가 뚫렸습니다. 첫째 송아지는 약속대로 코뚜레가 없어도 열심히 쟁기를 끌고, 둘째 송아지가 쉴 때에도 더 힘을 내서 일했습니다. 한편 둘째 송아지는 코가 뚫려 꼼짝할 수 없는 자기 신세가 바보 같고 처량해서 늘 첫째 송아지를 부러워하곤 했습니다.

그렇게 세월이 흘러 이제 어른 소가 되자 코뚜레를 하지 않은 첫째 소는 꾀가 늘기 시작했습니다. 처음에는 게으름만 피우더니 일을 피해 달아나고, 나중에는 주인을 뒷발로 걷어차기까지 했습니다. 하지만 주인은 코뚜레를 하지 않은 첫째 소를 감당할 수가 없었습니다. 그러던 어느 날 첫째 소가 보이지 않자 둘째 소가 주인에게 물었습니다.

"주인님! 왜 첫째 소가 보이지 않습니까?"

"코뚜레를 하지 않고 제멋대로 날뛰는 소는 보낼 데가 한 곳밖에 없단다."

첫째 소를 늘 부러워하던 둘째 소는 처음으로 자신이 바보가 아니라 지혜롭다는 것을 깨달았습니다.』

말을 듣지 않는 소가 갈 곳이 결국 어디겠습니까? 자유로운 초원이 아닌 도살장밖에 더 있겠습니까? 주인을 몰라보고 자신에게 주어진 역할을 제대로 감당하지 못하는 소는 주인에게 쓸모없는 존재입니다.

하나님께서 성도들에게 코뚜레를 주십니다. 나는 욕망대로 자유롭게 살기를 원하지만 언제부터인가 하나님께서 나를 코뚜레에 옭아매십니다. 세례를 받게 하시고는 광야에 들어가게 하십니다. 감당하기 벅찬 십자가로 나를 얽어매십니다. 그래서 하는 일마다 불편하게 하시고, 내 맘대로 할 수 없어서 화가 나고 짜증이 나게 하십니다.

또한 도무지 상식으로 이해할 수 없는 사람들이 내 주위에 많습니다. 나의 논리와 경험으로는 전혀 이해할 수 없는 일들이 일어납니다. 이것을 리미팅 시스템(Limiting system)이라고 합니다. 하나님께서 내 인생을 제한(Limiting)하십니다. 적절하게 물질의 멍에, 건강의 멍에, 배우자와 자식의 멍에를 씌워 나로 하여금 훨훨 날지 못하도록, 내 인생을 무겁게 제한하신 하나님의 손길입니다.

『 어느 신학교에 한 교수님이 계십니다. 이 교수님은 훌륭한 인격으로 성자라는 칭호를 받고, 한국 신학계의 자랑일 만큼 모든 면에서 존경을 받는 어른이었습니다. 그러나 그분의 얼굴은 늘 어둡고 수심으로 가득 차 있습니다. 그 이유는 큰 아들의 행패 때문입니다. 이 큰 아들은 아버지가 시무하는 신학교 기숙사에 와서 술을 마시고 난동을 부리며 돈을 달라고 아버지를 때립니다. 나중에는 자기 배를 자해하며 돈을 내어 놓으라고 부모에게 해서는 안 될 몹쓸 짓까지 합니다.

부흥사로 큰일을 하는 훌륭한 목사님이지만 사모님 때문에 고생을 많이 하는 분도 있습니다. 그 사모님은 목사님이 설교할 때면 맨 앞자리에 앉아서 볼펜으로 앞 의자를 톡톡 치면서 말합니다.

"자기나 잘하지, 자기나! 누구한테 설교를 해?"

또 수시로 교회로 전화를 걸어 남편 목사님에게 소리를 지릅니다.

"몸이 아프니 당장 집에 와!"

"나는 교인도 아니냐? 심방 와!"

"목회 때려 치워라, 돈이 없어 우리가 구걸하냐?"

"훌륭한 분이 어떻게 저런 막된 여자를 만나 고생할까?"

"참한 여자가 어떻게 저런 남편을 만났을까?"

"부부는 훌륭한데 자식은 왜 저럴까?" 이렇게 이해가 안 되는 가정들이 있습니다. 이것이 코뚜레이며, 리미팅 시스템입니다. 교만하거나 방종하지 않도록 하나님께서 각자의 코에다가 코뚜레를 끼우셨습니다. 잎새에 이는 작은 바람에도 양심에 떨림을 경험하고, 하나님의 음성을 듣고 순종하는 사람이 되도록 하나님께서 자기 십자가를 지워 훈련하십니다. 이것은 세례 받은 사람에게 해당됩니다.

"너, 네 십자가 지고 날마다 자기 부인하는 훈련을 해야 돼!"

"하나님! 너무 무겁습니다. 감당하기 벅찹니다."

"아니야, 네가 그 십자가를 감당해야 나의 일을 할 수 있단다."

내가 버려서는 안 될 나의 십자가이며, 내가 적극적으로 감당해야 할 자기 십자가입니다. 버겁고 힘들기만 한 이 코뚜레에 매여 한 세월 살고 나면 이전의 나와는 전혀 달라져 있습니다. 비뚤어진 인격이 반듯하게 펴져 있고, 부정적인 언어가 긍정적으로 바뀌어 있고, 나의 삶이 전적으로 바뀌어져 있습니다. 또한 타인을 대하는 자세도 바뀌어져 있습니다. 하나님의 멍에를 메고 말씀하시는 대로 순순히 끌려가는, 순종할 수 있는 사람으로 만드는 것이 바로 이 코뚜레입니다. 코뚜레를 통해서 하나님께서는 하나님의 자녀들이, 하나님의 방법으로, 하나님의 길을 걷도록 훈련시키십니다.

예수를 믿는 사람들이라면 누구나 예수님의 구원, 십자가의 구원 사건을 잘 알고 있습니다. 그런데 피의 능력, 십자가의 은총으로 말미암아 우리가 죽은 다음에 내세를 보장받고 하나님의 자녀가 된 것까지만 알고 있을 뿐입니다. 예수님이 지신 십자가만 이야기하고 내가 져야 할 십자가는 간과(看過, Neglect)하고 있습니다. 그래서 죄의 노예가 되고, 욕망의 노예, 습관의 노예에서 벗어나지 못합니다. 20~30년 신앙생활을 해도 여전히 인생이 피폐합니다. 날마다 당하고, 날마다 빼앗기는 삶을 살 뿐입니다.

왜 예수를 믿는 사람에게 세례가 필요합니까? 왜 세례 받은 이후에 광야로 가서 자기 십자가를 져야 합니까? 이 물음에 대한 이해가 있어야만 이 세상을 정복하고, 변화시키며, 이 땅에 하나님 나라를 건설하는 일에 쓰임 받는 우리가 될 수 있습니다.

세례는 성부와 성자와 성령의 이름으로 나를 부인하는 자기부인입니다. 자기 십자가가 무엇인지 깨달아야 이기고, 승리하고, 취하는 삶을 살 수 있습니다. 첫 번째 십자가에서는 예수님이 돌아가셨지만, 두 번째 십자가는 내가 죽는 십자가입니다. 바로 세례입니다.

우리는 내 왕국, 내 나라가 아니라 하나님 나라를 위해서 부름 받은 사람들입니다. 예수님이 지신 십자가만 중요한 것이 아니라 내 인생을 십자가에 쾅쾅 못 박게 하는 자기 십자가도 더불어 중요합니다. 이 첫 번째와 두 번째 십자가가 없으면 선포만 할 뿐, 능력이 없습니다. 그러나 이 두 십자가가 있을 때, 세 번째 십자가에 사탄을 분명하게 못 박을 수 있습니다. 그렇기에 우리는 반드시 세례의 강을 건너야만 합니다.

당신에게는 자기 부인의 십자가가 분명하게 있습니까?
당신을 옭아매는 하나님의 코뚜레는 무엇입니까?

홍해,
돌아갈 수 없는 길

출애굽기 14장은 이스라엘 백성들이 홍해를 건넌 사건을 기록하고 있습니다. 마지막 재앙에서 애굽의 가정마다 장남이 죽었다고 아우성칠 때, 유월절 양으로 말미암아 이스라엘의 장자들은 살아남았습니다. '이야! 하나님의 말씀대로 순종했더니 다르구나!' 생각하고 그때부터 모세를 통해 주시는 하나님의 말씀에 귀를 기울이기 시작합니다. 그들이 애굽을 떠날 때 하나님의 약속대로 애굽 사람들에게 요청하여 금은보화를 받았습니다. 그들의 앞길을 낮에는 구름 기둥이 보호했고, 밤에는 불기둥이 보호했습니다.

"여호와께서 모세에게 말씀하여 이르시되 이스라엘 자손에게 명령하여 돌이켜 바다와 믹돌 사이의 비하히롯 앞 곧 바알스본 맞은 편 바닷가에 장막을 치게 하라"(출 14 : 1-2).

모든 것이 순탄하고 만족스러울 즈음 하나님께서 그들을 홍해로 인도하십니다. 그동안 흥분하고, 사기가 충천하며, 감동 가운데 살았지만 하나님께서 그들을 홍해 앞으로 인도하심으로 인해 전혀 새로운 위기의 국면이 시작됩니다. 곧장 가면 홍해를 피해 갈 수 있지만 의도적으로 돌려서 홍해를 건너가게 하십니다. 그래서 앞에서는 홍해가 그들을 막고 있고, 뒤에서는 바로의 군대가 그들을 추격하는 극한 상황으로 몰아넣으십니다.

"바로가 백성을 보낸 후에 블레셋 사람의 땅의 길은 가까울지라도 하나님이 그들을 그 길로 인도하지 아니하셨으니 이는 하나님이 말씀하시기를 이 백성이 전쟁을 하게 되면 마음을 돌이켜 애굽으로 돌아갈까 하셨음이라 그러므로 하나님이 홍해의 광야 길로 돌려 백성을 인도하시매 이스라엘 자손이 애굽 땅에서 대열을 지어 나올 때에"(출 13 : 17-18).

사람의 마음은 언제 어떻게 변할지 모릅니다. 그래서 하나님께서는 그들이 홍해를 건너면서 다시는 돌아갈 수 없다는 생각을 갖도록 홍해를 건너게 하셨습니다. 우리는 세례의 바다를 건너 다시 돌아갈 수 없습니다. 세상을 살면서 "꼬여도 어떻게 이렇게 꼬일 수가 있나?" 하는 사건을 만날 때가 많이 있습니다. 그때 우리가 알 수 없는 하나님의 '틀림없는 무슨 뜻'이 있습니다.

　홍해를 건너지 않으면 내 안의 바로가 죽지 않습니다. 홍해를 겪지 않으면 언제든 이전의 나로 돌아갈 수 있습니다. 홍해를 건넌다는 것은 절대 이전의 나로 돌아가지 않겠다는 뜻입니다. 하나님께서는 분명하게 구분지어 주십니다. 홍해를 마주할 때에, 앞이 보이지 않고 죽을 것 같은 위험에 처했을 때 당황해하지 마십시오. 그것은 하나님께서 마련하신 특별한 훈련의 장(場)입니다.

　당신은 지금 홍해를 마주하고 있습니까? 아니면 홍해를 온전히 건넜습니까?
　홍해에서 당신을 향한 하나님의 뜻이 무엇인지 발견했습니까?

홍해를 건너는 Tip

『중국 춘추시대 오나라에 손무라는 사람이 살고 있었습니다. 후세 사람들은 그를 손자라고 불렀습니다. 그는 뛰어난 군사 전략가일 뿐 아니라 중국 역사상 가장 손에 꼽히는 병학(兵學) 사상가이기도 합니다. 그가 쓴 《손자병법》이라는 책은 너무나도 유명합니다.
　중국은 나라가 세워진 뒤 춘추시대까지 천 년이 넘도록 수많은 전쟁을 치르며 쉴 새 없이 분열과 통합을 거듭해 왔습니다. 그러한 풍부한 전쟁 경험을 바탕으로 손자는 《손자병법》을 완성시켰습니다. 그는 이 책에서 전쟁의 원리와 원칙에 대해서 서술하고 많은 항목을 통해 세밀한 부분까지 언급하였습니다.

그중 한 부분을 살펴보면, "전쟁의 승패는 국가의 존망과 백성의 생사와도 관계되는 일이다. 따라서 여러 가지 정황을 비교 분석하여 신중을 기해야 한다. 치밀한 계획을 마련해야만이 승산이 많다."라는 구절이 있습니다.』

사람들이 수없는 전쟁을 치르면서 《손자병법》이라는 책 안에서 이기는 방법을 찾아낸 것처럼, 하나님께서는 우리에게도 홍해를 건너고 영적인 싸움에서 승리하기 위한 방법을 출애굽기 14장에 기록해 놓으셨습니다. 하나님께서는 우리를 홍해에 몰아넣으시고 가만히 내버려 두시는 분이 아닙니다. 홍해에 마주했을 때, 그곳을 마른 땅처럼 밟고 지나가도록 하셨습니다. 그렇다면 어떻게 해야 홍해를 건널 수 있습니까? 그것 또한 하나님께서 알려 주십니다.

(1) 어려움이 왔을 때 우리가 서 있어야 할 자리 – "적의 편에 서지 말고 하나님 편에 서라!" : '야차브'

"모세가 백성에게 이르되 너희는 두려워하지 말고 가만히 서서 여호와께서 오늘 너희를 위하여 행하시는 구원을 보라 너희가 오늘 본 애굽 사람을 영원히 다시 보지 아니하리라"(출 14 : 13).

가장 먼저, 서 있는 자리가 어떤 자리인지를 확인해야 합니다. "가만히 서서"라고 할 때에 이 '서서'라는 단어는 히브리어로 '야차브'라는 단어로 '자리를 잡다', '위치를 잡다', '서다'의 뜻입니다. 자기 자리, 즉 서야 할 자리에 서야 한다는 뜻입니다.

『예비군 훈련을 갔는데 어떤 한 사람과 하루 종일 옆에서 같이 훈련 받고, 영상을 보고, 즐겁게 밥까지 같이 먹었습니다. 그런데 끝날 때 출석 점검을 하는데 그의 이름이 없었습니다. 그는 자신이 소속된 부대가 아닌 다른 부대에서 종일 훈련을 받았던 것입니다.』

그럼 어떤 자리가 내가 설 자리입니까? 그곳은 하나님께서 서 있으라고 명하신 곳입니다. 모세에게 불이 붙어도 타지 않는 떨기나무를 보여 주시면서 "네 발에서 신을 벗으라." 하는 그곳처럼, 사도 바울이 다메섹 도상에서 예수의 음성을 듣고 만나게 하신 그곳처럼 각자에게 이끄시는 곳이 있습니다. 그곳은 하나님의 역사하심을 두 눈으로 똑똑히 볼 수 있는 곳입니다. 그리고 그곳으로 하나님께서 전적으로 이끌어 가실 것입니다. 당신이 순종하며 그곳을 따라가면, 그곳이 홍해와 같이 막히고 답답한 곳이라 해도 하나님께서는 그곳에서 역사하실 것입니다. 그 장소가 나의 생각과는 전혀 다르다 해도 불평하지 마십시오. 안티 세력이 되거나 이적(利敵) 행위를 하지 마십시오. 똑바르게 서 있기만 해도 하나님께서 기적을 행하시는 멋진 모습을 볼 것입니다. 위기를 만났을 때, 상황이 어려워졌을 때라도 자신의 위치를 지키는 것이 홍해를 건너는 비결입니다.

(2) 하나님을 내 편으로 모시는 방법 – "불평하지 말고 가만히 있으라!" : '하라쉬'

"여호와께서 너희를 위하여 싸우시리니 너희는 가만히 있을지니라"(출 14 : 14).

히브리어 원문에서 "가만히 있으라"는 말은 '하라쉬' 라는 단어를 씁니다. 그 뜻은 '잠잠하다', '입을 다물다', '벙어리가 되다' 라는 뜻입니다. 무엇으로부터 입을 다물라는 것입니까? 바로 불평, 불만을 잠재우라는 말입니다.

"그들이 또 모세에게 이르되 애굽에 매장지가 없어서 당신이 우리를 이끌어 내어 이 광야에서 죽게 하느냐 어찌하여 당신이 우리를 애굽에서 이끌어 내어 우리에게 이같이 하느냐 우리가 애굽에서 당신에게 이른 말이 이것이 아니냐 이르기를 우리를 내버려 두라 우리가 애굽 사람을 섬길 것이라 하지 아니하더냐 애굽 사람을 섬기는 것이 광야에서 죽는 것보다 낫겠노라"(출 14 : 11-12).

진퇴양난, 절체절명의 위기 상황입니다. 앞에는 홍해가 있고, 뒤에는 애굽의 철병거가 쫓아오는 긴박한 상황에서 부정적인 말이나 불평을 하면 안 됩니다. "차라리 그때 죽었으면 훨씬 좋았을 뻔했어!", "예수 안 믿을 때가 훨씬 좋았던 것 같아!"라는 말은 하나님을 멸시하는 행위이며, 불신앙의 행위입니다.

"여호와께서 모세에게 이르시되 이 백성이 어느 때까지 나를 멸시하겠느냐……"(민 14 : 11).
"백성이 모세에게 이르러 말하되 우리가 여호와와 당신을 향하여 원망함으로 범죄하였사오니 여호와께 기도하여 이 뱀들을 우리에게서 떠나게 하소서……"(민 21 : 7).

원망하고 불평하는 그 순간, 우리는 하나님의 도우시는 힘을 거절하고 어둠의 영이 역사하도록 자신을 내어 주게 됩니다. 부정적인 사고와 언어는 불뱀을 불러들입니다. 사탄은 우리를 넘어뜨릴 때 원망과 불평의 불화살을 사용합니다. 한 사람이 불평하고 원망하면 사람들의 심령이 상하고 삽시간에 전염됩니다. 교회와 목회자에 대한 비난과 부정적인 이야기는 믿음이 연약한 자들을 휘청거리게 만들어 버립니다. 우리의 공동체를 사탄에게 내어 주는 결과를 가져옵니다.

『어느 목사님이 30여 년 동안 교회를 섬기고 명예롭게 은퇴할 때가 되었습니다. 그러나 한 교인의 목사님에 대한 부정적인 말로 인하여 교회 안의 분위기가 삽시간에 어두워졌습니다. 그때 다른 교인이 "내가 목사님이 개척할 때부터 있었지만, 우리 목사님은 그런 분이 아니다."라며 믿음의 방패로 불화살을 막았습니다. 사실에 근거하여 목사님이 개척하실 때와 교회가 어려울 때 희생하신 사실을 조목조목 설명했습니다. 30년 동안 곁에서 지켜봤다며 모든 부정적인 말을 막았습니다. 누가 좋지 않은 험담과 단점들을 이야기하고 이간할 때는 신뢰의 방패로 막아야 합니다.』

많은 전략 중에서도 하나님의 역사하심을 가장 빨리 일어나게 하는 것은 바로 '하라쉬', '입 다물어!' 입니다. 일체 불평을 말하지 못하도록 입을 다물게 하는 것이 승리의 비결입니다. 목회생활하면서 제가 얻은 결론은 언어가 바뀌지 않는 사람은 인생이 바뀌기가 어렵다는 사실입니다. 제일 쉽게, 제일 빨리 변화시키는 비결은 언어를 바꾸는 일입니다. 그래서 사람과 대화하는 법을 가르치기 위해 '공감, 소통 대화법' 프로그램을 만들었습니다. 하나님과 대화하는 법, 하나님께 말하는 법을 알도록 '사명 선언문' 도 만들게 했습니다. 인생의 목적이 무엇이며, 하나님께서 내게 주신 분복이 무엇인지 미리 헤아려 써 보는 것입니다. '복음 선포문'을 만들어서 매일 선포하게 하고, 나의 매일의 십계명을 점검하게 합니다. 내가 하나님과의 약속을 지키고 산다는 증거가 매일의 십계명입니다. 이 모든 것이 하나님과 대화하는 방법입니다.

(3) 문제 앞에 섰을 때 – "문제를 보지 말고 하나님께 집중하라!" : '라아'

"너희는 두려워하지 말고 가만히 서서 여호와께서 오늘 너희를 위하여 행하시는 구원을 보라"(출 14 : 13).

모든 문제는 하나님은 보이지 않고 '바로의 군대' 만 보일 때 생깁니다. 뒤에는 바로를 위해 특수 무장된 600대의 병거와 애굽의 모든 철병거가 추격하고 있습니다. 게다가 앞에는 넘실거리는 바다가 보이고, 그 속에서 아무것도 할 수 없는 무력한 자신이 보입니다. 훈련되지 않은 사람들은 주로 나쁜 면만 보고 두려워하다가 패하고 죽게 됩니다.

'보다' 라는 단어 '라아'는 '바라보다', '주목하여 보다', '예견하다' 의 뜻이 있습니다. 집중해서 의도적으로 보는 것을 말합니다. 그럼 무엇을 봅니까? 사건 앞에 섰을 때 문제를 보느냐, 하나님을 보느냐? 이 차이가 믿음의 차이입니다. 훈련된 사람들은 문제가 아닌, 하나님의 역사하심을 보며 나를 향하신 하나님의 계획만을 집중해서 봅니다.

하나님께만 집중한 사람들은 하나님에 대한 신뢰가 있는 사람들입니다. 하나님에 대한 신뢰가 있으면 자신감이 생기고, 자신감이 생기면 문제에 대해서 두려움이 없어집니다. 이것이 믿음입니다. '믿음은 바라는 것들의 실상이요, 보지 못하는 것들의 증거' 입니다. 믿음이 있는 사람은 그 사건 속에 역사하시는 하나님의 손길을 봅니다. 베드로가 파도를 볼 때는 파도 속으로 빠져들어 갔지만, 예수님을 바라볼 때는 그 파도 위를 걸을 수 있었습니다. 어느 가정, 어느 공동체든지 문제없는 곳은 없습니다. '하나님! 이 문제를 주신 이유가 무엇입니까?', '이 문제 속에 역사하시는 하나님의 계획이 무엇입니까?' 그러면 하나님께서 답을 주십니다. 문제를 보지 않고, 그 문제 속에 역사하시는 하나님을 보는 것은 우리가 하나님께 집중할 때 가능합니다.

그럼, 어떻게 하면 '하나님께만' 집중할 수 있습니까? 그것은 몇 가지의 훈련이 필요합니다.

감사제목을 찾으십시오

『전 세계의 1억 4,000만 시청자를 웃고 울게 만드는 토크쇼의 여왕인 오프라 윈프리의 어린 시절은 누구보다도 비참했습니다. 지독하게 가난한 미혼모에게서 태어나 어머니의 품이 아닌 할머니의 손에서 자랐습니다. 그리고 그곳에서 삼촌에게 성폭행을 당해 14세에 출산과 동시에 미혼모의 몸이 되어 버렸습니다. 아이는 태어난 지 2주 만에 죽었고, 그 충격에 가출해서 마약복용으로 하루하루를 지옥같이 살았습니다. 살고자 하는 의욕이 전혀 없어 몸무게가 107kg까지 나가기도 했습니다. 하지만 지금의 오프라 윈프리는 눈부신 존재로 서 있습니다. 토크쇼의 여왕으로, 영화배우로, 자산 6억 달러의 부자로, 미국인이 가장 존경하는 여성으로, 사람들이 인생에서 가장 얻고 싶다는 인기, 존경, 돈을 모두 가진 여성이 되었습니다. 절망의 나락 속에 빠져 있던 그녀를 희망의 자리로 끌어올린 것은 감사일기였습니다.

세상에서 가장 바쁜 사람 중의 한 사람인 그녀는, 하루도 빠짐없이 하루 동안 일어난 일들 중에서 감사한 일 다섯 가지를 찾아서 기록한다고 합니다. 감사의 내용은 거창하거나 화려한 것이 아니라 지극히 일상적입니다. 예를 들면, "오늘도 거뜬하게 잠자리에서 일어날 수 있게 해 주셔서 감사합니다. 유난히 눈부시고 파란 하늘을 보게 해 주셔서 감사합니다. 점심 때 맛있는 스파게티를 먹게 해 주셔서 감사합니다."와 같습니다.

오프라 윈프리는 감사의 일기를 통해 두 가지를 배웠다고 합니다. 첫째는 인생에서 소중한 것이 무엇인지, 둘째는 삶의 초점을 어디에 맞추어야 하는 것인지에 대해서 말입니다.』

감사할 것을 찾을 때, 감사할 거리들이 넘쳐 나게 됩니다. 힘들 때일수록 더 감사할 것을 찾으십시오. 감사제목을 찾다 보면 하나님께서 움직이시는 것이 보입니다. '아! 하나님께서 이렇게 인도하셨구나!', '죽겠다, 죽겠다 했는데 내가 문제만 보고 있었구나!', '하나님께서 이렇게 엄청나게 역사하셨구나!' 감사할 수 있습니다.

사고를 전환하십시오

저는 아버지가 일찍 돌아가셔서 좀처럼 하나님을 아버지라고 부를 수가 없었습니다. '아버지' 하면 가슴이 답답해지고 화가 났습니다. '일찍 돌아가시려면 건강하게 키워 주시든지, 돈을 좀 많이 남겨 주시든지, 자식이라도 좀 조금 낳고 가시든지…….' 아버지에 대한 저의 생각이었습니다.

어느 날 주님이 저에게 물어보십니다.

"너 정말 아버지 때문에 힘든 세월을 살았느냐? 너 진짜 아버지 때문에 손해만 봤느냐?"

그래서 그 순간 노트를 펴고 아버지 때문에 내가 손해 본 것과 유익한 것들을 써 내려가기 시작했습니다. 아버지가 일찍 돌아가셨기 때문에 내게 유익했던 것들을 써 보니 100가지가 넘었습니다. 반면에 아버지가 일찍 돌아가셨기 때문에 손해 본 것은 10가지도 안 되었습니다. '아! 나를 목사로 만들기 위해서, 하나님께서 나의 인격을 만들기 위해서 이 엄청난 십자가를 주셨구나, 아픔을 주셨구나!' 아버지가 일찍 돌아가시고, 약한 몸에, 가족이 많고, 돈이 없는 것이 나의 십자가라고 생각했습니다. 너무 버거워서 '하나님, 내 멍에를 벗겨 주세요.' 라고 기도할 때가 많았습니다.

그러나 하나님께서는 "그 멍에가 있었기에 오늘날 네가 있는 것이 아니냐?"라고 말씀하셨고, 내가 당한 아픔과 문제만 보지 않고 하나님께서 행하신 일들에 집중했을 때 마음이 풀리면서 치유가 일어났습니다.

작정하고 기도하십시오

'하나님! 의미가 무엇이며 뜻이 무엇입니까? 왜 이렇게 하셨습니까?'

집중적으로 한 가지 문제에, 한 달 혹은 석 달, 심지어 3년을 기도하는 경우도 있습니다. 작정하고 구하는 기도에는 틀림없이 하나님께서 해답을 주십니다. 그 해답을 얻으면 그 다음에 어떤 위기가 와도 흔들림이 없습니다. 교회를 개척한 후 어렵고 해답이 없어서 3년 동안 밤마다 산에 가서 울부짖고 기도했습니다. 문제가 해결되지는 않았지만, 하나님께서 보여 주신 비전이 있었습니다. '앞으로 이 교회를 이렇게 사용할 것이다.' 하나님께서는 약속대로 교회를 계속 성장시키시고 여기까지 오게 하셨습니다. 위기도 많았고, 힘겨운 일로 목회를 그만두고 싶은 생각이 들 때도 있었습니다. 그러나 그 엄청난 아픔 속에서도 이미 보여 주신 비전이 있었기에 여기까지 올 수 있었습니다. 문제가 있을 때 연약한 나와 어려운 환경이나 사건을 보지 말고, 그 속에 역사하시는 하나님의 의도와 하나님의 뜻, 곧 구원의 경륜을 본다면 살아나기 시작합니다. 작정하고 기도하면서 하나님께서 행하실 일들을 기대하고 보기만 하십시오.

 지금 당신은 하나님의 자리에 서 있습니까?
하나님의 역사하심을 기대하며 기다리고 있습니까?

홍해를 건넌 사람들의
영광의 노래

출애굽기 15장에 모세의 노래를 부르며 찬양하는 사람들이 나옵니다. 이제 눈이 밝아져 바로도, 홍해도 아닌, 하나님께서 구원자라고 노래하기 시작합니다. 이들이 홍해를 건넌 사람들입니다. 홍해를 건넌 사람들은 1~2절의 '높고 영화로우신 하나님', 3절의 '용사이신 여호와', 4~5절의 '바로의 병거와 그의 군대를 바다에 던지신 하나님'께서 훨씬 크신 분이라고 노래합니다. 이전에는 바로와 그 병거가 크고 무서운 줄 알았더니 하나님께서 그보다 훨씬 크신 분임을 체험했기 때문입니다. 나의 문제보다도 더욱 크신 하나님, 내가 두려워하는 원수보다도 더 높으신 하나님을 찬양할 수밖에 없습니다.

6~10절에서는 하나님의 구원을 노래합니다. 6절에서 '하나님의 손으로 구원하셨고', 7절에서 '하나님의 진노가 그들을 심판하셨으며', 8~10절에서 '모든 피조세계가 하나님의 역사하심에 복종한다'고 노래합니다. 하나님께서는 전능자이십니다. "지금까지 바로가 전능자인 줄 알고 그 말을 들었더니 이제 보니 아무것도 아니네! 하나님께서 전능자시네!"라고 노래합니다. 하나님의 실재를 경험했기 때문입니다.

11~18절에서는 주님의 인도하심의 목적을 말합니다. 13절에서 '주의 거룩한 처소로', 17절에서 '주의 기업의 산으로, 주의 처소로 삼으시려고 주의 손으로 성소를 예비하셨다'고 합니다. 하나님께서 결국 우리를 성전으로 만들어 가시려고 홍해로, 광야로 인도해 가십니다.

"형제들아 나는 너희가 알지 못하기를 원하지 아니하노니 우리 조상들이 다 구름 아래에 있고 바다 가운데로 지나며 모세에게 속하여 다 구름과 바다에서 세례를 받고"(고전 10 : 1-2).

바울은 이 홍해를 건넌 사건을 세례라고 해석합니다. 세례는 나를 내려놓고, 나를 부인하며, 나를 십자가에 못 박고 '하나님의 말씀대로, 하나님의 얼굴로 살겠습니다.', '성부와 성자와 성령의 이름으로 나를 십자가에 못 박아 죽이고 주님을 위해 살겠습니다.' 라는 고백입니다. 계약을 위반하면 배상을 하고 손해를 봅니다만, 지키면 많은 혜택을 누릴 수 있습니다. 언약 이후 우리는 '세례 받은 사람들'입니다. 홍해를 마른 땅처럼 건넌 사람들입니다. 감당하기 어려운 일을 만나 기도하고 엎드리는 세월을 살다 보면 내 인격이 바뀌고 언어가 바뀝니다. 사람을 대하는 태도와 인생의 가치관이 바뀌며, 돈 쓰는 쓰임새가 달라집니다. 세례는 내가 사는 것이 아니라 내 속에 계신 그리스도가 사는 전환점입니다. 주님은 왜 우리에게 세례의 강을 건너게 하시고, 자기 십자가를 주셨습니까? "네가 받은 은혜가 크기에 내가 너를 지키기 위해서 네 몸에 십자가를 두었다."고 말씀하십니다.

세례의 강을 건넌 사람으로, 돌아갈 수 없는 자임을 의식하고 사십시다. 내가 아닌 그리스도로 살아야 할 존재임을 선포하면서 사십시다.

예수님을 만난 이후로 포기한 것이 무엇입니까?
세례의 강을 건넌 사람으로서 달라져야 할 것은 무엇입니까?

세례는 십자가의 비밀을 담고 있습니다. 예수님이 우리를 구원하기 위해 죽으셨던 그 십자가를 이제 내가 죽는, 나를 부인하는 십자가로 받아들이는 과정입니다. 이 과정을 통해 우리는 하나님의 나라를 건설하는 사람들로 세워져 갑니다.

나를 위해 사는 자가 아닌 하나님의 통치를 위해 사는 존재로 바뀌어 갑니다. 신발 벗은 자로 세우기 위해 모세를 기다리셨던 하나님께서는 광야에서 지금도 여전히 우리를 기다리고 계십니다.

Memo

chapter 7.

세례받은 사람들의 광야훈련

(출 15 : 22 - 26)

[22]모세가 홍해에서 이스라엘을 인도하매 그들이 나와서 수르 광야로 들어가서 거기서 사흘길을 걸었으나 물을 얻지 못하고 [23]마라에 이르렀더니 그곳 물이 써서 마시지 못하겠으므로 그 이름을 마라라 하였더라 [24]백성이 모세에게 원망하여 이르되 우리가 무엇을 마실까 하매 [25]모세가 여호와께 부르짖었더니 여호와께서 그에게 한 나무를 가리키시니 그가 물에 던지니 물이 달게 되었더라 거기서 여호와께서 그들을 위하여 법도와 율례를 정하시고 그들을 시험하실새 [26]이르시되 너희가 너희 하나님 나 여호와의 말을 들어 순종하고 내가 보기에 의를 행하며 내 계명에 귀를 기울이며 내 모든 규례를 지키면 내가 애굽 사람에게 내린 모든 질병 중 하나도 너희에게 내리지 아니하리니 나는 너희를 치료하는 여호와임이라

(출 15 : 22-26)

바이올렛 같은 꽃은 햇빛을 한나절만 봐도 시들어 버립니다. 산세비에리아는 6개월 동안 물을 주지 않아도 건강하게 잘 삽니다. 사랑하려면 상대방이 무엇을 요구하는지, 무엇을 주었을 때 그의 필요가 충족되는지를 먼저 지식적으로 알아야 합니다.

하나님께서 우리를 사랑하셔서 죄가 있고, 허물이 많고, 아무런 조건도 전혀 충족시키지 못해도 내 사이즈에, 내 스타일에, 내 질적 수준에 맞춰 주셨습니다. 우리도 내 식, 내 원칙으로가 아닌 하나님을 사랑하는 법, 하나님을 사랑하는 원리를 따라 섬겨야 합니다.

하나님을
사랑하는 법

『제 차는 4륜 구동의 차이지만 디젤 차가 아닌 가솔린 차입니다. 한번은 주유소에서 기름을 넣는데 종업원이 경유를 넣으려다가 주입구가 작다고 계속 투덜거렸습니다. 제가 밖을 내다보다가 "주입구가 작은 게 아니라 이 차는 휘발유 차입니다." 그러자 그는 입을 쑥 내밀고 "별 희한한 차가 다 있네!" 합니다.』

무엇인가를 주고자 해도 상대방이 원하는 것이 무엇인지, 상대방에게 맞는 것이 무엇인지를 파악하지 못한다면 서로 불만족스러운 관계가 될 수밖에 없습니다. 사랑하는 관계에서는 더 말할 것도 없습니다. 사랑한다면 상대방이 무엇을 요구하는지, 무엇을 주었을 때 그의 필요가 충족되는지를 먼저 알아야만 합니다. 그렇지 않으면 "나 너를 많이 좋아해!" 하면서도 오히려 상대를 불편하게 만듭니다.

하나님께서는 우리를 사랑하기 위해서 찾아오셨습니다. 우리는 죄와 허물이 많은 존재입니다. 게다가 하나님의 조건을 제대로 충족시키지도 못합니다. 하지만 하나님께서는 우리를 하나님의 잣대로 측량하지 않으시고 각각의 사이즈에, 스타일에, 질적 수준에 맞춰 주셨습니다. 이것이 '은혜'의 개념입니다.

『 사랑한다는 것은……

최정재

오직 그대만의 향기가 되겠습니다.
내 생이 다하는 날까지.
영혼의 향기가 바람에 다 날리어
무취의 존재로 사라지는 날까지.

나 그대만을 위한 존재로 기억되겠습니다.
감당키 힘든 시련과 고통이 닥칠지라도
우리 앞에 놓여진 그 외길만 바라보며
묵묵히 걸어가는 사랑을 하겠습니다.

그대와 함께 가는 길 앞에
그 어떠한 시험과 유혹이 찾아와도 이겨 내겠습니다.

생명의 일부를 내주어야 한다면
기쁜 마음으로 그리하겠습니다.

사랑한다는 것은 곧 주는 것
다 주어 결국엔 빈껍데기만 달랑 남을지라도
아낌없이 주고 또 주는 것입니다.
그러고도 남은 것이 있다면
그마저도 내어 주고 행복해하는 것입니다.

오직 그대 하나만을 섬기며 사는
목숨이고 싶습니다.』

많은 사람들이 사랑을 충동이나 감정의 발로라고 생각하지만, 사랑에도 원리가 있고 법칙이 있습니다. 그렇기에 무작정 "당신을 사랑합니다." 고백하는 것으로 사랑을 나타낼 수 없습니다. 하나님을 사랑한다면 하나님을 사랑하는 법, 하나님을 사랑하는 원리를 따라야만 합니다. 사랑은 그분에게 형식적인 것으로만 나를 맞추는 것이 아닙니다. 내 스타일이 아닌 하나님의 스타일이 무엇인지를 연구해서 그 스타일에 맞춰 가는 것이 사랑입니다. 그렇기 때문에 무엇보다도 하나님께 관심이 집중되어 있어야 하고, 하나님께서 원하시는 것이 무엇인지, 그 생각과 계획과 의도를 파악하기 위해 하나님을 공부하고 알아 가야 합니다. 그렇지 않다면, 가나안에 들어가지 못하고 평생 광야를 배회하다가 삶이 끝나 버린 이스라엘 백성과 다를 바가 없습니다.

"주님, 십자가를 지지 마십시오!"

"사탄아, 물러가라. 너는 나를 넘어지게 하는 자로다."

베드로가 주님을 만류했을 때, 주님은 그를 꾸짖으셨습니다. 베드로의 의중에 악한 것이 전혀 없었지만 주님의 계획을 모르기에, 무지하기에 사탄의 일을 했습니다. 부모가 자식을 사랑하지만, 아이가 어떤 존재인지를 몰라 자기 식대로 사랑하기 때문에 어그러지고 망가집니다. 사랑은 그가 무엇을 원하는지, 그가 어떤 존재인지를 아는 것이 무엇보다 중요합니다. 아이를 아이로 보고, 나무를 나무로 보고, 물을 물로 보아야 합니다. 내가 원하는 대로 보는 것이 아니라 그 존재 자체를 보는 것이 사랑입니다. 하나님을 사랑한다는 말은 하나님께 우리가 코드를 맞춘다는 뜻입니다. '성경이 무엇을 말하느냐?', '그분이 나에게 무엇을 요청하느냐?', '예배가 무엇이냐?'를 모르면 하나님을 사랑할 수 없습니다.

하나님을 사랑하는 사람들에게는 사랑하는 법칙이 있습니다. 하나님께서 내 사이즈에, 내 스타일에, 내 질적 수준에 맞춰 주셨듯이 우리도 하나님의 사이즈에, 하나님의 스타일에 맞추는 것이 사랑하는 방법입니다. 하나님을 사랑하기를 원하는, 하나님을 사랑하는 사람들에게는 공통적으로 다섯 가지의 법칙이 있습니다.

당신이 생각하는 사랑의 방법은 무엇입니까? 하나님의 스타일, 하나님의 스케일에 대해서 생각해 본 적이 있습니까?

(1) 수르광야에서의 교훈(출 15 : 22-26)
- "안 풀리면 십자가를 적용하라!"

이스라엘 백성이 하나님의 말씀에 순종하여 출애굽을 했지만, 당장 그들의 눈앞에 펼쳐진 것은 평탄하고 순탄한 길이 아니었습니다. 쫓기고, 덥고, 목마른 길이었습니다. 하나님께서 원하시는 대로 행했지만, 목이 말라 죽을 만큼 고통스러웠습니다. 기껏 찾아낸 물은 너무 써서 입에 댈 수조차 없었습니다.

왜 하나님의 뜻대로 했는데, 일이 꼬이기만 합니까? 왜 이스라엘 백성의 출애굽 여정은 그렇게 험난한 길이어야 합니까? 그것은 이전의 삶이 하나님의 원칙에서 어긋났기 때문입니다. 광야로 보내시고 쓴 물을 맛보게 하시는 것은 원칙에서 어긋난 이전의 삶을 정도로 되돌리기 위한 하나님의 계획입니다. "내 말을 들어서 순종하라, 의를 행하라, 내 계명에 귀를 기울이라, 내 모든 규례를 지키라."는 하나님의 원칙이 있습니다. 그럼에도 불구하고 하나님께서 싫어하시는 죄 혹은 불법, 말씀에 대한 불순종, 규례를 떠나 원칙을 무시하는 삶 때문에 험난한 여정일 수밖에 없습니다. 삶의 원칙이 하나님께 있지 않고 내게 있을 때, 하나님께서 마라의 쓴 물처럼 내 삶에 기대와 희망을 품고 시작했던 일을 꼬이게 하십니다.

"물이다!" 기대하고 찾아갔더니 마실 수 없는 쓴 물을 맛보게 하십니다. 그러나 계속해서 쓴 물을 주시지는 않습니다.

"백성이 모세에게 원망하여 이르되 우리가 무엇을 마실까 하매 모세가 여호와께 부르짖었더니 여호와께서 그에게 한 나무를 가리키시니 그가 물에 던지니 물이 달게 되었더라 거기서 여호와께서 그들을 위하여 법도와 율례를 정하시고 그들을 시험하실새"(출 15 : 24 - 25).

쓴 물을 단물로 바꾸는 방법을 가르쳐 주십니다. 그것이 무엇입니까? "하나님, 제가 뭘 잘못했습니까? 깨닫게 해 주십시오."라고 기도하면서 잘못 살았던 삶, 하나님의 규범과 말씀에 어긋난 것들을 회개하기 시작합니다. 하나님께서 싫어하시는 것을 알게 되면 다시는 그것을 하지 않겠다고 결단합니다. 하나님의 규범과 원칙대로, 말씀대로 삶의 스타일을 바꾸어야 합니다. 점차 깨달아 가면서 삶의 방향과 방식이 변화되어 가고, 그 과정이 되풀이되면서 하나님의 자녀로 점점 세워져 갑니다. 광야를 살면서 십자가를 적용하며, 규범을 배우고, 또 문제가 생기면 회개하고 하나님의 말씀을 보면서 광야를 극복하게 됩니다.

『부유한 가정에서 아주 귀하게 자란 젊은이가 있었습니다. 그런데 가정이 어려워져 절망에 빠져 거리를 떠돌게 되었습니다. 그러던 어느 겨울 날, 거리를 배회하던 그는 거리에 쓰러져 다 죽을 뻔하다 어느 노인의 도움으로 깨어나 원기를 회복하게 되었습니다. 시간이 지나 그는 그 노인과 함께 길을 가고 있었습니다. 그렇게 길을 가다가 문득 노인은 멀리에서 빛나는 교회의 십자가를 가리키며 물었습니다.

"저기 보이는 저것이 무엇으로 보이나?"
"그야 당연히 십자가지요."

"그래, 맞네. 그런데 다른 것으로 보이지는 않나?"

젊은이는 한참이나 그 십자가를 유심히 바라보았지만 그냥 십자가일 뿐이었습니다.

잠시 후 노인은 젊은이에게 이렇게 되물었습니다.

"학교에서 배웠던 더하기(+)로 보이지는 않나?"

그제야 젊은이는 노인이 던진 질문의 의미를 어렴풋이 알아챘습니다.

"젊은이, 자네는 지금껏 뺄셈만 하고 살아온 건 아닌가? 그래서는 될 일도 안 되네. 이제부터는 덧셈을 하는 훈련도 하며 살아 보게. 그럼 삶이 확 바뀔 테니."』

이전의 방식대로 살아왔던 우리의 삶은 뺄셈(-)만 하는 삶이었습니다. 영성을 마이너스시키고 하나님에 대한 사랑을 반감시키는 마라의 쓴 물에만 머물러 있었습니다. 문제가 풀리지 않고 꼬일 때, 거기에만 국한되어 원망하고 투덜댈 뿐이었습니다. 그때 쓴 물을 단물로 바꾸는 것이 무엇이었습니까? 말씀대로 나무를 던지는 것이었습니다. 워렌 위어스비는 "이 나무는 십자가를 상징한다."라고 말합니다.

"친히 나무에 달려 그 몸으로 우리 죄를 담당하셨으니 이는 우리로 죄에 대하여 죽고 의에 대하여 살게 하려 하심이라 그가 채찍에 맞음으로 너희는 나음을 얻었나니"(벧전 2:24).

그 십자가를 붙들고 이전의 삶에서 하나님의 원칙대로 살아가고자 애쓸 때, 쓴 물에서 단물로 바뀌는 역사가 일어납니다. 하나님을 사랑하는 사람들이 반드시 져야 하고, 건너야 할 것은 바로 십자가입니다. 이 십자가는 죽기까지 하나님의 말씀에 순종하신 예수 그리스도가 모델입니다. 우리가 하나님의 말씀에 순종하며 살겠다고 약속하는 증표입니다. 그렇기에 이 십자가 더하기(+)가 되어 우리가 더욱 하나님을 사랑하는 사람들답게 살아가도록 만들어 줍니다.

회개하면 풀리고, 죄지으면 다시 꼬이는 상황을 거듭하다 보면 눈치를 채게 됩니다. '아, 내게 하나님께서 싫어하시는 무언가가 있구나!'를 깨닫고 입술만의 회개가 아니라 하나님께서 원하시는 규범, 원칙이 무엇인지를 찾아가기 시작합니다. "네가 법도와 규례를 잘 지켜 행하면, 내가 애굽 사람에게 내렸던 어떤 질병 중 하나도 내리지 않겠지만" 조건이 걸린 약속입니다. 그리하여 원칙 중심의 사람이 됩니다. 하나님의 원칙을 모르면 자기가 모든 일에 기준이 되어 일관성이 없는 불행한 사람이 됩니다. 쓴 물은 이전의 내 방식, 내 스타일대로 살았던 삶을 의미합니다. 하나님께서 싫어하시는 것들만 행했던 삶을 의미합니다. 하나님을 사랑하는 사람들은 쓴 물에 더 이상 머물러 있지 않습니다. 15장을 통과하면서 내 중심이 아닌 하나님의 원칙 중심, 말씀 중심, 진리 중심의 사람으로 서서히 변화되기 시작합니다.

기대를 가지고 시작했던 일들이 자꾸 꼬입니까?
십자가를 적용하십시오. 철저하게 회개하십시오.
먹을 수 없는 쓴 물이 단물로 바뀔 것입니다.

(2) 신광야에서 주신 훈련(출 16 : 1-36)
- "내가 생명의 떡이다. 나를 먹어야 산다."

'웰빙', 한때 많은 사람들의 입에 오르내렸던 단어입니다. 우리말 뜻으로 '잘' 이라는 부사 'well' 과 '존재하다', '~에 있다' 는 뜻을 가진 be동사의 동명사 또는 현재분사형의 영어 합성어입니다. 즉, 'Well-being' 이라는 말은 말 그대로 '잘 지내기' 입니다. 물론 사전을 찾아보면 '복지', '행복', '안녕' 이라고 되어 있고, 요즘은 '참 살이' 라고 해석하기도 합니다.

우리는 누구나 잘 먹고 잘 살고자 하는 희망을 갖고 살아갑니다. 몸도 튼튼, 마음도 튼튼, 경제도 튼튼하게 살려면 돈도 많아야 하고, 건강도 챙겨야 하고, 지식도 쌓아야 합니다. 이 정신과 물질과 육체의 3박자가 어우러진 건강을 이루어야 진정한 웰빙이라고 할 수 있습니다.

그렇다면 하나님을 만난 사람들의 삶은 어떠하겠습니까? 세상 사람들과 같은 웰빙의 삶을 꿈꾸며 살아갈까요? 아닙니다. 현세적인 웰빙보다는 영적인 웰빙을 사모하고, 그렇게 살기를 꿈꾸며 살아가야 합니다. 그렇게 살아가는 영적인 리더를 추종하고, 좋아하고, 배우고, 닮아 가고, 또 흉내라도 내어 보려고 합니다. 아이들이 선생님을 존경하면 그 선생님을 그대로 따라 합니다. 교회에 와서 목사님을 좋아하면 그 영성 그대로 다 가져갑니다. 주지 않아도 스스로 알아서 가져갑니다. 자식이 부모를 좋아하면 부모의 모든 것을 본받습니다. 그렇기에 하나님을 사랑하는 사람들이 하나님을 닮아 가는 것은 당연한 일입니다.

『 너를 생각하는 것이 나의 일생이었지

정채봉

모래알 하나를 보고도 너를 생각했지
풀잎 하나를 보고도 너를 생각했지
너를 생각하게 하지 않는 것은 이 세상에 없어
너를 생각하는 것이 나의 일생이었지 』

"너를 생각하고, 너를 묵상하고, 너를 사랑하고, 너를 사모하는 자체가 내 삶이다."라는 고백입니다. 주님을 생각하고, 주님을 사모하고, 주님이 나의 공급자 되심을 알고, 하나님을 사랑하기 때문에 하나님께서 주시는 양식, 하늘로부터 내려오는 양식인 그리스도가 내 삶의 기쁨이 되고, 행복이며, 음료가 됩니다.

"이스라엘 자손의 온 회중이 엘림에서 떠나 엘림과 시내 산 사이에 있는 신 광야에 이르니 애굽에서 나온 후 둘째 달 십오일이라 이스라엘 자손 온 회중이 그 광야에서 모세와 아론을 원망하여 이스라엘 자손이 그들에게 이르되 우리가 애굽 땅에서 고기 가마 곁에 앉아 있던 때와 떡을 배불리 먹던 때에 여호와의 손에 죽었더라면 좋았을 것을 너희가 이 광야로 우리를 인도해 내어 이 온 회중이 주려 죽게 하는도다 그때에 여호와께서 모세에게 이르시되 보라 내가 너희를 위하여 하늘에서 양식을 비같이 내리리니 백성이 나가서 일용할 것을 날마다 거둘 것이라 이같이 하여 그들이 내 율법을 준행하나 아니하나 내가 시험하리라"(출 16:1-4).

하나님께서는 이스라엘 백성을 신광야로 이끄셨습니다. 신광야는 가지고 나왔던 양식이 다 떨어지면서 식(食, Food)의 변화가 이루어진 곳입니다. 이제는 하나님께서 공급해 주시는 것을 먹고 사는 생활로 바뀌게 됩니다.

"바로가 너희의 하나님이 아니다.

애굽에 적응했던 것을 버리고 나하고 코드를 맞춰라.

내가 너의 공급원이고, 내가 주는 양식, 내가 주는 하늘의 만나가 너의 인생을 풍요롭게 할 것이다."

예전에 바로에게 얻어먹었던 것들, 애굽에서 얻어먹었던 것들을 다 버리게 하십니다. "네가 발을 딛고 서 있는 땅은 사람이 아닌 하나님이다.", "너는 무엇으로 사느냐? 무엇을 의지하고 사느냐!" 하고 하나님께서 흔드십니다. 내게 의미가 되었고, 기쁨이었고, 철학이었던 것이 어느 날 갑자기 무너지기 시작하면 정신이 하나도 없습니다. "너의 인생의 양식은 세상에 있는 것이 아니다. 내가 양식의 공급자인데 나를 봐라. 내가 네게 양식을 주겠다." 하시며 그리스도를 주십니다. 그리스도가 내게 양식이 된다는 것은 말씀이 내 삶의 주식(主食, Staple food)이 된다는 의미입니다.

어느 날 친한 친구들이 배신하기도 하고, 경제력도 없어지고, 배경도 무너지기 시작합니다. 그때부터 정신을 차리고 말씀이 주식이 되기 시작합니다. 바로 신광야에서. 그리고 새로운 스타일의 공급을 가르쳐 주십니다.

"예수께서 이르시되 나는 생명의 떡이니 내게 오는 자는 결코 주리지 아니할 터이요 나를 믿는 자는 영원히 목마르지 아니하리라"(요 6 : 35).

　광야에 나와서 받는 두 번째 훈련은 구원받은 하나님의 백성들의 양식과 공급은 그리스도요, 그 양식의 공급자는 바로가 아니라 하나님이라는 사실을 받아들이는 것입니다.
　수가성 우물가의 여인은 남편이 다섯이었고, 지금 살고 있는 남편도 자기 남편이 아닙니다. 명예를 좇고, 돈과 권력, 인기를 좇아 살다가 갑자기 허무하다고 느낍니다. 모든 걸 다 누려 봐도 외롭습니다. 길이 없다고 생각하는 사람은 절망하여 이때에 죽음을 택합니다. 그러나 우리는 길을 찾았습니다. 안 되면 회개하고, 떼쓰고, 금식하면서 "하나님, 도와주세요."라고 부르짖으면 하나님께서 다 들어주시는데 딴 데 갈 필요가 있습니까? 나의 갈증, 나의 배고픔의 공급자는 하나님이십니다.
　영적 건강을 생각하는 사람은 드라마 한 편 보는 것, 책 한 권 읽는 것, 잡지 하나 선택하는 것도 신중을 기합니다. 체질과 존재의 가치가 달라지기 때문에 아무것이나 선뜻 선택하지 않습니다. 거룩한 백성들은 참된 양식, 참된 음료를 찾게 되어 있습니다. 하나님의 말씀과 기도생활, 훈련 등 주님을 묵상하며 사모하지만 마음이 채워지지 않아 또 밤에 교회에 와서 기도합니다. 그래도 갈증이 심해 또 작정하고 기도하면서 '하나님, 도대체 얼마나 가야 내 갈증이 해갈되겠습니까?' 하면서 영적인 사람으로 바뀌어 갑니다. 그와 같은 과정이 되풀이되면서 점점 영생을 가진 자의 체질로, 후사로, 상속자로 이 땅에서 하나님 나라를 책임질 수 있는 사람으로 삶이 바뀌어 갑니다. 진정한 웰빙의 삶을 누리게 됩니다.

 당신의 양식, 음료는 무엇입니까? 세상입니까, 그리스도입니까?
누가 당신에게 기쁨과 행복을 줍니까? 세상입니까, 하나님입니까?

(3) 르비딤광야에서 주신 교훈(출 17 : 1-7)
-"반석이신 그리스도께 기도하여 생수를 마셔라."

『 사랑한다는 것으로

서정윤

사랑한다는 것으로
새의 날개를 꺾어
너의 곁에 두려 하지 말고
가슴에 작은 보금자리를 만들어
종일 지친 날개를
쉬고 다시 날아갈
힘을 줄 수 있어야 하리라 』

하나님을 사랑한다는 것은 하나님과 내가 영으로 교통(交通, Communication)한다는 말입니다. 그러면 그분이 공급하는 것, 그분을 생각하고 묵상하는 것이 나의 양식이고 기쁨이 됩니다. 사랑은 코드를 맞추고 서로의 마음을 나누는 교통입니다. 눈빛만 봐도 무슨 생각을 하는지 마음(Spirit)이 통합니다. 마음이 통하여 대화가 되고, 느낌이 통하며, 영이 통하는, 애써 변명하지 않아도 이해할 수 있는 이것이 곧 스피릿(Spirit)입니다. 스피릿을 맞춘다는 것은 서로 다른 사람들이 서로를 존중하고 높여 주면서 함께 가는 것을 뜻합니다.

《마지막 잎새》로 우리에게 널리 알려진 오 헨리의 작품 중에 이런 내용이 있습니다.

『어떤 집에 권총을 든 강도가 들어왔습니다. 그 강도는 주인을 향해 권총을 겨누며 이렇게 외칩니다.

"꼼짝 말고 손 들어."

주인은 겁을 먹고 손을 번쩍 들었는데, 왼손만 드는 것이었습니다. 그 모습에 강도는 버럭 소리를 질렀습니다.

"왜 오른손은 들지 않는 거냐?"

"실은 신경통 때문에 도저히 오른팔을 들 수가 없단 말이오."

주인은 아주 괴로운 표정을 지으며 대답했습니다.

"아니 뭐라고? 신경통 때문이라고? 나도 신경통 때문에 엄청 고생하는데……."

그때부터 두 사람은 신경통 증세와 치료법에 대한 이야기를 나누게 됩니다. 강도는 왜 거기에 침입했는지도 잊은 채 신나게 신경통에 관한 잡다한 지식을 늘어놓습니다.』

전혀 다른 사람이라 하더라도 공통의 관심사가 생기면 그 관계가 가까워지게 됩니다. 공통된 관심사에 대해 함께 머리를 맞대고, 눈을 맞추어 대화를 하면서 서로의 코드를 맞추면 그 관계는 더욱더 깊어져 갑니다. 사랑하는 사람이라면 그가 필요로 하는 것이 무엇인지 헤아려 내 안에 그가 쉴 수 있는 보금자리를 만들어 새 힘을 얻을 수 있도록 도와주어야 합니다.

하나님께서는 우리에게 하나님을 이해하고 하나님을 따라갈 수 있도록 성령을 주셨습니다. 성령을 통해서 내 인생의 코드를 바르게 교정하고 '지난날의 나의 삶이 어떠했는가?' 돌아보면서 잘못 살아왔던 것을 회개하고 돌이키도록 하셨습니다. 반석을 터뜨려 생수를 공급하셨던 우리 주님은 기도하는 자에게 성령을 주신다고 약속하셨습니다. 그러므로 '내가 성령을 받아야 살겠구나!' 하고 깨달아 금식하면서 "하나님! 나 너무 목마르고 배가 고파요.", "하나님! 나, 어떻게 살아야 돼요?", "나 좀 도와주세요." 부르짖어야 합니다. 주님은 "너희가 악할지라도 좋은 것을 자식에게 줄 줄 알거든 하물며 너희 하늘 아버지께서 구하는 자에게 성령을 주시지 않겠느냐!"(눅 11 : 13) 하십니다. 성령으로 하나님에 대한 영적인 코드를 맞추십시오.

 당신은 무엇에 목이 마릅니까?

(4) 아말렉 앞에서 주신 교훈(출 17 : 8-16)
　-"사람 원수가 나의 앞길을 막을 때 기도의 동역자를 찾으라."

"그때에 아말렉이 와서 이스라엘과 르비딤에서 싸우니라 모세가 여호수아에게 이르되 우리를 위하여 사람들을 택하여 나가서 아말렉과 싸우라 내일 내가 하나님의 지팡이를 손에 잡고 산꼭대기에 서리라 여호수아가 모세의 말대로 행하여 아말렉과 싸우고 모세와 아론과 훌은 산꼭대기에 올라가서 모세가 손을 들면 이스라엘이 이기고 손을 내리면 아말렉이 이기더니 모세의 팔이 피곤하매 그들이 돌을 가져다가 모세의 아래에 놓아 그가 그 위에 앉게 하고 아론과 훌이 한 사람은 이쪽에서, 한 사람은 저쪽에서 모세의 손을 붙들어 올렸더니 그 손이 해가 지도록 내려오지 아니한지라"(출 17 : 8-12).

이스라엘이 가나안을 향하여 진군하는데 아말렉이 그 앞을 가로막습니다. 특이한 것은 전쟁의 승패가 병력의 규모, 전략 등에 전혀 달려 있지 않다는 점입니다. 오직 전쟁의 승패는 모세의 손에 달려 있었습니다. 하나님께서 말씀하신 대로 모세가 산에 가서 손을 높이 들면 이스라엘이 이기고, 손이 내려오면 이스라엘이 집니다.

17장에 오기 전까지는 모세 개인의 리더십으로도 충분했습니다. 그러나 17장에 와서는 모세 혼자서는 버거워하는 모습이 보입니다. 싸움이 끝날 때까지 모세가 손을 들고 있어야 하는데 지쳐서 팔이 자꾸 내려옵니다. 그래서 아론과 훌이 모세 좌우에서 그 지친 팔이 내려오지 못하도록 돌을 갖다 놓고 받쳐서 모세를 보필합니다. 그 전에는 아론과 훌이 그리 중요한 존재가 아니었습니다. 그러나 모세가 위기를 만난 순간 좌우에 자신을 돕는 사람이 필요하다는 것을 깨닫게 됩니다. 종일토록 두 사람이 모세를 보좌하여 이 전쟁에서 승리하게 되었습니다. 승리는 개인의 리더십으로만 오는 것이 아니며 합심해야 합니다. 하나님께서 돕는 배필들을 옆에 붙여 주십니다. 아말렉을 이기기 위해서는 손을 잡아야 됩니다. 내 곁에 있는 지도자, 힘들어하는 사람을 위해서 동역하는 마음으로 도울 때 승리하는 인생을 살 수 있습니다.

아말렉을 경험할 때 하나님께서 우리에게 사람을 얻도록 유도(誘導, Guidance)하십니다. 마음을 나누고, 기도 제목을 나누고, 셀원과 같이 성령의 몫을 나눌 수 있는 대상을 찾습니다. "네 옆에 아론과 훌이 있지 않느냐?" 하나님께서는 환경적인 배려를 통해서 셀을 만들어 매주 함께 모여 마음을 나누고, 연합하고 합심하여 기도함으로 승리하게 하십니다. 셀은 지체와 함께 협력하고 연합하는 파트너십(Partnership)입니다. 그러므로 내가 의지하던 사람이 평범해 보일 때쯤 되면 '아! 내 수준이 그 사람만큼 높아졌구나!' 생각하면 됩니다. 이제는 분가할 때가 된 것입니다. 셀 번식을 해야 합니다.

사람을 얻어 합심하여 동역하는 일은 절대 쉬운 일이 아닙니다. 내가 깨지고, 자존심도 내려놓아야 하고, 또 양보해야만 합니다. 하나님께서 주위에 다른 사람들을 붙여 주실 때 품고, 섬기고, 기다리면서 합심하면 쓰임 받을 수 있습니다. 내가 더 똑똑하고, 더 잘났고, 내가 영광을 받아야 되는데, 내 힘을 모아서 상대를 섬기는 것은 그리 쉬운 일이 아닙니다. 누군가를 배려하는 마음을 가질 때 우리의 인생에 또 한 세계가 열리게 됩니다. 합심하여 누군가와 코드를 맞춰 동역하는 것은 위대한 일입니다. 모세도 아말렉을 만났을 때 비로소 자기보다 부족한 사람들에게 마음을 열었습니다.

『 사랑하는 것과 사랑해 보는 것

김미라

사랑하는 것은 평생 그 사람을 등에 업고 가는 것과 같은 것입니다.
등이 아파 오고 허리가 끊어질 듯해도
그 사람을 내려놓지 않겠다고 결심하는 것이 사랑이지요.
손잡고 가는 즐거운 시간은 짧기만 하고 오랜 날들을
그렇게 한 사람의 무게를 고스란히 감당하면서 업고 가야 하는 것,
그것이 사랑이지요. 』

하나님을 사랑하는 사람들은 다른 사람들을 사랑할 수 있습니다. 우리를 위해 십자가에서 죽기까지 사랑하신 예수 그리스도의 표본이 우리 앞에 있기 때문입니다. 혼자서는 하나님을 사랑할 수 없습니다. 함께, 같이 손을 잡고 가야 합니다. 서로의 약점을 돌아보고, 서로를 부축하고, 서로를 끌어 주면서 하나님의 길로 걸어가야 합니다. 우리가 바라보아야 할 곳은 오직 한곳입니다. 같은 곳을 바라보며, 짐이 되고 멍에가 된다 하더라도 그 사람을 업고 가야 합니다. 그것이 하나님께서 원하시는 모습입니다.

당신의 옆에 있는 동역자는 누구입니까?
그와의 관계를 위해 어떠한 노력을 하고 있습니까?
하나님 나라를 위하여 돕는 배필이 되십시오.

(5) 리더십에 문제가 생겼을 때(출 18 : 1-27)
- "드림팀을 만들어 목자와 함께 하나님 나라를 건설하라!"

우리가 주님을 사랑하면 주님에게도 소원이 있다는 것을 알게 됩니다. 내게 갈망이 있고 소원이 있는 것처럼 하나님도 하나님 나라에 대한 소원이 있습니다. 그분이 원하시는 것은 무엇입니까? 바로 하나님 나라를 세우고, 하나님의 통치를 이루는 일입니다. 이 일을 위하여 우리를 세우셨습니다.

"이제 내 말을 들으라 내가 네게 방침을 가르치리니 하나님이 너와 함께 계실지로다 너는 하나님 앞에서 그 백성을 위하여 그 사건들을 하나님께 가져오며 그들에게 율례와 법도를 가르쳐서 마땅히 갈 길과 할 일을 그들에게 보이고 너는 또 온 백성 가운데서 능력 있는 사람들 곧 하나님을 두려워하며 진실하며 불의한 이익을 미워하는 자를 살펴서 백성 위에 세워 천부장과 백부장과 오십부장과 십부장을 삼아 그들이 때를 따라 백성을 재판하게 하라 큰 일은 모두 네게 가져갈 것이요 작은 일은 모두 그들이 스스로 재판할 것이니 그리하면 그들이 너와 함께 담당할 것인즉 일이 네게 쉬우리라"(출 18 : 19-22).

하나님의 나라는 개인의 힘으로는 이루어지지 않습니다. 하나님 나라는 우리 몸과 같습니다. 각 지체가 서로 연합하고 서로 교통합니다. 나와 똑같은 손을 가지고 있지만 나는 손으로 글을 쓰고, 다른 사람은 손으로 악기를 연주하는 데 열중합니다. 똑같은 발을 가지고

도 어떤 사람은 공을 차고, 어떤 사람은 달리기를 합니다. 사람은 다 비슷하게 생긴 것 같지만 하는 일이 각기 다릅니다. 내 몸의 지체들도 모두 나에게 달려 있지만 그 모두가 다른 일을 합니다. 모두가 한 가지 일만 하지 않기에 내가 살아갈 수 있습니다. 같은 곳을 바라보지만, 각기 속한 곳에서 각자의 소임을 다하면서 하나님의 나라를 이루어 가야 합니다. 하나님께서는 우리를 한 형제 자매로, 한 지체로 만드셨지만 내가 그들과 다르듯이 그들도 나와 다릅니다. 하나님의 자녀로서 같으면서 다른 우리는 서로 존중하며 연합해야 합니다.

18장에서 모세의 리더십에 문제가 드러납니다. 모세가 200만 명이 넘는 사람을 이끌고 가다 보니 문제가 사방에서 속출합니다. 억울한 사건이 있어 송사를 하면 6개월도 가고, 1년도 걸려 사람들이 다 지쳐 버립니다. 그것은 지도자의 능력이 부족한 것이 아니라 내가 그 목자를 도와서 하나님 나라, 이 땅에 세우신 하나님 나라인 교회를, 그리스도의 몸인 교회를 건축하라는 하나님의 뜻입니다. 건물이 교회가 아니라 사람들의 연합이 곧 교회입니다. 하나님께서 그렇게 하도록 인도하십니다. 광야를 지나가면서 계속 성숙해 갈 수 있습니다. 그러므로 광야를 성실하게 잘 감당하면 나도 모르는 사이에 내가 하나님의 사람으로 변화됩니다. 모세가 한계에 부닥친 이때 하나님께서 이드로를 통해서 지혜를 주셨습니다. "너 혼자 하지 말고 사람을 잘 키워서 그들로 하여금 너의 역할을 대신하도록 하라." 그때부터 10부장, 50부장, 100부장이라는 제도가 생깁니다. 이것이 교회 조직의 원형입니다.

하나님께서 좋아하시는 것, 하나님께서 소원하시는 것, 주님이 나의 인생의 해답인 것처럼 나도 주님의 해답이 될 수 있어야 합니다.

『 사랑한다는 것

　　　　　　　　　　　　　　　안도현

길가에 민들레 한 송이 피어나면

꽃잎으로 온 하늘을 다 받치고 살듯이

이 세상에 태어나서

오직 한 사람을 사무치게 사랑한다는 것은

이 세상을 전체를

비로소 받아들이는 것입니다.

차고 맑은 밤을 뜬눈으로 지새우고

우리가 서로 뜨겁게 사랑한다는 것은

그대는 나의 세상을

나는 그대의 세상을

함께 짊어지고

새벽을 향해 걸어가겠다는 것입니다. 』

"주님, 답답하신 것이 있으면 저에게 말씀해 주십시오. 제가 이루어 드리겠습니다.

주님, 힘드신 일이 있으면 제게 말씀하십시오. 궂은일도 마다하지 않고 섬기겠습니다."

〜 당신은 목자를 도와 교회와 하나님 나라에 어떤 기여를 하고 있습니까?

광야! 이는 우리를 거룩한 하나님의 사람으로 변화시키는 훈련의 장입니다. 십자가 중심(15 : 수르광야), 양식의 공급자이신 하나님 중심(16 : 신광야), 성령님 중심(17A : 르비딤광야), 사람 중심(17B : 아말렉), 교회, 하나님 나라 중심(18 : 시내광야)으로 우리를 세워 가시는 영성신학교입니다.

나는 광야 몇 학년입니까? 지금 내게 필요한 영적 수업은 무엇입니까?

Memo

chapter 8.

언약관계로 만나는 하나님

(출 19 : 1-6)

¹이스라엘 자손이 애굽 땅을 떠난 지 삼 개월이 되던 날 그들이 시내 광야에 이르니라 ²그들이 르비딤을 떠나 시내 광야에 이르러 그 광야에 장막을 치되 이스라엘이 거기 산 앞에 장막을 치니라 ³모세가 하나님 앞에 올라가니 여호와께서 산에서 그를 불러 말씀하시되 너는 이같이 야곱의 집에 말하고 이스라엘 자손들에게 말하라 ⁴내가 애굽 사람에게 어떻게 행하였음과 내가 어떻게 독수리 날개로 너희를 업어 내게로 인도하였음을 너희가 보았느니라 ⁵세계가 다 내게 속하였나니 너희가 내 말을 잘 듣고 내 언약을 지키면 너희는 모든 민족 중에서 내 소유가 되겠고 ⁶너희가 내게 대하여 제사장 나라가 되며 거룩한 백성이 되리라 너는 이 말을 이스라엘 자손에게 전할지니라

(출 19:1-6)

에서의 길과 야곱의 길이 다릅니다. 그 두 사람의 차이점이 무엇인지, 어떤 사람이 쓰임을 받았는지 주의 깊게 살펴보아야 합니다.
어떤 길을 걷느냐에 따라 그 삶이 확연히 달라집니다. '어떻게 하면 사람들을 변화시키고, 어떻게 하면 살아남을 수 있을까? 어떻게 하면 하나님의 위대한 약속에 동참하는 사람이 될 것인가?' 고민하고 있습니까?
그렇다면 지금 당신은 어떤 길을 걷고 있는지 점검해 보아야 합니다.

신앙의
패러다임(Paradigm)

우리는 지금 패러다임이 급격하게 변화되는 시대에 살고 있습니다. 정치인이든, 기업가든, 교육자든, 심지어 종교인들까지도 변화하는 시대의 이 패러다임에 적응하지 못하면 자신도 모르는 사이에 시대의 흐름에서 뒤쳐져 역사의 무대에서 퇴출당하게 됩니다. 토마스 사무엘 쿤(Thomas Samuel Kuhn)이 처음 사용했던 '패러다임 쉬프트'(Paradigm shift)라는 용어가 이런 빠른 사회의 변화를 정의하는 말로 사용될 수 있습니다. 모든 것이 빠르게 진화되고 빠르게 변화됩니다. 이런 사회에서 가장 무서운 것은 변화의 속도에 맞추지 못하면 도태되거나 패배자로 전락한다는 점입니다. 그것도 한순간에 이루어지기 때문에 더 무섭습니다.

『 20세기 중반을 넘어 1960년대 말까지도 스위스는 세계 시계산업에서 타의 추종을 불허하는 선두 주자였습니다. 1968년 당시 스위스는 세계 시계 매출의 65%를 차지하고, 그 이익은 90%에 가까워 시계업계를 지배하는 거대한 공룡과 같은 위치에 있었습니다. 정확하고 좋은 시계를 찾는 사람은 '세계에서 가장 우수한 시계' 하면 누구든지 '스위스, 명품'을 떠올렸습니다.

그런데 그 후 10년 안에 이 어마어마한 공룡이 힘없이 쓰러집니다. 기계적인 메커니즘의 시계가 전자공학을 바탕으로 하는 시계로 전환되면서 스위스 사람들이 중요하게 생각하던 부품들이 소용없게 되었기 때문입니다. 이것에 전념하던 스위스의 시계산업은 하루아침에 무너집니다. 스위스는 1979~1981년까지 3년 사이에 1,600개의 시계 업체 가운데 1,000개가 도산합니다. 시계 제조의 전문 기술자 62,000명 가운데 50,000명이 실직했습니다. 스위스처럼 작은 나라에서는 큰 충격이었습니다.

그런데 아이러니한 것은 전자시계로의 패러다임이 전환되는 그 기본 기술이 스위스에 의해서 개발되었다는 사실입니다.

1979년 스위스의 뉴 카텔이라는 연구소에서 스위스 시계 제조업자들에게 혁신적인 아이디어를 제안합니다. 기어도, 베어링도, 메인 스프링도 없는, 단지 배터리 하나만 집어넣으면 돌아가는 시계였습니다. 그러나 스위스에서는 일언지하에 거절해 버립니다. 그래서 뉴 카텔 연구소는 스위스에서 버림 받은 이 새로운 아이디어를 세계 시계대회에 출품했습니다. 그 대회에서 이 아이디어를 본 일본의 세이코가 즉각 이를 계약합니다. 이 순간이 바로 시계산업의 중심이 스위스에서 일본으로 옮겨지는 운명의 순간이 되었습니다. 결국

이 새로운 전자시계 산업을 사들인 세이코는 그 뒤로 세계의 시계산업을 주도하게 됩니다.

그 이후로 일본의 시계시장은 전 세계 40%에 가까운 점유율로 높은 이익을 얻었습니다. 1968년 당시에는 시계업계에서 시장 점유율이 1%도 되지 않던 일본이었습니다. 전자 기술이 보급됨에 따라 전자시계의 시대가 올 것을 내다본 일본 세이코의 지혜로운 선택은 세계 시계시장의 판도를 완전히 바꿔 놓게 됩니다.』

《제2의 종교개혁》, 빌 벡햄 저)

스위스의 시계산업이 갑자기 몰락하여 그 자리를 일본에게 빼앗기게 된 원인이 무엇입니까? 바로 이 패러다임 쉬프트, 패러다임이 변화하는 것을 깨닫지 못하고 새로운 가치관, 새로운 시대에 적응하지 못했기 때문입니다.

신앙에도 패러다임이 있습니다. 어떤 길을 선택해서 걸어가느냐에 따라 그 삶은 판이하게 달라집니다. 신앙에서 성공하느냐, 실패하느냐는 이에 달려 있습니다. 신앙의 패러다임 선택은 이전의 삶에서 새로운 삶으로의 변화를 이끌어 냅니다. 이전과는 구분되고 전혀 다른 삶으로 변모됩니다. 이러한 변화가 없다면 세상의 변화와 마찬가지로 도태되고, 사탄의 영향력 아래 굴복하는 사람이 될 수밖에 없습니다. 하지만 새로운 패러다임에 적응하는 삶을 살아갈 때, 세상에 영향력을 미치는 의미 있는 사람으로 세워져 갑니다.

신앙의 패러다임은 에서의 길에서 야곱의 길로 변화되는 것입니다. 엘리 집안은 망해 가고, 사무엘은 흥하는 차이를 아시겠습니까?

사울의 집안은 몰락하고, 다윗의 집안은 세워지는 차이가 어디에 있습니까?

신앙인은 그 차이를 알아야 합니다. '왜 저 사람은 망해 갈까? 하나님께서 한때 쓰시려고 존귀하게 세우셨는데, 저 가정이 망해 가는 이유가 무엇일까?' 이스라엘에서 출애굽한 장정 60만 3,550명 가운데 그 약속의 기업에 도달했던 사람은 여호수아와 갈렙, 단 두 사람뿐이었습니다. 가나안에 정탐꾼을 파송할 때 각 지파에서 가장 똑똑한 사람, 지략이나 용기에 있어 가장 담대하고 능력이 탁월한 열두 명을 선발하여 각 지파의 대표로 보냈습니다. 같은 지형을 정탐했지만 열 사람의 보고와 두 사람의 보고는 달랐습니다. 똑같은 상황을 보고 왔지만 어떻게 보느냐, 관점에 따라 견해가 전혀 달랐습니다. 어떤 마음, 어떤 삶의 자세로 그 사건을 보느냐에 따라 전혀 다른 결과를 얻게 됩니다. 이것을 깨닫지 못하면 5년이나 10년 후 의미없는 사람으로 사라져 갑니다. 그렇기 때문에 그 두 사람과 열 사람의 차이점이 무엇인지, 어떤 사람들이 쓰임을 받았는지 주의 깊게 살펴보아야 합니다.

 당신이 경험한 신앙적인 패러다임 변화는 무엇입니까?

**구원받은 이후의
패러다임**

그리스도인으로 산다는 것은 계속 변화 중에서 살아간다는 말과 같습니다. 늘 같은 모습, 늘 그 자리에 머무는 한결 같은 신앙인은 성장할 수 없습니다. 이전보다 더 나은 모습, 이전보다 더 다듬어지고 성숙해진 모습으로 성장해 나아가야 합니다. 이전의 죄의 종으로서, 사탄의 노예로서 취했던 삶과 죄와 사망의 법에서 해방된 하나님의 자녀로서 살아갈 그 이후의 모습은 당연히 달라야 합니다.

구원을 받기 이전에는 신앙적인 패러다임의 변화가 있을 수 없습니다. 무엇이 기준이 되는지 명확하지 않기 때문에 내 뜻대로 사는 삶이었습니다. 하지만 구원받은 이후에는 오직 예수 그리스도만이 분명한 푯대가 되시기 때문에 그곳만을 바라보며 달음질하게 됩니다. 성화(聖化, Sanctification)를 경험하는 그 과정에서 계속해서 변화되어 갑니다.

구원의 첫 번째 단계는 '피'에 의한 신분의 변화입니다. 죄의 종에서 하나님의 아들로 신분이 변화된 사건은 출애굽기 12장 유월절 사건에 잘 나타나 있습니다. 교리적으로 칭의를 영어로는 Justification이라고 합니다. 의롭다고 인정하는 것, 여기까지는 모두가 다 평준화입니다. 하나님께서 주신 은혜를 "감사합니다."라고 말하고 그대로 받아들이면 모두 하나님의 자녀가 되는 큰 특권을 누릴 수 있습니다. 구원은 신분의 변화를 가져옵니다. 종, 노예, 심판의 대상이며, 저주의 대상이었던 사람이 하나님의 아들이 됩니다. 곧 양자(Adoption)가 됩니다. 예수님은 친자이시고 우리는 양자입니다. 우리의 특권이 친자인 예수님과 똑같다는 것이 성경의 약속입니다. 우리 문화권에서 생각하는 양자 개념으로 생각해서는 이해하기 어렵습니다. 로마시대에 양자는 친자와 똑같은 권한을 소유할 수 있었습니다. 로마의 네로 황제도 클라디우스 황제의 친자가 아니었지만 황제가 될 수 있었듯이, 양자도 친자가 누리는 재산의 상속권, 그 집안의 부와 권력, 신분에 동일한 보장을 받을 수 있었습니다. 하나님의 자녀가 되었다는 것은 어떤 위기 상황에서도 "하나님, 살려 주세요." 하고 도움을 요청할 수 있다는 의미입니다. 아무리 잘못해도 우리 아버지이기 때문에 '아빠, 아버지'라고 부르면서 강청할 수 있는 관계가 되었다는 말입니다.

구원의 두 번째 단계는 세례(Baptism)입니다. 나를 부인하고, 하나님을 내 인생의 주인으로 모셔서 "나의 인생의 열쇠를 하나님께 드립니다."라는 주권의 변화를 경험하게 됩니다. 이것이 다음 단계로 업그레이드되는 과정입니다.

나의 내면세계의 주도권을 누가 가지고 있습니까? 전에는 바로가 나를 끌고 다니고, 사탄에게 끌려다녔습니다. 그러나 홍해를 건너며 세례 받은 이후에는 전혀 달라집니다. 내 주도권은 이제 하나님께만 있습니다.

"사탄이 내 인생의 주인이 아니라 하나님입니다.
이제 하나님을 따르겠습니다. 성령을 따라 살고, 주의 인도를 받고 광야라도 좇아가며, 모든 내 삶의 주도권을 하나님께 이양시켜 드립니다."

이것이 세례 받은 자의 변화된 모습입니다. 그때부터 삶의 질이 달라집니다. 생각도, 사상도, 가치관도 변화하기 시작합니다. 돈도, 시간도, 건강도 계속 하나님의 주도하에서 하나님께서 좋아하시는 쪽으로 관심을 가지게 됩니다.

요한1서 5 : 8에서 세상을 이기는 믿음의 증거 세 가지를 이야기합니다. 첫 번째 피의 증거, 두 번째 물의 증거, 세 번째 성령의 증거입니다.

'**피의 증거**'는 신분의 변화를 가져옵니다. 하나님의 자녀가 되어 아버지라 부를 수 있고, 기도하면 응답해 주시고, 또한 하나님께서 어떠한 경우에도 내치지 않는, 구원의 확신입니다.

'**물의 증거**'는 모든 주도권을 하나님께 드리는 삶입니다. 내 인생의 주도권을 하나님께 드려 나를 부인하고, 나는 죽고 그분이 사는 인생, 이것이 세례 받은 자의 삶입니다. 성부, 성자, 성령의 이름으로 나를 부인하고 그분이 나의 인생의 주인이 될 때, 내가 사는 것이 아닌 내 안에 그리스도께서 사신다고 고백할 수 있습니다. 이 훈련이 세례 받은 이후의 경험입니다.

그리고 '**성령의 증거**'는 하나님의 영이 내 안에 들어오면 하나님의 사상, 하나님의 철학, 하나님의 가슴, 하나님의 인격이 내 안으로 흘러들어옵니다. 그리하여 내가 사는 것이 아닌 그분의 인생을 살게 됩니다. 곧 그분의 통치권으로 사람들을 도와주는 삶입니다. 그분의 언어로 사람들을 세워 주는, 그리스도의 모습이 되고, 형상이 되고, 그리스도의 대행자가 되는 삶이 바로 성령의 증거를 가진 삶입니다.

이것은 시내산과 성막 예배를 통해서 이루어집니다. 애굽에서 유월절을 경험하고(12장), 홍해를 건너면서 세례를 받고(13 - 14장), 광야에서 세례에 대한 훈련을 하고(15 - 18장), 시내산에서 말씀으로, 사랑으로 변화를 받습니다(19 - 24장). 성막에 가서 거룩한 영이신 하나님의 인격을 내 인격 속으로 받아들입니다(25 - 40장). 나와 그리스도가 하나가 되는 연합과 합일의 깊은 세계를 경험하게 되는 곳이 성막입니다. 그리고 성막에서 나올 때는 제사장으로 나옵니다. 사람들이 나를 볼 때 내게서 주님의 얼굴을 보게 됩니다. 내가 선포하는 언어가 하나님의 언어가 됩니다. 제사장들이 성막에서 나와서 "너희 죄가 사해졌다."라고 선포하면 죄가 사해졌습니다. 즉, 언어의 권세가 달라졌습니다.

패러다임이 계속 바뀝니다. 이제 구원받았다는 감격만으로 살아서는 안 됩니다. 구원받은 이후에 어떤 성장을 하는지, 어떤 패러다임으로 변화하는지, 우리 신앙여정의 목표가 무엇인지 정확하게 인지해야 합니다.

구원받은 이후의 패러다임의 변화를 경험하고 있습니까?
피의 증거, 물의 증거, 성령의 증거가 삶 속에서 나타나고 있습니까?

하나님과 코드 맞추기

『제가 초등학교 5학년 때에 36살이었던 담임선생님이 20살의 아가씨와 결혼했습니다. 1960년대인 그때에는 한 군(郡)이 떠들썩할 만한 이슈이자 러브스토리였습니다. 게다가 그 20살짜리 아가씨가 우리 교회 교회학교 선생님이셨고, 그 36살 선생님도 우리 교회 집사님이었습니다. 대학교를 졸업한 그 선생님의 처음 발령지가 우리 학교였습니다. 첫 부임지에서 초등학교 3학년을 담임하게 되고 그때 한 여학생을 만났습니다. 선생님은 제자를 향한 마음이 연정으로 변하는 것을 느끼고, 자기와 동등한 레벨로 만들기 위해서 10년의 긴 세월을 기다리며 책을 읽히고 교양을 쌓게 했습니다. 그리고 마침내 결혼식을 올렸습니다.』

하나님께서 우리를 사랑하시는 모습이 그러합니다. 어느 날 그분이 찾아오셨습니다. 천박하고, 죄악 가운데 있고, 알아듣지 못하고, 유치하게 살고 있는 나를 택하셨습니다. "내가 너의 남편이 되겠다.", "내가 너의 배우자가 되겠다." 말씀하셨습니다.

"하늘에서 내려온 자 곧 인자 외에는 하늘에 올라간 자가 없느니라"(요 3 : 13).

예수님은 우리를 구원하기 위해서 내려오셨고, 다시 하늘에 올라가셨습니다. 그 이유는 죄에서 건짐 받은 우리를 그리스도의 신부의 수준으로 끌어올리기 위해서입니다.

"나는 여호와 너희의 하나님이라 내가 거룩하니 너희도 몸을 구별하여 거룩하게 하고 땅에 기는 길짐승으로 말미암아 스스로 더럽히지 말라 나는 너희의 하나님이 되려고 너희를 애굽 땅에서 인도하여 낸 여호와라 내가 거룩하니 너희도 거룩할지어다"(레 11 : 44-45).

"처음에는 내가 너한테 맞췄으니 이제는 네가 나한테 맞춰라.",

"내가 거룩하니 너희도 거룩하라."고 명령하십니다. 이제는 하나님의 수준에 우리가 맞출 때라고 말씀하십니다. 베드로후서 1 : 4에는 신성한 성품(신의 성품)에 참여하는 자가 되라고 하십니다. "내가 너에게 이미 생명과 경건에 속한 모든 비밀을 주었다. 정욕으로 말미암아 썩어질 세상의 성품에 참여하지 말고 영원히 쇠하지 아니할 신성한 성품에 참여하는 자가 되라." 타락한 옛 습성을 내려놓기가 쉽지 않습니다. 하나님께서 그것을 바꾸시기 위해서 광야, 고난의 과정을 훈련코스로 배열하십니다.

하나님께서 어떤 분이고, 어떤 것을 좋아하시며, 어떤 것을 싫어하시는지 알게 됩니다. 하나님의 뜻, 하나님의 사상, 하나님의 가치관은 무엇인지 지적인 작업들을 통하여 공부하기 시작합니다. 전에는 몸으로 경험했지만 이제는 지성을 통해서, 깨달음을 통해서 하나님을 인지(認知)해 가기 시작합니다. 하나님께서는 절대로 우리를 포기하지 않으십니다. 광야를 통해서 바꾸시고 성숙하게 하십니다.

성숙된 사람은 시내산에 도달하게 됩니다. 시내산에 도달하니 하나님께서 자기를 계시하십니다. 제자로 있을 때와는 이제 차원(Level)이 다릅니다. 그리스도의 신부가 되었기 때문입니다. 제자로 그저 스승의 말에 따르기만 하던 자리에서 이제는 배우자가 되었기 때문에 전혀 달라져야 하는 원리와 같습니다. 배우자는 수준이 비슷해야 됩니다. 자비를 베푸는 관계가 아니라 서로 인격적으로 만나는 관계입니다. 이제 하나님께서 "나는 이것을 좋아하고, 저것은 싫어한다."라고 시내산에서 자기 계시를 하십니다. 그래야만 둘이 코드를 맞출 수 있습니다.

하나님께서 우리에게 자기를 계시하시는 방법은 두 가지로 나타납니다.

"내가 애굽 사람에게 어떻게 행하였음과 내가 어떻게 독수리 날개로 너희를 업어 내게로 인도하였음을 너희가 보았느니라"(출 19 : 4).

유월절 사건 때 애굽 사람들은 심판받고, 양의 피를 바른 이스라엘 사람들은 구원받았습니다. 유월절 양으로 사랑했다는 의미입니다.

또 하나 독수리 날개라는 말은 광야 훈련을 의미합니다. 심리학에서 이것을 'Gentle love'와 'Tough love'라고 합니다. 'Gentle love'는 아주 부드럽게 나에게 맞추어서 편안하게 해 주는 사랑이며, 'Tough love'는 좀 거칠게 끌고 가는 사랑입니다. '독수리 날개'는 독수리가 자기 새끼를 훈련하는 방법입니다. 독수리는 자기 새끼를 날짐승의 제왕으로 만들기 위해서 혹독한 훈련을 시킵니다. 어떤 비바람에도 창공을 뚫고 올라갈 수 있는 그런 날개를 갖도록 맹훈련을 시킵니다. 두려워하면 졸장부가 되고 인생의 패배자가 됩니다. "나는 너를 독수리 날개로 인도했다."라는 말은 "너를 강하고 견고한 독수리로 세웠다."는 말씀입니다.

강하고 혹독하게 훈련을 시키는 이유는 하나님께서 언약의 하나님으로서 우리와 인격적인 관계를 기대하시기 때문입니다. 언약관계로 만난다는 것은 하나님께서 나를 일방적으로 사랑해 주시는, 미처 준비가 되지 않았을 때에도 축복해 주시는, 아가페적인 사랑에서 더 발전된 '관계의 사랑'으로 승격된 것과 같습니다. 여섯 살까지의 아이들은 엄마가 일방적으로 도와줄 수밖에 없습니다. 그러나 일곱 살이나 여덟 살이 되면 엄마가 조건을 제안하기 시작합니다. "아침에 일찍 일어나라.", "학교 갔다 오면 곧장 손 씻고, 숙제해라." 만약 그 말을 듣지 않으면 제한을 두고 불이익을 줍니다. 엄마의 사랑이 변질된 것이 아니라 아이를 키우기 위해서는 어쩔 수 없이 조건을 제시합니다. 잘하면 상을 줄 것이고, 잘못하면 불이익을 당할 것이라고 가르칩니다.

우리들의 문제는 은혜, 사랑, 아가페는 많이 강조했지만 그 은혜 받은 후에 더 이상 성장하지 못한 데 있습니다. 단순히 하나님께서는 은혜의 하나님이고, 내가 아무렇게나 살아도 나를 계속해서 사랑하시는 분으로 인식하게 만들었습니다. 물론 틀린 말은 아닙니다. 하나님께서는 은혜의 하나님이시고, 우리의 약함을 아시기에 기다려 주십니다. 그러나 그것에만 머물러 버리면 기독교의 복음은 반쪽짜리가 됩니다. 하나님께서는 우리와 인격적으로 교제하는 것을 좋아하시며 응답하는 것을 원하십니다. 동등한 위치에서 만나기를 기대하십니다. "내가 너를 위해 목숨을 버렸으므로 너도 나를 위해 목숨을 버려라."라고 요구하십니다.

"······나 네 하나님 여호와는 질투하는 하나님인즉······"(출 20 : 4-6).

하나님이 얼마나 인격적인 사랑을 좋아하시는 분입니까? 하나님께서 질투하신다는 말은 우리와 아가페 사랑만이 아니라 에로스적으로, 서로 대등한 위치에서 사랑하고 싶다는 굉장한 이야기입니다.

"내가 너를 나의 신부로, 나의 배우자로 인정한다."는 말입니다. 전적으로 주님이 우리를 위해서 목숨을 주셨듯이 우리도 목숨을 다해 주님을 사랑해야 되지만, 현대 교인들은 하나님의 사랑에 대하여 온전히 보답하지 않고 이용하려고만 합니다. 그러면서 복을 달라고 거래하고 있습니다. 우리는 마음을 다하고, 목숨을 다하고, 뜻을 다하여 하나님을 섬겨야 합니다(마 22 : 37). 하나님께서 100% 다 주셨으므로 내게도 100% 다 요청하시는 하나님의 사랑, 이것이 인격적인 사랑입니다.

『 토레이 박사는 완전한 사람이란 다음과 같다고 말했습니다.
① 하나님의 소유가 된 사람
② 하나님을 위해서 사는 사람
③ 하나님께 완전히 순종하는 사람
④ 하나님의 뜻밖에 모르는 사람 』

하지만 더 나아가서 이제는 하나님과 인격적으로 교제하고, 하나님 말씀에 스스로 순종하며, 변화되는 그리스도인의 모습까지 갖추어야 합니다. 그때서야 비로소 완전한 그리스도인이 될 수 있습니다.

〰️ 아가페적인 사랑에 머물러 있습니까? 아니면 하나님과 언약적인 관계 속에서 발전되어 가고 있습니까?

언약적 관계에서 사는
그리스도인

"너희가 내게 대하여 제사장 나라가 되며"(출 19 : 6a).

제사장은 세상 모든 민족을 주께로 인도하는 사명을 부여받았습니다. 하나님께서는 이 세상을 직접 인도하시지 않고 사람인 제사장을 세워서 그 제사장을 통하여 온 세상이 주께로 돌아오기를 원하십니다. 그러므로 주님을 모르는 이들을 볼 때 그들을 가슴에 품고 주께로 인도해야 합니다. 우리는 제사장으로 세워져야 됩니다. 즉, 제사장 교회, 제사장 나라 …… 그들을 통해서 세계가 변화됩니다. 하나님께서는 "내가 너를 쓰겠다. 이 역사를 네게 맡기겠다."라고 하십니다.

"세계가 다 내게 속하였나니 너희가 내 말을 잘 듣고 내 언약을 지키면 너희는 모든 민족 중에서 내 소유가 되겠고 너희가 내게 대하여 제사장 나라가 되며 거룩한 백성이 되리라"(출 19 : 5-6a).

그리고 이제는 하나님의 소유가 되고 거룩한 백성이 된다고 말씀합니다. 하나님의 소유가 된다는 말은 가장 소중한 보물로 인정한다는 뜻입니다. 이 세계가 다 하나님의 것이지만 그중에서 특별히 나를 보물로 인정하십니다. 하나님 앞에서 소중한 존재이므로 거룩한 백성 곧 하나님을 위해 사용하도록 특별히 구별시켜 놓았다고 하십니다. 우리는 하나님께서 하나님 자신만을 위해서 이 땅에 구별시켜 놓으신 백성들입니다.

저는 신앙생활을 하는 동안 계속해서 이스라엘에 대한 의문이 들었습니다. 이스라엘이 복을 받아야 할 민족인지 아니면 저주를 받아야 마땅한 민족인지 알 수가 없습니다. 아직까지도 오신 메시야를 거부하고 오실 메시야를 기대하고 있습니다. 이 백성은 저주를 받아야 마땅한 민족이지만 또 한편으로는 세계에서 가장 복 받은 나라가 이스라엘이기도 합니다.

『이스라엘의 인구는 전 세계에 흩어져 사는 유태인들까지 합쳐서 1,500만에서 1,700만 명입니다. 예루살렘에는 700만 명이 있습니다. 세계 인구의 0.3%도 안 되는 이 나라가 16억 명이 넘는 아랍 계열, 이슬람권 사람들과 상대해서 싸우고 있으며 아랍권이 이들을 감당하지 못합니다. 미국 내에 있는 유태인은 3% 미만이지만 정치, 경제, 예술, 금융, 문화, 언론, 정보, 통신, 모든 부분에서 주도적인 역할을 하고 있습니다. 미국 부호의 상위 400가정 가운데 24%가 유태인이며, 최상위 가정의 거의 절반이 유태인입니다.

삼성경제연구소가 발표한 "1998년 IMF 사태와 미국의 금융 메이저 프레이어"라고 하는 경제 연구 보고서에 의하면 미국의 상위 6대 은행 가운데 케이스 맨하탄, JP 모건, 뱅크 아메리카 등 3개가 유대자본이고, 월가의 주요 투자은행도 유대자본이며, 미국 자본가 그룹 상위 5개 기업이 유대계 자본이고, 언론 부분에서도 세계적인 언론 재벌 머독을 비롯해서 워싱턴 포스트, 타임지 등 미국의 영향력 있는 매체들이 유태인에 의해서 설립 혹은 인수되거나 운영되고 있습니다. 미국 언론계에 종사하는 유태인은 6%에 불과하지만 주요 매체에서 여론을 주도하고 있습니다.』

도대체 메시야를 죽인 나라로 저주를 받아서 지상에서 없어져야 할 나라인데 이렇게 복을 받은 이유가 무엇입니까? 그 비밀은 곧 말씀입니다. 몹쓸 짓을 했는데도 사라지지 않고 끝까지 살아남아 있을 수 있는 이유는 하나님의 말씀에 대한 그들의 특권입니다. 지금도 이스라엘 사람들은 모세오경을 줄줄 외웁니다. 통곡의 벽 앞에 갔더니 유태인들이 까만 모자(키파, Kippa)를 쓰고 무엇을 들고 다니면서 계속 외우고 있었습니다. 토라를 외웁니다. 그들에게는 하나님께서 말씀을 책임지는 백성으로 자기들을 불렀다는 자부심이 대단합니다. 말씀을 주야로 묵상하며 그 말씀을 기록한 대로 지키는 데 목숨을 걸었습니다. 이 말씀 안에 하나님의 비밀이 들어 있고, 이 언약 안에 하나님의 축복이 다 숨겨져 있는데 우리는 이것을 놓치고 있습니다. 우리 자녀들에게 외국 유학을 시키고 영어 공부를 시키는 것보다도 더 먼저 말씀 암송을 시켜야 합니다. 하나님의 말씀을 사랑하고 말씀을 암송하고, 그 말씀의 정신(Spirit)을 따라 살면 하나님께서 복을 주신다고 약속하셨기 때문입니다. 어떤 저자의 책을 선호하게 되면 그 사람의 사상이 내 것이 됩니다. 마찬가지로 성경을 계속 읽고 또 읽으면 그 따뜻한 마음이 내게 오고 스피릿이 옵니다. 암송을 하고, 주야로 묵상하면 내가 말하고 생각하는 것, 결정하는 것, 사상, 이념, 가치관, 이 모든 것이 전부 성경으로 바뀌어집니다. 하나님 말씀을 사랑하면 하나님께서 보장해 주십니다.

광야를 지나고 나서 시내산에 도달하면 하나님의 스피릿이 옵니다. 지금 하나님께서 단계별로 계속 우리를 양육시키고 있습니다. 하나님처럼 말하고, 하나님처럼 생각하게 됩니다. 하나님의 코드에 맞추어 더 이상 받기만 하는 사랑이 아니라 응답하는 수준의 인격적인 교제를 나눌 수 있는 사랑의 수준으로 성장합니다. 악한 사람을 만나도 본능으로 대하지 않고 하나님의 스피릿으로 대할 수 있게 됩니다.

하나님 말씀의 기준을 따라 언약을 잘 지키고 있습니까?
상호 사랑의 수준까지 성장하려면 당신에게 필요한 것은 무엇입니까?

하나님께서 내게 신실하시듯 나도 하나님께 신실한 존재입니까?
예수님이 내게 목숨을 바쳐 사랑을 주셨는데 나는 어떻게 주님의 사랑에 응답하고 있습니까?
하나님의 사랑은 우리를 인격적 응답을 드릴 수 있는 존재로 성숙시켜 갑니다.
어떻게 하면 주님처럼 순도 100%의 사랑으로 응답할 수 있겠습니까?

Memo

¹하나님이 이 모든 말씀으로 말씀하여 이르시되 ²나는 너를 애굽 땅, 종 되었던 집에서 인도하여 낸 네 하나님 여호와니라 ³너는 나 외에는 다른 신들을 네게 두지 말라 ⁴너를 위하여 새긴 우상을 만들지 말고 또 위로 하늘에 있는 것이나 아래로 땅에 있는 것이나 땅 아래 물속에 있는 것의 어떤 형상도 만들지 말며 ⁵그것들에게 절하지 말며 그것들을 섬기지 말라 나 네 하나님 여호와는 질투하는 하나님인즉 나를 미워하는 자의 죄를 갚되 아버지로부터 아들에게로 삼사 대까지 이르게 하거니와 ⁶나를 사랑하고 내 계명을 지키는 자에게는 천 대까지 은혜를 베푸느니라 ⁷너는 네 하나님 여호와의 이름을 망령되게 부르지 말라 여호와는 그의 이름을 망령되게 부르는 자를 죄 없다 하지 아니하리라 ⁸안식일을 기억하여 거룩하게 지키라 ⁹엿새 동안은 힘써 네 모든 일을 행할 것이나 ¹⁰일곱째 날

chapter 9.

최고의 인생 경영 원칙

_____(출 20 : 1-17)

은 네 하나님 여호와의 안식일인즉 너나 네 아들이나 네 딸이나 네 남종이나 네 여종이나 네 가축이나 네 문 안에 머무는 객이라도 아무 일도 하지 말라 [11]이는 엿새 동안에 나 여호와가 하늘과 땅과 바다와 그 가운데 모든 것을 만들고 일곱째 날에 쉬었음이라 그러므로 나 여호와가 안식일을 복되게 하여 그날을 거룩하게 하였느니라 [12]네 부모를 공경하라 그리하면 네 하나님 여호와가 네게 준 땅에서 네 생명이 길리라 [13]살인하지 말라 [14]간음하지 말라 [15]도둑질하지 말라 [16]네 이웃에 대하여 거짓 증거하지 말라 [17]네 이웃의 집을 탐내지 말라 네 이웃의 아내나 그의 남종이나 그의 여종이나 그의 소나 그의 나귀나 무릇 네 이웃의 소유를 탐내지 말라

(출 20 : 1-17)

사울 왕은 멋지게 출발했지만, 하나님께 돌아갈 영광을 가로채고 충동과 감정으로 행동하다가 실패한 삶을 살았습니다. 그것은 자기 경영에 대한 원칙이 없었기 때문이었습니다.
자기 경영이 없는 삶은 무엇을 하고자 하는지, 무엇을 위해 달려가야 하는지 모릅니다. 하지만 원칙을 정한 사람의 삶은 다릅니다.
자기 경영을 하지 못한 사람은 망하지만, 자기 경영을 잘한 사람들은 쓰임 받습니다.
그렇다면 인생을 경영하는 원칙을 어디에서 찾아야 합니까?

하나님의 원칙으로
내 인생을 경영해야 하는 이유

　서점에 가면 성공한 사람들의 인생철학이 담긴 베스트셀러 책들이 많이 있습니다. 수많은 저자들과 그 나름대로의 삶의 원칙들이 많은 사람들의 눈길을 끄는 것을 볼 때, 사람들의 성공에 대한 열망이 그만큼 크다는 것을 알 수 있습니다. 성공한 사람들은 다 나름대로 자기만의 원칙들이 있습니다.

『재테크의 귀재인 '워렌 버핏'은 18가지의 자기 원칙을 소개합니다.
① 작은 돈을 아껴야 큰 돈을 번다.
② 조기 경제교육이 평생의 부를 결정한다.

③ 본받고 싶은 부자 모델을 찾아라.
④ 시간을 아끼는 사람이 진짜 부자이다.
⑤ 정직하게 번 돈은 세상에서 가장 아름답다.

그 외에 용기, 베풂, 자기관리, 솔직함, 정열, 끈기, 친구, 일, 원칙, 젊음 등에 대한 여러 원칙이 있습니다. 그의 성공의 비결은 이 18가지의 원칙 때문이라고 말합니다.

UN사무총장인 반기문 총장도 19가지의 인생철학이 있습니다.
① 인생의 최대의 지혜는 친절이다.
② 나를 비판하는 사람을 친구로 만들어라.
③ 베푸는 것이 얻는 것이다.
④ 유머 감각은 큰 자산이다.
⑤ 대화로 승리하는 법을 배워라.
⑥ 금맥보다 더 중요한 것은 인맥이다.
⑦ 세계역사를 바꿀 수 있는 리더십을 배워라.

리더십, 최선, 멀티 플레이어, 직업, 실력, 도전, 자기개혁, 겸손, 소신, 궁지, 절제, 공부, 부지런함 등 19가지 철학이 오늘의 반기문 총장을 만들었습니다.

미국의 농구선수 가운데 '농구의 전설'이라는 별명을 가지고 있던 '존 우든'은 신앙인으로서 자기 원칙이 있습니다.
① 네 자신에게 진실해라.
② 네 이웃을 도와라.

③ 좋은 책의 향기를 마셔라. 특히 성경의 향기를.
④ 비 올 날을 대비해 대피소를 준비해 둬라.
⑤ 매일 하나님의 가르침을 따르고, 하나님의 축복에 감사하라.』

그러나 반대로 뒤처지는 사람에게는 또한 그 나름대로의 이유가 있습니다. 리더십의 대가 '워렌 베니스'의 말처럼 자기를 경영할 줄 모르는 리더는 무면허 의사와 비슷합니다. 사람들의 삶을 아주 엉망으로 만들 수 있다는 점에서 닮았기 때문입니다. 무면허 의사처럼 엉터리가 되고 싶지 않다면, 내적 성찰에 귀를 기울여야 합니다. 그만큼 성공한 사람이 되기 위해서는 자기관리(Self management)가 필요합니다.

그렇다면 은혜를 받은 사람들은 어떻게 살아야 합니까?

어떻게 하면 받은바 은혜를 소멸시키지 않고 증대시켜 주변에 나눠 주는 사람이 될 수 있습니까? 신앙생활에 실패한 사람은 다른 분야에서 성공할 수 없습니다. 신앙이 무너지면 삶의 모든 부분들이 함께 무너지기 때문입니다.

대학 시절 서점에서 《왕관을 잃어버린 사람》이라는 제목이 눈에 띄어 책을 산 적이 있습니다. 책 제목(Title)이 특이하여 무슨 책일까 기대하게 했던 이 책은 왕관을 잃어버린 사람, 곧 사울 왕에 대한 내용을 담고 있었습니다. 사울은 망하는 사람의 모델입니다. 반면에 다윗은 허물과 약점이 있음에도 불구하고 하나님께서 그 후손들까지 복을 주셔서 대대로 왕권을 계승한 축복의 모델입니다. 사울도 처음에는 이스라엘의 초대 왕으로서 탁월한 사람이었습니다. 당시 영적 최고 지도자인 사무엘이 사울을 찾아와 기름을 부은 것은 나라 안의 큰 관심거리였고, 백성들은 큰 기대를 걸었습니다. 하나님께서는 사울에게 새 마음을 주시고, 왕으로 쓰임 받을 수 있도록 모든 형편을 맞추어 주셨습니다. 키도 크고 잘생긴 사람이 겸손하기까지 했습니다. 하나님도, 본인도, 백성들도 이 사람이 초대 왕으로서 부족함이 없음을 인정할 만큼 멋지게 출발했습니다. 그러나 사울은 하나님을 배신하고 자기 것을 챙기고 자기 왕국을 세우려다가 결국은 하나님께 버림 받게 됩니다. 사울 왕은 멋지게 출발했지만 자기 경영에 대한 원칙이 없었습니다. 화나면 화내고, 나보다 잘난 사람 있으면 시기하고, 질투하며 물어뜯습니다. 원수 같은 사람은 끝까지 죽이려고 쫓아다니고, 하나님께 돌아갈 영광을 가로채고, 충동과 감정으로 자기 경영이 없는 삶을 살았습니다. 이처럼 자기를 경영하지 못한 사람은 망하고, 자기 경영을 잘해서 하나님의 뜻을 따라 살았던 사람들은 다 쓰임 받았음을 볼 수 있습니다.

　요즘 보면 원칙 없이 사는 신앙인들이 많습니다. 많은 사람들이 사울처럼 왕 같은 제사장으로 부름을 받았지만 왕권을 잃어버립니다. 하나님과의 관계에서 계약을 지키지 않고, 법대로 살지 않아 하나님께서 주신 통치권을 다 잃어버리고 그저 노예처럼 끌려다니며 사는 인생이 허다합니다. 잃어버린 왕권을 되찾는 삶을 사십시오. 우리를 세상으로 끌고 가려는 수많은 글과 말에 현혹되지 마십시오. 최고의 인생 경영은 하나님 안에, 하나님의 말씀 안에 있습니다. 하나님의 뜻 안에서 찾으십시오(잠 16 : 9).

당신은 나름대로의 삶의 원칙을 세웠습니까?
삶의 원칙을 세우는 데 가장 중점을 두었던 것은 무엇입니까?

하나님의 경영 원칙, 십계명

"하나님이 이 모든 말씀으로 말씀하여 이르시되 나는 너를 애굽 땅, 종 되었던 집에서 인도하여 낸 네 하나님 여호와니라"(출 20:1-2).

하나님께서 이스라엘 백성에게 애굽 땅에서 인도해 내신 분이 하나님이므로, 하나님의 말씀을 들으라고 하십니다. 이 말씀을 신약적으로 해석하면 "너는 구원받은 사람이다.", "너는 십자가에 달린 예수를 믿음으로 내 자녀가 되었다."는 뜻입니다. "종 되었던 땅, 너는 그곳에서 노예로 살았고, 거지로 살았고, 평생 끌려다니며 살았지만 내가 너를 구원해서 내 아들, 장자, 후사로 세웠다."고 하십니다. 그러므로 "지금부터 너는 네 마음대로 살지 말고, 내 말을 잘 듣고 순종해야 된다."는 명령이 첫 시작입니다. 하나님과 코드를 맞추려면 하나님의 원칙을 아는 게 중요합니다. 구원 그 이후에는 하나님께 맞춰야 합니다.

성경에는 하나님께서 쓰시는 사람과 쓰시지 않는 사람의 기준이 분명하게 나타나 있습니다. 그 하나님의 경영, 하나님의 원칙을 보여 준 첫 번째 케이스가 십계명입니다. 십계명은 구약시대의 이스라엘 사람들에게만 지키라고 주신 것이 아닙니다. 그때부터 지금까지 계속해서 하나님을 믿고 따르기를 원하는 사람들에게 분명하게 보여 주시는 하나님의 뜻입니다. 다시 말해서 지금 나에게 주시는 하나님의 철학, 하나님의 원칙입니다. 하나님을 어떻게 섬겨야 하며, 사람을 어떻게 대해야 하는지에 대한 원칙이 그 안에 다 담겨져 있습니다. 그러므로 십계명을 통해서 하나님의 철학, 하나님의 사상, 하나님의 성향을 배워야 합니다.

 당신이 생각하는 하나님의 원칙(Principle)은 무엇입니까?

하나님의 경영 원칙(1)
-하나님만 섬기라

"너는 나 외에는 다른 신들을 네게 두지 말라"(출 20 : 3).
"주 너의 하나님께 경배하고 다만 그를 섬기라"(마 4 : 10).
"이스라엘아 들으라 우리 하나님 여호와는 오직 유일한 여호와이시니"(신 6 : 4).

하나님을 만난 사람은 하나님과 다른 신을 함께 섬길 수 없습니다. 하나님께서는 유일한 신이십니다. 다른 종교를 가지는 것만이 아니라 하나님보다 더 좋아하는 것이나 중요하게 생각하는 것도 우상입니다. 내 안의 우선순위는 바로 하나님이어야 합니다. 하나님께서 계셔야 할 으뜸의 자리에 다른 것을 세워 놓는 것은 우상숭배입니다.

엘리는 자식을 하나님보다 더 사랑했습니다. 자식이 망령된 짓을 하면 금해야 하지만 자식이 너무 좋아서 금하지 못하다가 자신과 자식 모두 다 망했습니다. 사울 왕은 자기의 이름을 사랑했습니다. 하나님께 돌려야 할 영광을 자기 이름을 드러내기 위해 가로챘습니다. 기념비는 자기가 세우는 것이 아니라 후손들이 세워야 하는데도 사울은 스스로 자기 기념비를 세웠습니다. 이들 모두 하나님보다 더 사랑하는 것이 있었기에 하나님께서는 그들을 쓰실 수가 없었습니다.

제1계명을 우리의 방식대로 바꿔 표현해 본다면 **"나는 하나님보다 자식을 더 사랑하지 않을 것입니다."**, **"나는 하나님보다 돈을 더 사랑하지 않을 것입니다."**라고 말할 수 있습니다.

"하나님께서 우리의 주인이십니다." 이 고백이 신앙의 출발입니다. 하나님께서는 단호하게 말씀하십니다. "하나님 외에 다른 것들을 우선순위에 두지 말라." 신앙생활에서 가장 우선되는 원칙은 하나님만을 내 인생의 주인으로 섬기겠다는 결단입니다. 하나님만 섬기는 사람이 하나님의 법칙을 따를 수 있습니다.

삶의 으뜸의 자리에 하나님께서 계십니까?
그렇지 않다면 무엇이 당신의 삶에서 우선순위를 차지하고 있습니까?

하나님의 경영 원칙(2)
-하나님을 우상화하지 말라

"너를 위하여 새긴 우상을 만들지 말고 또 위로 하늘에 있는 것이나 아래로 땅에 있는 것이나 땅 아래 물속에 있는 것의 어떤 형상도 만들지 말며 그것들에게 절하지 말며 그것들을 섬기지 말라 나 네 하나님 여호와는 질투하는 하나님인즉 나를 미워하는 자의 죄를 갚되 아버지로부터 아들에게로 삼사 대까지 이르게 하거니와 나를 사랑하고 내 계명을 지키는 자에게는 천 대까지 은혜를 베푸느니라"(출 20 : 4-6).

하나님을 나무나 돌로 만들어 형상화시켜 우상처럼 섬기지 마십시오. 하나님께서는 표정이 변하지 않고 항상 그 자리에 있는, 고착화되는 것을 싫어하십니다. 인격적인 것, 지금 내게 하실 말씀이 있고, 기분 나쁘면 기분 나쁘다고 서로 마음을 나눌 수 있는 교통을 원하십니다. 노래한다고 해서 찬양이 아니라 어떻게 준비를 했는지, 그 동기를 보시는 인격적인 분입니다. 서로 교감하고, 느낌을 주고받고, 우대해 주고, 존중해 주는 관계를 원하십니다. 말씀을 듣고, 생각하고, 말하고, 표현하며, 내 고백을 드리는 교통을 원하십니다. 일기에 자기 고백을 쓰며 교감하는 관계를 원하십니다.

그러나 많은 사람들이 하나님을 화석화시켜 정해진 시간에 와서 잠깐 예배드리고, 설교를 듣고 집으로 갑니다. 하나님께서는 목석(木石)에게 공을 들이는 것과 같이 인격적인 교통이 없는 형식화된 예배를 싫어하십니다. 그런데 사울이 그런 잘못을 저질렀습니다.

"사무엘이 이르되 여호와께서 번제와 다른 제사를 그의 목소리를 청종하는 것을 좋아하심같이 좋아하시겠나이까 순종이 제사보다 낫고 듣는 것이 숫양의 기름보다 나으니 이는 거역하는 것은 점치는 죄와 같고 완고한 것은 사신 우상에게 절하는 죄와 같음이라 왕이 여호와의 말씀을 버렸으므로 여호와께서도 왕을 버려 왕이 되지 못하게 하셨나이다 하니"(삼상 15 : 22-23).

"제가 십일조 꼬박꼬박 드리고 일주일에 한 번씩 교회 와서 예배 드렸잖아요. 그럼 나한테 복 줘야 하는 것 아닙니까?" 이런 태도가 사울의 마음입니다. 우리가 하나님을 그와 같이 대할 때가 많습니다. 하나님께서는 "마음을 다하고, 목숨을 다하고, 뜻을 다해 네가 예배하고 있느냐? 내가 번제와 다른 제사 즐기기를 목소리 듣는 것보다 더 좋아하겠느냐?"라고 물으십니다.

"사무엘이 가려고 돌아설 때에 사울이 그의 겉옷자락을 붙잡으매 찢어진지라"(삼상 15 : 27).

"네가 나를 만나러 왔으면 나와 대화도 좀 하고, 찬양을 할 때 네 가슴도 풀어 놓고 일주일 동안 어떻게 살았는가에 대한 고백이 너희 찬양이 되어야 한다."고 하십니다. 제2계명을 우리식으로 바꾸어 표현하면 **"나는 형식적으로 드리는 예배를 조심할 것입니다. 나는 살아 계신 하나님과 교통하는 예배를 드릴 것입니다."** 라고 말할 수 있습니다. 예배는 교통되고, 교감되어야 합니다. 느낌을 나누고, 생각을 나누고, 가슴을 나누고, 인생을 나누어야 합니다.

하나님과 교통하는 삶을 사십시오. 그것이 하나님을 섬기는 방법입니다. 하나님과 교통하지 않는 사람은 하나님을 참된 우리의 아버지, 창조주로 믿는 것이 아니라 그저 신 중의 하나, 복을 빌 때 복을 주시는 신, 우상으로 여기는 것에 불과합니다. 사울처럼 찢긴 옷자락만 붙들고 서 있는 사람이 아니라 하나님과 영적인 교감을 나누는 사람이 되십시오.

하나님과 영적인 소통함을 누리면서 살아가고 있습니까?
당신에게 하나님은 화석화된 우상으로 서 계시지는 않습니까?

하나님의 경영 원칙(3)
- 하나님의 이름을 함부로 사용하지 말라

"너는 네 하나님 여호와의 이름을 망령되게 부르지 말라 여호와는 그의 이름을 망령되게 부르는 자를 죄 없다 하지 아니하리라"(출 20 : 7).

이스라엘 사람들은 하나님의 이름을 부르는 것을 극히 두려워했습니다. 지금도 신학적으로 하나님의 이름이 정확하게 무엇인지 모릅니다. 왜냐하면 그때는 인쇄술이 발달되지 않아 랍비들이 성경을 필사했는데, 스승인 랍비가 불러 주면 필사하던 서기관은 하나님의 이름이 나오면 붓을 빼고 목욕도 하고 와야 했습니다. 그러고도 하나님의 이름을 부르지 못하여 랍비가 알아듣도록 사인만 하였습니다. 일반적으로 하나님의 이름을 사용하는 개념이 '아도나이'(Adonai)인데, 이것은 종이 상전을 부를 때 사용하는 '주님'(Lord)이라는 일반적인 호칭입니다. 히브리어는 예수님이 오시기 직전에는 모음을 붙여 읽었지만, 원래 자음만 있었습니다. 하나님의 정확한 이름을 알던 스승은 감히 그 이름을 한 번도 부르지 못했습니다. 이것을 '신성 사문자'라고 합니다. 후대에 찾아낸 가장 근사치의 이름이 '여호와', '야훼' 둘 중에 하나입니다. 그와 같이 하나님의 이름을 부르는 것을 두려워하고 하나님을 예우했습니다.

"너는 이스라엘 자손에게 말하여 이르라 누구든지 그의 하나님을 저주하면 죄를 담당할 것이요 여호와의 이름을 모독하면 그를 반드시 죽일지니 온 회중이 돌로 그를 칠 것이니라 거류민이든지 본토인이든지 여호와의 이름을 모독하면 그를 죽일지니라"(레 24 : 15-16).

사람들이 맹세나 자기주장을 위해 하나님의 이름을 함부로 사용하는 경우가 있는데 절대 하나님의 이름으로 장난을 쳐서는 안 됩니다. 특히 거짓맹세나 저주하는 데 함부로 거명하는 것을 금하고 있습니다. 하나님을 사랑한다면 하나님의 이름을 함부로 내뱉을 수 없습니다. 예배드릴 때 하나님의 이름을 부르고, 하나님의 이름을 경배하는 것은 우리가 드릴 수 있는 최상의 예의입니다. 그 이름을 함부로 표현하거나 그분 이름을 모독하지 않아야 합니다. 그저 겉으로만 쉬쉬거리고, 문자로 쓸 때나 말로 할 때만 조심하라는 뜻이 아닙니다. 진심으로 그 마음 안에 하나님의 이름을 존중하는 마음, 하나님을 사랑하는 마음이 가득 차야 합니다. 그리고 그 이름에 걸맞은 삶을 살아야 합니다.

현대식으로 표현하면 **"하나님의 이름을 함부로 사용하지 않겠습니다. 하나님의 이름을 부끄럽게 하는 행동을 하지 않겠습니다."** 입니다.

입으로만 하나님을 외칠 것이 아니라 하나님의 이름을 부를 수 있는 자답게 살아야 합니다. 그래서 십계명의 남은 계명들은 실천적인, 하나님의 이름에 적합한 행동지침으로 자세하게 나와 있습니다. 하나님의 이름은 우리의 삶과 행동을 결정하는 핵심적인 요소입니다. 하나님의 이름을 더럽히지 않도록, 세상 모든 사람들이 하나님의 이름을 거룩하게 부를 수 있도록 하는 것은 우리에게 달려 있습니다.

하나님의 이름을 함부로 사용한 적은 없었는지 생각해 봅시다.
하나님의 이름에 걸맞은 삶은 어떤 것일까요?

하나님의 경영 원칙(4)
- 안식일을 거룩히 지키라

"안식일을 기억하여 거룩하게 지키라 엿새 동안은 힘써 네 모든 일을 행할 것이나 일곱째 날은 네 하나님 여호와의 안식일인즉 너나 네 아들이나 네 딸이나 네 남종이나 네 여종이나 네 가축이나 네 문 안에 머무는 객이라도 아무 일도 하지 말라 이는 엿새 동안에 나 여호와가 하늘과 땅과 바다와 그 가운데 모든 것을 만들고 일곱째 날에 쉬었음이라 그러므로 나 여호와가 안식일을 복되게 하여 그날을 거룩하게 하였느니라"(출 20 : 8-11).

하나님께서는 엿새 동안 열심히 일하셨습니다. 그리고 엿새째 마지막에 사람을 창조하시고 사람이 태어나자마자 바로 그 다음에 쉬라고 분부하셨습니다. "쉬어라. 내가 준비한 모든 것을 네가 누려라." 구약에서 안식일은 하나님을 예우하는 1순위 원칙이었습니다.

"안식일에 일하는 자는 누구든지 반드시 죽일지니라"(출 31 : 15b).

안식일에 일하는 행위는 하나님 없이 내가 내 힘으로 살겠다는 독립선언입니다. 신약시대에 들어오면 주일을 지킵니다. 이 주일을 지키는 것과 구약의 안식일을 지키는 것이 어떻게 연결됩니까? 우리가 자신의 죄를 해결하고 거듭나야 하나님 앞에 나갈 수 있지만, 우리에게는 그렇게 할 능력이 없기 때문에 예수님이 십자가와 부활, 그리고 승천을 통해서 하나님 앞에 나아갈 수 있는 길을 열어 주셨습니다. 그렇기에 "은혜를 받아야 된다, 믿음으로 구원을 얻는다."는 말은 예수님이 십자가 위에서 이룬 모든 것을 내가 받아들이는 것을 의미합니다. 십자가를 기념하는 예수님이 돌아가신 금요일, 그 다음에 안식일, 그 다음에 안식 후 첫날, 곧 예수님이 부활하신 이날을 지키는 것이 신약시대의 전통이 되었습니다. "너의 삶의 으뜸, 삶의 첫날을 하나님께 드릴 수 있느냐?" 주일 성수는 구약적인 전통이 아니라 신약의 복음적인 정신입니다. "예수님의 십자가와 부활과 승천의 공로로 내가 살아 있습니다."라는 고백과 같습니다.

바울도 갈라디아서 5장에서 우리가 만일 율법을 지킴으로 의로워지려고 하거나 할례를 받음으로 구원을 얻는다고 생각한다면 그리스도로부터 끊어지게 되고 은혜에서 떨어진 자가 된다고 합니다. 예수님은 안식일에 아픈 사람을 고쳐 주시고, 죽은 자를 살리셨습니다. 유대인들은 고착화된 하나님으로 생각하여 안식일을 모독한다고 예수님을 죽이려고 했습니다. 그러나 예수님은 "내 아버지가 지금까지 일하시는데, 내가 일하지 않을 수 있느냐? 내 아버지께서 지금까지 일하시니 나도 일한다."(요 5 : 17)고 하셨습니다. 예수님은 아버지의 뜻을 아시기 때문에 오히려 안식일에 살리는 일, 회복시키는 일을 하셨습니다. 일주일의 첫날을 드리는 것은 모든 으뜸을 하나님께 드린다는 고백입니다. 하나님께서는 이 고백의 향기를 흠향하십니다. 하나님께서는 율법적으로 주일만 예배드리기를 원하시는 것이 아닙니다.

나의 한 주간의 첫날은 주님의 날입니다.
나는 십자가와 부활의 은총을 덧입고 살겠습니다.

 당신은 주님의 날을 구별되게 지키고 있습니까?

하나님의 경영 원칙(5)
-부모를 공경하라

"네 부모를 공경하라 그리하면 네 하나님 여호와가 네게 준 땅에서 네 생명이 길리라"(출 20 : 12).

종교개혁을 일으켰던 마틴 루터는 부모를 하나님의 대리자, 대행자라고 표현했습니다. 우리에게 있는 유전자(DNA)들, 정신적인 유산들, 많은 특성들이 부모님으로부터 왔습니다. '공경하다' 라는 단어 '하베드'는 '존경하다', '영광되게 하다', '카바드' 의 명령형으로서 여호와를 경외할 때 쓰는 용어와 같은 단어입니다. 부모를 대할 때 하나님을 대하듯 하라는 뜻입니다.

부모는 단순히 나를 낳아 주신 생물학적인 어머니, 아버지만을 뜻하는 것이 아닙니다. 부모, 스승, 목자, 웃어른 등을 뜻하는 통합의 개념이며, 영적 질서입니다. 하나님께서는 위계질서를 세우셨습니다. 위에서부터 아래로 모든 것이 흘러가도록 하셨습니다. 윗사람은 아랫사람을 가르치도록, 아랫사람은 윗사람으로부터 배우고, 따르고, 존중하도록 하셨습니다.

성경에서 하나님의 진노가 가장 크게 나타난 경우는 고라와 250명의 족장의 반역사건이었습니다. 고라 자손이 당을 지어 모세의 권위에 도전했을 때, 하나님께서는 3중 심판을 하셨습니다. 권위에 도전한 사람들 중 주동자들은 땅이 갈라져 그들을 삼켜 버렸고, 주동자들을 따랐던 250명의 족장들은 불이 내려와 그들을 태웠습니다. 그

반역의 자리에 함께 있어 염병으로 죽은 자가 14,700명입니다. 보이는 지도자를 인정하지 않고 대적하는 행위는 하나님 나라에 대한 대적이 됩니다. 가정에서 부모를 어떻게 섬겨야 하는지, 교회에서 목자와는 어떤 관계를 가져야 되는지, 스승이나 웃어른을 어떻게 섬겨야 하는지 그 원칙을 보여 주십니다. 여러분이 인생에서 성공하기를 원한다면, 하나님께서 세워 주신 질서에 순응하십시오. 그 질서를 거스르지 말고 여러분에게 주어진 질서 안에서 배우고 따르십시오.

하나님께서 세우신 영적 권위에 복종하겠습니다.
부모, 스승, 목자, 어른들을 통하여 공급을 받겠습니다.

하나님께서 내게 세우신 영적 권위자는 누구입니까?
나는 그분들을 어떻게 섬기고 있습니까?

하나님의 경영 원칙(6)
– 살인하지 말라

"살인하지 말라"(출 20:13).

계속해서 구체적인 행동 강령들이 나오고 있습니다. 하나님께서는 실제적으로 한 생명을 끊는 살인의 행위를 금하십니다.

"옛 사람에게 말한 바 살인하지 말라 누구든지 살인하면 심판을 받게 되리라 하였다는 것을 너희가 들었으나 나는 너희에게 이르노니 형제에게 노하는 자마다 심판을 받게 되고 형제를 대하여 라가라 하는 자는 공회에 잡혀가게 되고 미련한 놈이라 하는 자는 지옥 불에 들어가게 되리라 그러므로 예물을 제단에 드리려다가 거기서 네 형제에게 원망들을 만한 일이 있는 것이 생각나거든 예물을 제단 앞에 두고 먼저 가서 형제와 화목하고 그 후에 와서 예물을 드리라 너를 고발하는 자와 함께 길에 있을 때에 급히 사화하라 그 고발하는 자가 너를 재판관에게 내어 주고 재판관이 옥리에게 내어 주어 옥에 가둘까 염려하라 진실로 네게 이르노니 네가 한 푼이라도 남김이 없이 다 갚기 전에는 결코 거기서 나오지 못하리라"(마 5 : 21-26).

뿐만 아니라 형제에게 화를 내거나, 함부로 상스러운 욕을 하거나, 원망 들을 만한 일을 행한 것까지도 살인이라고 말씀합니다.

다윗은 하나님께서 쓰셨고, 사랑하셨던 일꾼이지만, 다윗 생애 가운데 하나님께서 "No!"라고 하신 적이 있습니다. 그것은 바로 성전을 건축하는 일이었습니다.

"여호와의 말씀이 내게 임하여 이르시되 너는 피를 심히 많이 흘렸고 크게 전쟁하였느니라 네가 내 앞에서 땅에 피를 많이 흘렸은즉 내 이름을 위하여 성전을 건축하지 못하리라"(대상 22 : 8).

이유는 하나입니다. 피를 많이 흘렸기 때문입니다. 남의 약점을 찾아내어 계속 공격하고 험담하는, 다른 사람을 죽이는 일을 하면 하나님께서 존귀한 일, 하나님의 거처를 세우는 일에는 적합하지 못하다고 하십니다.

우리는 죽이는 일을 위해 부름 받은 것이 아니라 살리는 일을 위해 부름 받았습니다. 부부가 만난 것도 살리기 위해서입니다. 약점이 있으면 '아, 이 부분은 내가 살려야 할 부분이구나!' 하면서 껴안아야 하지만, 그 부분을 쪼아 대면 하나님께서 싫어하십니다. 약점이 있으면 품어 주고 격려해 주어야 합니다. 이렇게 살리는 사람끼리 만나면 온 세상이 다 하나님 나라가 됩니다.

성공도 절대 혼자서는 이룰 수 없습니다. 성공한 사람들의 공통점 중에 하나는 옆에 항상 조력자가 있었다는 사실입니다. 나를 싫어하는 사람까지도 포용하는 사람이 진짜 성공하는 사람입니다. 그것이 하나님의 마음이기 때문입니다. 나를 싫어하는 사람과 똑같이 그를 싫어하거나 약한 사람을 괴롭히고 미워하는 사람은 실패한 사람입니다. 겉으로 보기에는 티가 나지 않아도 하나님께서는 다 알고 계십니다. 그런 사람은 하나님 앞에서 '살인자' 입니다.

여러분을 괴롭히거나 싫어하는 사람이 있습니까? 용서하십시오. 오히려 그를 사랑으로 품으십시오. 살인죄를 품고 있는 그를 다시 하나님의 품으로 돌아오게 만드십시오.

혹 여러분이 싫어하는 사람이 있습니까? 회개하십시오. 하나님 앞에서 진정으로 그 미움을 씻어 화목하게 지내게 해 달라고 간절하게 구하십시오.

생각으로나, 말로나 남을 죽이는 일을 하지 않겠습니다.
기회 주신 대로 살리는 일을 하겠습니다.

하나님 앞에서 살인죄를 저지르고 있지는 않습니까?
나는 사람을 살리는 사람입니까, 죽이는 사람입니까?

하나님의 경영 원칙(7)
- 간음하지 말라

부부의 제도는 시내산에서 모세를 통하여 계명을 주시기 이전에 에덴동산에서부터 있었던 것입니다. 하나님께서는 성인 남자와 여자를 만들어 "부부라. 부부는 한 몸이다."라는 뜻을 알게 하기 위하여 남자의 갈빗대를 취하여 여자, 곧 아내를 만드셨습니다. 하나님께서 짝지어 주신 것을 사람이 나누지 못합니다. 이 강한 명령의 말씀 속에는 하나님의 주권적이며, 하고자 하시는 궁극적인 뜻이 들어 있습니다.

예수님의 부부 개념은 진일보한 것이었습니다. 부부의 사랑에서 겉으로 드러난 모습보다 더욱 중요한 게 마음입니다.

"또 간음하지 말라 하였다는 것을 너희가 들었으나 나는 너희에게 이르노니 음욕을 품고 여자를 보는 자마다 마음에 이미 간음하였느니라"(마 5:27-28).

마음에 품은 음욕은 다른 사람들이 알 수 없는 은밀한 악한 마음입니다. 아무도 모르는 음흉한 이 악한 음욕을 주님은 다 아시기에 그 마음을 품은 것부터가 죄가 된다는 것입니다.

또한 주님은 신랑이요, 신부는 교회로서 비유되어 있습니다. 교회는 주님의 명령대로 구원에 속한 일을 합니다. 즉, 교회가 주님이 하시는 하나님의 일에 수종을 들면 사랑을 받게 되지만, 교회가 세상에 마음을 두게 되면 음녀가 됩니다. 단순히 부부관계뿐만 아니라 세상의 것에도 간음하지 말아야 합니다. 지금 우리가 얼마나 영적인 면에서 간음을 행하고 있는지 세상의 간음을 통해 보고 깨달아 자신과 교회가 하나님 한 분만으로 만족해하며, 전 인격이 주님의 뜻을 향해 나아가고자 하는 결단을 해야 합니다.

음욕을 마음에서부터 제거하겠습니다.
그리스도의 신부로 정결하게 살겠습니다.

당신은 TV, 인터넷, 게임 앞에서도 성도로서의 구별됨이 있습니까?

하나님의 경영 원칙(8)
-도둑질하지 말라

탈세, 임금 착취, 폭리, 스파이 활동 등 현대사회에서의 도둑질은 다양합니다. 공금의 횡령이나 유용, 공적 물건의 남용, 공적 시간의 사용(私用), 뇌물 수수 외에도 우리의 고유한 업무 영역에서 도둑질에 해당하는 것들이 있습니다.

또 요즘에는 시대가 달라져서 도둑질의 유형도 변했습니다. 글쓰기나 예술 활동의 표절, 논문 표절 시비가 있습니다. 불법 복제를 통해서 너무도 자연스럽고 광범위하게 남의 자료를 무단으로 도둑질하기도 합니다. 관행이라는 이름으로 행해지고 있는 도둑질이 한두 가지가 아닙니다. 문제는 양심의 가책을 느끼기는커녕 도둑질이라고 전혀 생각하지도 않는다는 데 있습니다.

이런 도둑질을 하지 않기 위해서 우리는 명확한 기준을 가져야 합니다.

세례 요한은 자기에게 자문을 구하는 세리들에게 정한 세금 외에 더 부과하지 말라고 가르쳤고, 군병들에게는 사람들에게 폭력을 행사하지 말고 받는 봉급에 만족하라고 말했습니다(눅 3 : 13 - 14).

"내가 궁핍하므로 말하는 것이 아니니라 어떠한 형편에든지 나는 자족하기를 배웠노니 나는 비천에 처할 줄도 알고 풍부에 처할 줄도 알아 모든 일 곧 배부름과 배고픔과 풍부와 궁핍에도 처할 줄 아는 일체의 비결을 배웠노라 내게 능력 주시는 자 안에서 내가 모든 것을 할 수 있느니라"(빌 4 : 11-13).

또한 바울이 가르친 대로 우리는 자족하는 자세를 가져야 합니다. 지금까지의 생활을 돌아보고 도둑질에 해당되는 행위가 있는지 살펴서 회개해야 합니다.

나는 도둑질하지 않기 위해서 열심히 일하겠습니다.
내게 주신 환경들을 감사하며 자족하며 살겠습니다.

도둑질하지 않기 위해서 나는 열심히 일하고 있습니까?

하나님의 경영 원칙(9)
- 거짓말하지 말라

"내가 너희에게 이르노니 사람이 무슨 무익한 말을 하든지 심판날에 이에 대하여 심문을 받으리니"(마 12 : 36).

사람들은 쉽게 거짓말을 합니다. 그러나 우리는 형제의 인격이나 명예를 존중해야 하고, 자신의 말에 책임을 져야 합니다. 이 계명은 말의 성실성을 강조한 말씀입니다. 무익한 말, 들어서 별 도움이 안 되는 말에 대해 하나님께서 책임을 묻겠다고 하십니다. 하나님께서 우리에게 언어를 주신 것은 하나님의 창조적인 일을 대행하게 하기 위함입니다. 입을 열어 축복하고, 격려하고, 세워 주는 일을 하라고 언어를 주셨습니다. "저 사람은 입을 열면 칭찬만 해. 행복한 이야기만 해." 이런 평가를 받을 수 있는 사람이 되어야 합니다.

그러나 남을 기쁘게 하기 위해서 거짓을 지어내거나 마음에도 없는 말을 해서는 안 됩니다. 또는 남을 해치기 위해서, 기분을 상하게 하기 위해서 거짓말을 해서도 안 됩니다. 하나님의 법칙을 따르는 사람은 말에 책임을 느끼고, 신중하게 해야 합니다. 말 한마디를 하더라도 기도하는 마음으로, 상대방을 사랑하는 마음으로 해야 합니다. 입술에 권세가 있습니다. 하나님의 마음을 품은 사람은 그 입에서 진실되고 참된 말만 나옵니다. 그리고 그 말은 상대를 깎아내리거나 상처를 입히지 않습니다. 따스하게 감싸 주고, 어루만져 주고, 분명한 해결책을 제시해 주고, 명확하게 해 줍니다. 우리는 살리는 일을 위해 부름받은 제사장임을 기억하고 살아야 합니다.

나의 유익을 위해서 거짓으로 남을 속이지 않겠습니다.
나의 언어는 사람을 살리고, 세워 주고, 격려하는 성령의 언어입니다.

 나는 거짓말하지 않고, 자신의 말에 책임을 지고 있습니까?
나의 언어는 사람들에게 어떤 영향력을 끼칩니까?

하나님의 경영 원칙(10)
-탐하거나 욕심부리지 말라

최근 경제문제에 있어서 심각하게 대두되는 것이 신용카드 빚입니다. 100만 명이 넘는 사람들이 카드 빚에 쫓겨 다니며 신용불량자로 낙인찍힌 안타까운 현실을 볼 수 있습니다. 정부가 카드 사용을 부추겼다, 은행과 카드사들이 카드 발행을 남발했다고 볼 수도 있지만, 원칙적인 잘못은 갚을 능력도 없으면서 마구 써 버린 사람들에게 있습니다. 그 100만 명 가운데 입을 것, 먹을 것이 없는 절대적인 가난으로 인해 빚진 사람이 과연 얼마나 될까요? 이러한 이유보다는 다른 사람들이 가진 것을 나도 갖고 싶고, 다른 사람들이 사는 만큼 나도 살고 싶은 충동에 못 이겨 빚더미에 앉게 된 경우가 더 많습니다. 혼자 사는 무인도에서는 부요함도, 가난함도 없습니다. 그러나 우리는 이웃과 함께 살기 때문에 비교를 피할 수 없게 되었고, 그 비교가 사람을 가난하게 만들었습니다. 결국 탐욕은 비교에서 옵니다.

하나님께서 이스라엘 백성들을 애굽에서 불러내어 가나안으로 가게 하실 때, 그 무리들 속에는 이스라엘 백성들뿐 아니라 애굽에 살고 있던 무수한 다른 족속들이 그 여정에 동참했습니다. 가나안을 향한 광야길 여행 동안 하나님께서는 그 많은 무리들의 필요를 매일매일 채워 주셨습니다. 그러나 이스라엘 중에 섞여 사는 무리가 탐욕을 품고 불평하기 시작했습니다. 그러자 이스라엘 자손들도 울며 불며 불평을 늘어놓습니다(민 11 : 4). "누가 우리에게 고기를 주며, 채소를 줄까?" 불평은 섞여 사는 잡족들의 입에서 시작되었지만, 구원받은 이들에게까지 악영향을 미쳤습니다. 구원받은 자가 자신에게 주어진 삶을 감사하고 감격하여 구원받지 못한 이들에게 선한 영향력을 주지는 못할망정 도리어 그들에게 악영향을 받는다는 것은 안타까운 일입니다.

그러나 예수님을 믿게 되면 상황의 변화보다 '마음의 변화, 시각의 변화'가 먼저 옵니다. 시각의 변화란 바로 "이대로도 충분합니다."라는 신뢰의 마음입니다. 지금 필요한 것은 이미 다 주어졌고, 내일 필요한 것은 내일 주실 것입니다. 더 받을 복이 있어서 예수님을 믿는 것이 아닙니다. 예수님을 믿고 보니 내가 이미 복 받은 사람인 것을 깨닫고, 하나님께서 필요한 만큼 다 주셨음을 알게 됩니다.

그래서 구원받은 사람은 남과 비교하지 않습니다. 이대로 충분하기 때문에 만족해합니다. 모자란다고 여기는 것은 자신의 생각일 뿐입니다. 하나님께서 우리에게 필요한 것을 가장 적당한 때에 주십니다. 모자라지도, 넘치지도 않게 사랑으로 주십니다.

아이들이 자라면서 친구와 장난감 하나를 붙잡고 서로 자기 것이라고 우기며 서로 울고불고할 때가 바로 투쟁적인 삶의 현장으로 나오게 되는 때입니다. 자기 소유권을 주장하기 전에는 충분히 기쁘고 행복했습니다. 그러나 소유에 대한 권리를 주장하자마자 눈물과 싸움이 그치지 않습니다. "내 거야!" 하고 소리치는 순간 감사가 불평으로 바뀌고, 기쁨의 노래가 원망으로 바뀌고, 사랑이 미움으로 바뀝니다.

"이와 같이 너희 중의 누구든지 자기의 모든 소유를 버리지 아니하면 능히 내 제자가 되지 못하리라"(눅 14 : 33).

여기서 소유를 버리라는 말씀은 아무것도 갖지 말라는 뜻이 아닙니다. 다만 그것이 자신의 소유가 아니라는 것을 인정하라는 의미입니다. 이렇게 자신의 소유 없음을 인정할 때, 하나님께서는 "그런즉 누구든지 사람을 자랑하지 말라 만물이 다 너희 것임이라"(고전 3 : 21)라고 선포하십니다.

"주님, 이대로 좋습니다. 내게 필요한 것은 이미 다 주셨습니다. 내게 주신 것으로 주님의 사랑을 전하겠습니다." 이것이 구원받은 자, 텅 빈, 그러나 충만의 삶으로 살아가는 사람입니다.

내 것이라고 고집하는 소유권이 아닌 사용권만을 생각하는 청지

기로 살겠습니다.

남의 것을 탐내지 않고 내 것으로 이웃들을 섬기겠습니다.

〰️ 비교하면서 좌절을 느끼거나 다른 사람의 것을 탐냈던 적이 있습니까?

하나님께서 주신 비전을 이루기 위해서는 항상 고착화되어 있지 않고 변화되어 가면서도 어떤 삶의 원칙, 자기 원칙이 있어야 합니다. 그렇기에 하나님께서는 하나님을 어떻게 예우할 것이냐, 웃어른에게 어떤 태도를 취할 것이냐, 이웃들과 어떻게 지내야 할 것이냐에 대한 하나님의 원칙을 직접 10가지로 정리해 주십니다. 이 땅을 살면서 내 마음대로, 내 철학대로 사는 게 아니라 하나님의 철학과 코드를 맞추어야 합니다. 나의 매일의 십계명을 정하고, 그런 자기경영을 통하여 왕 같은 제사장으로 생명 안에서 왕 노릇 하는 성공의 사람들이 되십시오. 그러면 우리의 영향력이 이 땅을 하나님 나라로 변화시키는 일에 여호수아와 다윗같이 쓰임 받게 될 것입니다.

올바른 예배정신

1. 하나님을 인격으로 교감하라

"너희는 나를 비겨서 은으로나 금으로나 너희를 위하여 신상을 만들지 말고"(출 20 : 23).

금이나 은으로 신상을 새기거나 녹여서 형상화시키지 말고, 하나님을 인격적으로 섬기라고 말씀합니다. 교통하는 관계입니다. 영이신 하나님을 물질로 표현하지 말고, 또 인격이신 하나님을 고착화시켜서 목석의 형상으로 섬기지 말라고 하십니다. 교통하고, 대화하고, 교류하고, 인격적으로 만나라고 하십니다. 하나님과 교감하여 눈물을 드리고, 가슴을 드리며, 하나님의 음성을 들을 때 "아! 하나님, 맞습니다. 제가 그렇게 살겠습니다." 하는 무언가의 느낌이 교류되어야 합니다. '나는 살아 있는 인격이다, 나와 교통하자.' 는 뜻입니다.

2. 인위적으로 조작하려 하지 마라

"내게 토단을 쌓고 그 위에 네 양과 소로 네 번제와 화목제를 드리라 내가 내 이름을 기념하게 하는 모든 곳에서 네게 임하여 복을 주리라 네가 내게 돌로 제단을 쌓거든 다듬은 돌로 쌓지 말라 네가 정으로 그것을 쪼면 부정하게 함이니라"(출 20 : 24-25).

"흙으로 만들거나 혹은 다듬지 않은 돌로 제단을 만들어라." 자꾸 인위적으로 무언가를 조작하지 말고 자연 그대로 하라고 하십니다. 흙으로 만들거나 돌로 제단을 쌓을 때는 정으로 쪼아서 모양을 만들려고 하지 말고 자연 그대로, 원석 그대로 사용하라고 하십니다.

이방신의 제단은 돌이나 금속을 사용하여 멋지게 잘 꾸몄습니다. 이방신의 제단처럼 성전을 짓지 말며 제단을 쌓지 말라는 의미가 있고, 또 하나는 예배를 드리는 장소, 제단의 외형적인 모습에 치중하다 보면 예배의 본 정신을 잃어버릴 수 있음을 경계하는 의미도 포함되어 있습니다. 하나님께 코드를 맞추고 하나님의 마음을 얻는 것보다 외형을 꾸미기 쉽기 때문입니다.

3. 너의 치부를 드러내지 마라

"너는 층계로 내 제단에 오르지 말라 네 하체가 그 위에서 드러날까 함이니라"(출 20 : 26).

하체가 드러난다는 말은 타락한 이후에 인간의 부끄러움이 드러난다는 개념입니다. 그 부끄러움을 가리기 위해 무화과나무 잎사귀로 가렸고, 나중에는 가죽옷을 입었습니다. 우리의 섬김이 본능이나 욕망의 산물이 되지 않아야 합니다. 하나님 앞에서 최선을 다해 나의 정성과 내 영혼을 드려야 합니다. 교회에서 봉사를 할 때에도 하나님 앞에서 자기 모습을 드러내지 않고, 자신의 육체나 부끄러움이 드러나지 않도록, 내 성질이나 조급함이나 이기적인 욕망을 표출하지 않도록 경계해야 합니다.

"제사장은 세마포 긴 옷을 입고 세마포 속바지로 하체를 가리고 제단 위에서 불태운 번제의 재를 가져다가 제단 곁에 두고"(레 6 : 10).

어느 부서에서 일을 하든지 자기 모습을 가리고 "내가 아닌 그리스도입니다. 하나님입니다."라고 고백하는 봉사자의 자세를 가질 때 하나님께서 "내가 그 제사를 받겠다."고 하십니다. 예배정신입니다. 하나님 앞에서 성공했던 사람들의 특징은 이 원칙을 지킨 사람들입니다.

4. '나의 매일의 십계명'을 정하고 자신의 삶을 경영하라

우리도 '나의 매일의 십계명'을 정하고 훈련을 해야 합니다. 예를 들면 다음과 같습니다.

- 내 삶의 첫 자리, 일주일의 첫날, 첫 시간, 십일조, 건강, 자녀 모든 것이 주님의 것이다.
- 나는 매일 시간의 10%는 경건의 시간과 영적인 일을 위해 사용한다.
- 나의 언어생활에서 '비비부불'(비난, 비판, 부정적인 표현, 불평)은 절대로 용납하지 않는다.
- 나는 매일 333의 원칙으로 사람을 섬긴다. 세 사람 이상 격려 및 지지하고, 한 사람을 만나면 세 가지 이상 장점을 찾아 칭찬하고, 하루 세 번 이상 살리는 능력이신 그리스도를 나눈다.
- 나는 사람들을 왕 같은 제사장으로 세워서 이 땅을 하나님 나라로 바꾸는 일에 쓰임 받는 종이 될 것이다. (1 : 1사역 3명 이상 하기)
- 나는 주님이 주신 나의 비전을 이루기 위해 매일 1시간 이상 운동한다.
- 나는 매일 자기 경영을 위한 책을 읽는다.

세계에서 가장 빠른 시간 내에 가장 넓은 땅을 정복했던 사람은 알렉산더도, 히틀러도 아닌 칭기즈칸입니다. 다음은 칭기즈칸의 이야기입니다.

『 "집안이 나쁘다고 탓하지 마라. 나는 어려서 아버지를 잃고 고향에서 쫓겨났다.
　가난하다고 말하지 마라. 나는 들쥐를 잡아먹으며 연명했고, 내가 살던 땅에서는 시든 나무마다 비린내, 마른 나무마다 누린내만 났다.
　작은 나라에서 태어났다고 말하지 마라. 나는 그림자 말고는 친구도 없고, 꼬리 말고는 채찍도 없는 데서 자랐다.
　내가 말을 타고 달리기에 세상은 너무 좁았다고 말할 수는 있어도 결코 내가 큰 것은 아니었다.
　배운 게 없다고, 힘이 약하다고 탓하지 마라. 그 대신 나는 남의 말에 항상 귀를 기울였고, 그런 내 귀는 나를 현명하게 가르쳤다.
　나는 내 동지와 처자식들이 부드러운 비단옷을 입고, 빛나는 보석으로 치장하고, 진귀한 음식을 실컷 먹는 것을 꿈꾸었다.
　나는 죽을 때까지 쉬지 않고 달린 끝에 그 꿈을 이루었다. 아니 그 꿈을 향해 달렸을 뿐이다.
　너무 막막하다고, 그래서 포기해야겠다고 말하지 마라. 뺨에 화살을 맞고 죽었다가 살아나기도 했고, 가슴에 화살을 맞고 꼬리가 빠져라 도망친 적도 있었다.
　숨이 끊어지기 전에는 어떤 악조건 속에서도 포기하지 않았고, 숨 쉴 수 있는 한 희망을 버리지 않았다.

나는 흘러가 버린 과거에 매달리지 않고, 아직 결정되지 않은 미래를 개척해 나갔다.

알고 보니 적은 밖에 있는 것이 아니라 내 안에 있었다.

나 자신을 극복하자 나는 칭기즈칸이 되었다. 』

칭기즈칸의 '칸'은 황제라는 뜻입니다. 그가 칸이 된 것은 갖추어진 조건이 좋아서가 아니라 뛰어난 자기 경영 때문이었습니다. 우리도 왕 같은 제사장으로 부름을 받았지만 '칸'이 될 수 있는 기회를 놓쳐 버리고, 인생을 불쌍하게 살아가는 사람들이 많이 있습니다. 주신 축복, 조건, 은혜를 잘 경영해서 왕 같은 제사장으로서 우리의 영향력을 땅끝까지 미치고, 모든 족속들을 그리스도의 제자로 만드는 일에 쓰임 받는 '칸'이 되어야 합니다. 그리스도 안에서 생명의 '칸'이 되는 사람, 주어진 것들을 잘 경영하는 사람이 하나님 나라를 위하여 왕 같은 제사장으로 쓰임 받게 될 것입니다.

〰️ 핑계 대거나 불평하는 삶이 아니라, 주신 비전을 늘 확인하고 꿈꾸면서 시간을 잘 경영하기 위한 당신만의 '나의 매일의 십계명'이 있습니까?

자기 경영에 대한 원칙이 없으면 사울 왕처럼 결국 실패한 인생을 살 수밖에 없습니다.
최고의 경영 원칙은 자신의 영광을 위해 사는 것이 아니라 하나님을 위하여, 그 이름을 높이기 위하여 노심초사하며 사는 것입니다.
당신은 하나님 나라를 위하여 어떤 경영원칙을 가지고 있습니까?
그 경영원칙을 Check List로 만들어 매일 점검하고 있습니까?
(나의 매일의 십계명을 작성해 봅시다.)

Memo

chapter 10.

내가 거할
성소를 건축하라

(출 25 : 8-9)

⁸내가 그들 중에 거할 성소를 그들이 나를 위하여 짓되 ⁹무릇 내가 네게 보이는 모양대로 장막을 짓고 기구들도 그 모양을 따라 지을지니라

(출 25:8-9)

우리에게는 두 종류의 성전이 있습니다. 우리가 들어가야 할 하나님의 집인 성전이 있고, 하나님께서 거처 삼으시는 내 안의 성전이 있습니다.
주의 백성들을 인도하신 이유는 주의 거처를 삼기 위해서입니다. 우리가 어떤 일을 하든지 주께 하듯 해야 함은 바로 우리의 인격과 성품 속에 하나님께서 요구하시는 성전을 건축하기 때문입니다.

사람이 하나님의 집입니다

장사꾼과 기업가를 구분하는 방법을 아십니까? 장사꾼은 일을 하다가 종업원이 물건을 깨뜨리면 "칠칠치 못하기는, 그것 하나 옮기지 못해서 사고를 내냐?" 하며 꾸중하는 사람이고, 기업가는 얼른 가서 "어디 다친 데는 없냐?"라고 물어보는 사람이라고 합니다. 돈을 버느냐, 사람을 버느냐?, 사람을 돈 버는 데 수단으로 이용하고 있느냐, 그렇지 않느냐?에 따라 다릅니다. "상도"라는 드라마에서 "장사란 돈을 버는 것이 아닌 사람을 얻는 것이다."라는 대사가 나옵니다. 이처럼 사람을 버느냐, 돈을 버느냐에 따라 사람을 대하는 태도에서 차이가 생기고, 장사꾼인지 기업가인지 확연하게 알 수 있습니다.

하나님께서 우리를 대하시는 태도도 마찬가지입니다. 하나님께서는 사람을 존귀한 존재로 보고, 소중히 여기십니다. 사람을 기다려 주고, 인정해 주고, 존대해 주는 것이 하나님의 구원입니다. 그것만 해도 감격스러운 일인데 하나님께서는 "내가 너를 성전으로 삼겠다, 내가 네 속에 들어가서 내 거처로, 내 안식의 처소로 사용하겠다."라고 말씀하십니다.

사회학 이론으로 '거울자아이론'(Looking-glass self)이 있습니다. 심리학에서는 이것을 '피그말리온 효과'(Pygmalion effect)라고 합니다. 계속 긍정적으로 보고, 기대하고, 지지하게 되면 사람이 그 수준까지 도달한다는 이론입니다. 인생 가운데 가장 중요한 사람(VIP)이 있습니다. 선생님, 부모님, 목자, 직장에서 존경하는 상사 혹은 배우자도 해당될 수 있습니다. 이런 사람들이 나를 바라볼 때 경멸하거나 공격하지 않고, 존중해 주고 늘 장점을 찾아서 격려해 주면 내가 점점 고상하고 존귀한 사람으로 세워져 간다는 이론입니다.

『 어떤 교수님이 학생들을 데리고 실험을 했습니다. 다섯 명에게는 밤늦게 커피를 먹이며 "잠자기 좀 힘들겠다."라고 말했습니다. 또 다른 다섯 명에게는 "너희들은 좀 편안하게 자라." 하면서 우유를 먹였습니다. 실험 결과 커피를 마셨던 학생들은 다 잠을 설쳤습니다. 그러나 우유를 마셨던 학생들은 잘 잤습니다. 사실 커피에는 카페인을 다 빼 버렸고, 우유에는 다량의 카페인을 집어넣었는데도 말입니다. 』

사람은 사실이나 사건에 의해서 움직이는 게 아니라 자신의 해석,

자신의 생각에 따라 판단하고 행동합니다. 내가 나를 어떻게 생각하느냐가 중요한 것처럼 '내가 남을 어떻게 생각하느냐?', 배우자와 아이, 내가 가르치는 학생, 영향력을 끼치는 직장의 동료, 상사, 부하 할 것 없이 '내가 남을 어떤 눈으로 보고 있느냐?' 도 대단히 중요합니다. 하나님께서는 우리를 보실 때 "너는 나의 거처이다. 너는 나의 성전이다."라고 말씀하십니다. 연약하고, 허물이 있고, 문제가 있지만 하나님께서는 "나는 너를 성전 삼기 위해서 선택했다."고 말씀하십니다.

"주의 인자하심으로 주께서 구속하신 백성을 인도하시되 주의 힘으로 그들을 주의 거룩한 처소에 들어가게 하시나이다"(출 15 : 13).

이스라엘 백성들이 출애굽할 때, 하나님께서 왜 그들을 출애굽시키셨는지에 대해서 말씀하십니다. 바로 우리가 하나님 안으로, 그분의 거룩한 처소에 들어가기를 원하셨기 때문입니다.

"주께서 백성을 인도하사 그들을 주의 기업의 산에 심으시리이다 여호와여 이는 주의 처소를 삼으시려고 예비하신 것이라 주여 이것이 주의 손으로 세우신 성소로소이다"(출 15 : 17).

하나님께서는 우리에게 두 종류의 성전을 주셨습니다. 하나는 우리가 들어가야 할 하나님의 집, 성전입니다. 그리고 하나님께서 거처 삼으신 내 안에 있는 하나님의 집이 두 번째 성전입니다. 주의 백성들을 인도하신 또 하나의 이유는 우리가 주의 거처가 되기를 원하셨기 때문입니다. 우리를 하나님의 성소로서 예비하셨습니다. 요한복음 15장에서 "너희가 내 안에 있고, 내가 너희 안에 거한다."는 상호 거처를 이야기합니다. 요한복음 14장에서는 예수님이 떠나신다고 말씀하시면서 "내가 가서 너희를 위하여 처소를 예비하면 다시 와서 너희를 나 있는 곳에 영접하겠다."고 하셨습니다. 우리가 영원히 거할 처소는 아버지 안에 있습니다. 지금 하늘에 집이 만들어지고 있습니다. 그 대신 하나님의 집은 땅에 있는 우리 안에 있습니다. 우리가 주님을 신랑으로 모시고 공중 혼인잔치를 한다는 것이 무엇을 말합니까? 지상에서 할 수 있는 모든 준비를 갖춰서 둘이 한 몸 되는 새 예루살렘의 비밀을 위해서 준비하는 것을 말합니다. "내가 너희 안에 들어가서 살고 싶다. 너의 인생, 너의 인격, 너의 성품을 내가 거처 삼아서 너는 내 안에 있고, 나는 네 안에 있는 삶을 살고 싶다. 나는 너로 더불어 먹고, 너는 나로 더불어 먹는 인생을 살게 하고 싶다." 이것이 우리를 부르신 목적입니다. "내가 너희 중에 거하기 위해서 너희를 구원해 냈다."라고 말씀합니다.

성막은 단순히 구약의 종교의식에 불과한 것이 아니라 일종의 모델하우스입니다. 모세가 보았던 하늘의 집, 아버지의 집과 똑같은 집을 땅에 모델하우스로 짓고, 사람들로 하여금 미리 와서 보게 하셨습니다. 그러므로 우리는 모델하우스인 성막을 보면서 우리가 가서 영원히 거할 하늘의 집의 그림을 그릴 수 있습니다.

"또한 모세는 장래에 말할 것을 증언하기 위하여 하나님의 온 집에서 종으로서 신실하였고 그리스도는 하나님의 집을 맡은 아들로서 그와 같이 하셨으니 우리가 소망의 확신과 자랑을 끝까지 굳게 잡고 있으면 우리는 그의 집이라"(히 3:5-6).

모세는 집 맡은 사환, 종으로 일했고, 예수님은 집 주인의 아들로서 집을 맡고 있다고 하십니다. 똑같은 건축을 하고 있습니다. 예수님이 우리 인격과 성품 속에 하나님께서 거하실 건물을 지금 성령님과 함께 짓고 계십니다. 교회의 목자와 중직자들과 사역자들이 함께 한 영혼, 한 영혼을 돌보는 것은 천국으로 보내려는 목적만 있어서는 안 됩니다. 그 영혼들이 각자 하나님의 거처로 세워지도록 건축해야 합니다. 지저분하고 잘못된 것들을 다 털어 내고 청소해야 합니다. 그가 하나님의 임재, 하나님의 영광을 모시고 사는 성전으로서 살 수 있도록 도와주는 일이 우리의 사역입니다.

"내가 이스라엘 자손 중에 거하여 그들의 하나님이 되리니 그들은 내가 그들의 하나님 여호와로서 그들 중에 거하려고 그들을 애굽 땅에서 인도하여 낸 줄을 알리라 나는 그들의 하나님 여호와니라"(출 29:45-46).

하나님께서 우리와 같이 살고 싶어서 애굽에서 불러내셨습니다. 우리 중에 거하시기 위해 우상의 땅, 바로를 섬겼던 땅에서 건져 내어 "나랑 같이 살자. 너희는 나의 성전이다. 내가 들어가 살 편안한 안식의 처소가 되어라."라고 비전을 주셨습니다. 곧 우리가 하나님의 성전입니다.

"너는 삼가 이 산에서 네게 보인 양식대로 할지니라"(출 25 : 40).
"그들이 섬기는 것은 하늘에 있는 것의 모형과 그림자라 모세가 장막을 지으려 할 때에 지시하심을 얻음과 같으니 이르시되 삼가 모든 것을 산에서 네게 보이던 본을 따라 지으라 하셨느니라"(히 8 : 5).

그렇다면 하나님의 성소는 어떻게 지어야 합니까?
건축의 방법은 하나님께서 명령하신 대로, 하나님께서 원하시는 방식대로 지어야 합니다. 모세가 미리 시내산에서 하나님의 집의 양식을 보았던 그. 대. 로. 지어야 합니다. 그 너비와 길이를 하나님께서 모두 말씀해 주셨습니다. 출애굽기를 읽으면 "여호와가 명하신 대로 되었다"는 말씀이 반복됩니다. 하나님께서 요구하시는 바에 따라 정확하게, 반드시 계획한 대로 건축해야 합니다. 성경대로 짓지 않고, 성경대로 교인들을 양육하지 않으면 다 모조품이 됩니다. 마태복음 7장에서 "우리가 주의 이름으로 귀신도 쫓고, 선지자 노릇도 하고, 능력도 행했습니다."라고 말하지만, 예수님은 "불법을 행하는 자들아!"라며 꾸짖으십니다. 그리고 "나의 이 말을 듣고 행하는 자라야"라고 강조하시며 말씀과 관계가 없으면 불법이라고 하십니다.

"다윗이 이르되 여호와의 손이 내게 임하여 이 모든 일의 설계를 그려 나에게 알려 주셨느니라"(대상 28 : 19).

다윗이 솔로몬에게 성전 건축에 대한 말을 하면서 하나님께서 알려 주신 설계도대로 성전을 건축하라고 일렀습니다. '멋있게'가 아니라 "하나님께서 설계도를 그려 나에게 알려 주셨다."고 말합니다. 하나님의 법대로, 진리의 말씀대로 교회와 영혼들을 섬기라고 하십니다. 제멋대로 지었다가 불법이라고 사용 승낙도 받지 못하는 건물이 되지 않게 "내가 산에서 네게 보인 모양대로 지으라."고 하십니다. 이 땅에 있는 하나님의 거처는 우리가 그 보여 주신 모양대로 지어야 합니다.

"내가 그들 중에 거할 성소를 그들이 나를 위하여 짓되 무릇 내가 네게 보이는 모양대로 장막을 짓고 기구들도 그 모양을 따라 지을지니라"(출 25 : 8-9).

하나님께서 오시거나 예수님이 오셔서 짓지 않고 우리가 성전을 짓습니다. 교회의 중직자들과 사역자들이 어떤 일을 하든 주께 하듯 해야 함은 바로 교인들의 인격과 성품 속에 하나님께서 요구하시는 성전을 건축하기 위함입니다. 교회가 부흥하여 재정도 여유가 있고, 선교도 많이 해야 되지만 하나님께서 요구하시는 조건들이 충족되지 않으면 헛수고입니다. 불법 건물이 됩니다. 그러므로 성경을 연구하고 공부하여 제대로 짓고 있는지, 사람들이 정상적으로 성장하고 있는지, 훈련을 잘 받아서 제 코스대로 가고 있는지 잘 점검해야 합니다. 설계도대로 짓고 있는지 계속 감리(監理)해야 합니다.

하나님의 성소로서 당신은 지금 어떤 모습입니까?
어떻게 해야 우리 안에 하나님의 성소가 바르게 지어질 수 있습니까?

우리가 건축해야 할 성막의 구조
-(1) 구원의 문

성막의 첫 번째 구조는 들어가는 문입니다. 성막의 좌우 길이가 25m인데, 이 문의 사이즈만 10m로 문이 아주 큽니다. 이 문은 구원의 문을 의미하는데, 이처럼 구원의 문은 넓게 열려 있습니다. 누구든지 믿기만 하면, 누구든지 원하면 다 들어올 수 있도록 넓습니다. 예수님이 우리의 구원의 문이 되십니다.

"영접하는 자 곧 그 이름을 믿는 자들에게는 하나님의 자녀가 되는 권세를 주셨으니"(요 1 : 12).

영접한다는 말과 믿음이라는 말을 동일시해서 사용하고 있습니다. 주님이 물으시면 "네, 들어오세요."라고 내가 허락하여 들어오라는 사인만 해도 됩니다. 혹은 병상에 누워 의식이 가물가물할 때도 자녀가 옆에서 "아버지, 예수님을 믿어야 돼요. 그래야 지옥 안 가고 천당에 가요."라고 하면, 본인이 고개를 끄덕일 힘도 없어 무의식 속에서 지적으로 동의만 해도 천국으로 들어갑니다. 그 문이 아주 넓기 때문입니다. 그러므로 전도해야 할 이유가 여기에 있습니다. 전도 한 번 받지 못하여 안타깝게 구원을 놓치는 영혼들이 많기 때문입니다.

"누구든지 내 음성을 듣고 문을 열면 내가 그에게로 들어가 그와 더불어 먹고 그는 나와 더불어 먹으리라"(계 3 : 20b).

주님이 우리 안에 들어오십니다. 구원받는 원리는 간단하지만 구원받게 되면 하나님의 자녀가 되고 큰 보장을 받게 됩니다.

『어떤 미국 사람이 파리 시내 보석상에서 중고 보석을 찾다가 호박 목걸이를 샀습니다. 호박은 원래 가격이 싸고 중고품이라 10불도 주지 않았습니다. 그러나 공항에서 자기가 산값의 10배 이상의 세금이 부과되었습니다. 이상한 생각이 들어 다른 보석상에서 감정을 받았더니 그 주인이 2만 5천 불을 주겠다고 했습니다. 다시 고급 감정사를 찾아갔더니 3만 5천 불을 주겠다고 했습니다. 그 이유를 물으니 감정사가 현미경으로 보여 주는 호박 뒷면에 '조세핀에게 나폴레옹으로부터' 라는 글이 새겨져 있었습니다. 그 호박 목걸이는 나폴레옹이 조세핀에게 보낸 선물이었습니다. 그 물건은 거기 새겨진 나폴레옹 황제의 이름 때문에 몇 천 배의 가치를 지니게 되었습니다.』

물건의 가치를 결정할 때 액면 가치와 의미상 가치가 있습니다. 인간의 가치는 액면 가치로 하면 우리 몸속에 있는 흑연, 칼슘, 마그네슘 등은 아무리 값을 잘 매겨도 100만 원을 넘지 못합니다. 그러나 하나님께서 창조하신 작품이기 때문에 천하보다 소중한 가치가 있습니다. "너는 내 것이라." 구원받은 하나님의 백성들에게 하나님께서 도장을 쾅! 찍어 주셨습니다. 천하를 주고도 바꿀 수 없는 존귀한 존재로 우리를 불러 주셨습니다. 인간의 가치는 신체나 외양에 있지 않습니다. 이 땅에서 사는 동안에는 학벌이나 지위를 써 먹을 수 있지만, 영원 앞에 가면 아무것도 아닙니다. 아이들이 공부를 잘하면 좋지만 성적으로 대하지 말고 성적 너머 "너는 존귀한 하나님의 자녀란다."라는 눈으로 아이들을 보아야 합니다. 배우자도 마찬가지입니다. 돈으로 평가하지 마십시오. 하나님께서 보시는 가치는 물질에 있는 것이 아니라 하나님과의 관계에 의미가 있기 때문입니다.

"네가 내 눈에 보배롭고 존귀하며 내가 너를 사랑하였은즉 내가 네 대신 사람들을 내어 주며 백성들이 네 생명을 대신하리니"(사 43 : 4).

구원의 문으로 들어오게 되면 하나님의 자녀라고 인정됩니다. "너는 나의 장자이다. 내가 너를 후사로 하늘에 속한 모든 신령한 복으로 복 주기 위해서 창세전에 그리스도 안에서 너를 예정했다."고 말씀하십니다. 우리가 하나님의 성소가 되기 위해서는 하나님의 자녀가 되어야 합니다. 구원을 받아야만 성소가 될 수 있습니다. 구원의 문은 우리를 향해 열려 있습니다.

당신 안에 구원의 문이 있습니까?
하나님께서 당신을 구원하신 그 구원의 감각과 기쁨을 기억합니까?

우리가 건축해야 할 성막의 구조
-(2) 뜰의 번제단과 물두멍

구원의 문을 통과한 이후에는 성막의 뜰로 들어가게 되고, 뜰에는 번제단과 물두멍이 있습니다. 번제단은 죄를 씻기 위하여 태우는 곳입니다. 채 위에 고기를 얹고 밑에서 장작불을 피우면 고기는 완전히 태워지고, 연기는 하늘로 올라가며, 재는 밑으로 떨어지게 됩니다.

다음은 물두멍입니다. 제사장이 성소에 들어가기 위해서 손을 씻는 물두멍은 우리의 허물과 옛 사람, 옛 습관, 잘못 살아왔던 원칙들을 물속에서 세례 받게 하는 장소입니다. 죄는 우리를 하나님으로부터 멀어지게 하고, 옛 사람도 하나님과의 관계를 소원해지게 합니다.

"너희는 유혹의 욕심을 따라 썩어져 가는 구습을 따르는 옛 사람을 벗어 버리고 오직 너희의 심령이 새롭게 되어 하나님을 따라 의와 진리의 거룩함으로 지으심을 받은 새 사람을 입으라"(엡 4:22-24).

이 구절은 명령형입니다. 옷을 벗고, 옷을 입듯이 옛 모습을 벗기 위해서 힘쓰고, 새 옷을 입기 위해서 행동(Action)을 취해야 합니다. 어느 날 성령의 불을 받으면 사람이 단번에 바뀌는 것이 아닙니다. 물론 성령의 불이 동기부여를 주지만, 우리가 이 집을 지어야 합니다. 스스로 결단하고, 죄를 거절하고, 옛 생활을 버리기 위하여 애써야 합니다. 하나님께서는 죄와 더러운 것, 애굽의 바로 밑에서 우상숭배하던 시절의 생각과 언어생활, 취미, 습관 등 세상의 것들을 모두 싫어하십니다. 내려놓으라고 하십니다. "홍해에 다 매장시켜라. 너는 새롭게 거듭난 존재이다." 이것이 홍해를 건너게 하신 이유입니다.

"너희를 불러 그의 아들 예수 그리스도 우리 주와 더불어 교제하게 하시는 하나님은 미쁘시도다"(고전 1 : 9).

하나님께서 우리를 부르신 이유는 예수님과 교제하게 하기 위해서입니다. 거짓말이나 공격하는 말을 하는 사람과는 교제할 수 없습니다. 더러운 몸과 마음으로 하나님과 교제할 수 없기 때문에 주님과 교제하려면 먼저 자신을 씻어야 합니다. 주님과 교제할 수 있도록 광야에서 미처 내려놓지 못한 것들을 사건과 환경 등 어려운 상황을 배열하셔서 내려놓게 하십니다. "돈 내려놓아라. 사람 내려놓아라. 너의 기대치를 내려놓아라."라고 하십니다. 우리가 원했던 그 풍성한 삶을 삭막하게 만드시고, 의미를 뒀던 것마다 어려움을 겪게 하셔서 진정한 인생의 행복과 만족은 위로부터 오는 것임을 깨닫게 하십니다. 하나님으로 나를 채우라고 훈련하시는 곳이 광야입니다. 성경공부를 하는 이유는 교통하기 원하시는 하나님의 의도를 알도록 우리의 수준을 높이는 과정이기 때문입니다. 하나님께서는 같이 대화하고, 교제하기 위하여 우리의 수준(Level)을 높이고 계십니다.

『 2004년 KBS 뉴스에 보도되었던 어느 할머니의 사연입니다. 할머니는 시집가서 시어머니 밑에서 엄한 시집살이를 하던 새댁 시절에 방 안에서 남편 두루마기를 만들고 있었습니다. 밖에서 호랑이 같은 시어머니가 부르자 엉겁결에 벽에 바늘을 꽂아 놓고 급히 일어나다가 몸의 중심을 잃었습니다. 그러다가 벽에 부딪혀 꽂아 두었던 바늘이 팔뚝에 꽂혔습니다. 너무 아팠지만 밖에서 화를 내면서 계속 재촉하는 시어머니의 호령이 무서워 바늘을 뺄 엄두도 내지 못하고 허겁지겁 달려 나갔습니다. 그 사이 바늘은 점점 더 살 속으로 들어갔습니다. 그때부터 바늘을 꽂고 산 지 50년, 팔을 움직일 때마다 수없이 따끔거리고 아팠지만 시어머니가 무서워서 아프다는 말도 못하고 살았습니다. 우연히 자식 덕에 엑스레이 사진 촬영을 하러 갔다가 바늘이 있는 것을 알고 수술하여 빼내었습니다.』

팔에 바늘이 꽂힌 채 살아온 할머니처럼 얼마나 많은 사람들이 죄와 악한 습관을 품고 살아가는지 모릅니다. 그것이 나를 해치고 내 영혼을 망가뜨리지만, 지난날의 상처로 인한 아픔과 분노, 남에 대한 공격 성향과 열등의식 등 이 모든 것을 마냥 품고 살아갑니다.

감정을 합리적으로, 인지적으로 풀어 가는 방법이 있습니다. 내적 치유로 감정을 치료하고, 인지치유와 테라피 등 여러 가지 치유 프로그램을 통해 지난날의 감정적인 상처를 치유받을 수 있습니다. 자녀를 양육하는 방법에도 '자녀 마음 이해하기'와 대화를 통해서 어떻게 마음을 만져 줄 것인지 가르쳐 주는 '공감, 소통 대화법' 훈련 등 다양한 프로그램이 있습니다. 가는 데마다 다른 사람에게 상처 주고 긁어 대는 사람은 왜 그런지 그 원인을 알아야 합니다. 그 이유를 알아 상처와 열등의식, 비교의식을 버려서 과거를 파먹지 말고 행복하게 살아야 합니다. 주님은 옛 사람으로 출발한 우리에게 "바꿔라. 그리스도 안에 있으면 새로운 사람이 된다. '이전 것은 지나갔으니 보라. 새것이 되었도다.' 새로 인생을 짓자."라고 권유하십니다. 말씀 안에서 성령으로 교회 프로그램들을 통하여 목자의 도움을 받고, 옛 사람과 그 고통의 감정이나 상처들을 내려놓고, 새 건축, 재개발하자고 주님이 요청하십니다. 예수님의 모습으로 달라지고 변화되어 따뜻하게 살자고 말씀하십니다. "주님과 동행하니 높은 산도, 거친 들도 다 천국이구나!" 이런 감격의 고백도 하면서 "행복한 세상입니다. 산다는 것은 황홀한 것입니다!"라며 새로운 노래를 부르기 원하십니다.

번제단과 물두멍은 옛 사람과 죄를 씻는 것으로 지난 모든 과거를 다 정리합니다. 이제 성소로 들어갑니다. 성소는 제사장만 들어갈 수 있는 곳이지만 물두멍을 통과한 사람은 성소에 들어갈 수 있습니다. 그러나 자기부인을 하지 않은 사람은 성소에 들어갈 수 없습니다.

 당신은 번제단과 물두멍을 통과한 사람입니까?

우리가 건축해야 할 성막의 구조
-(3) 성소

뜰을 씻는 곳, 청소하는 곳이라고 한다면, 성소는 공급받는 곳입니다. 우리의 인격, 우리의 성품, 우리의 내면세계를 바꾸는 곳입니다. 성소에서는 3가지를 공급받습니다.

먼저, '떡상' 입니다. 떡상은 하나님의 말씀의 공급을 말합니다.

"예수께서 이르시되 나는 생명의 떡이니 내게 오는 자는 결코 주리지 아니할 터이요 나를 믿는 자는 영원히 목마르지 아니하리라"(요 6 : 35).

떡상에 한 줄에 6개씩 떡 12개를 진설합니다. 12개를 가지고 들어가서 새롭게 진설하고 일주일 동안 진설해 두었던 떡을 제사장들이 먹습니다. 하나님 앞에 진설한 12개의 떡은 12지파를 상징하고, 이 떡상은 하나님의 말씀을 의미합니다.

말씀은 능력이 있습니다. 예수님이 40일 동안 금식하신 후에 시험하는 사탄을 말씀으로 물리치셨습니다. 백부장의 종도 말씀으로 고쳤고, 간질로 고생하는 환자도 말씀으로 물리쳤으며, 죽은 자를 향해서도 말씀으로 일어나라고 하셨습니다. 예수님의 능력 있는 말씀이 내 영혼 속에 들어와서 박히면 그 말씀이 나의 생각이 되고, 나의 삶이 됩니다. 성경을 암송하고 잊어버리지 않기 위해 끊임없이 묵상하면, 생각과 사고와 가치관이 다 바뀝니다. 유대인들이 복을 받은 이유는 그들이 어려서부터 성경을 암송하기 때문입니다. 우리는 그들을 형식적인 신앙이라 비난하지만 저들은 미련하다고 할 만큼 기록된 말씀을 그대로 지키려고 애를 씁니다. 하나님께서는 말씀을 주야로 묵상하는 자에게 형통함과 평탄함을 약속하셨습니다(수 1 : 8). 나의 욕망과 본능에 의해서 보고, 듣고, 생각하던 것이 말씀을 끊임없이 암송하면 하나님의 생각으로 바뀝니다. 무엇을 공급받느냐, 무엇이 내 문화이며 양식이냐에 따라서 우리의 사상과 생각과 삶의 길이 바뀌고 목표가 달라집니다. 좋은 책을 읽으면 그 책의 내용이 나의 사상과 가치관이 되고, 언어가 됩니다. 하나님의 말씀, 주님의 말씀을 내 사상으로 만들려면 자꾸 읽고 암송하는 방법밖에 없습니다. 내 말이 살리는 언어가 되고, 치유하는 언어가 되며, 말 한마디라도 도움이 되는 의미 있는 말을 하고, 누군가에게 격려가 되는 말을 하게 됩니다. 내 속에 성령이 역사하고 계시기 때문입니다.

"내 살을 먹고 내 피를 마시는 자는 영생을 가졌고 마지막 날에 내가 그를 다시 살리리니 내 살은 참된 양식이요 내 피는 참된 음료로다 내 살을 먹고 내 피를 마시는 자는 내 안에 거하고 나도 그의 안에 거하나니"(요 6:54-56).

예수님의 살과 피는 무엇을 의미합니까? 우리 속에 공급되어 그것이 살이 되고, 사상이 되고, 인격이 되고, 가치관이 되며, 내 존재가 된다는 뜻입니다. 사람의 말이 주님의 말씀이 되어야 합니다. 주님의 말씀이 능력인 것처럼 사람의 말도 큰 결과를 가져옵니다. 사람이 저주하면 사람이 망가지고, 사람이 축복하고 격려하면 살아납니다. 언어의 권세입니다. 이 능력 있는 말을 함부로 써서 아담처럼 헛갈린 말, 거짓말을 하다가 불행하게 사는 인생들도 있습니다. 성령을 받고, 성경말씀으로 훈련받으면 언어가 달라집니다. 살리는 언어를 말하고, 진리로 사람을 보게 되고, 하나님의 마음으로 사람을 대하게 됩니다.

"진실로 너희에게 이르노니 천지가 없어지기 전에는 율법의 일점 일획도 결코 없어지지 아니하고 다 이루리라"(마 5:18).

하나님의 말씀이 이루어지는 것처럼, 우리 말에도 힘이 있습니다.

『미용사인 S자매는 미용기술로는 누구에게도 뒤지지 않을 만큼 실력을 인정받았지만, 그녀에게는 사람에 대한 두려움이 있었습니다. 어느 날 유흥업소에서 일하는 손님이 머리가 마음에 들지 않는다고 입에 담을 수 없는 험한 욕설과 저주를 퍼부었습니다. 그 뒤로는 그 사람이 뱉었던 저주와 욕설이 되살아나 고데기를 들기만 해도 가슴이 떨려 머리를 만질 수가 없었습니다. 두려움이 점점 커져 의욕 상실증에 걸려 일도 할 수 없었습니다. 시간이 지나면 좋아질까 생각했지만 이 증상은 점점 더 심해져 가기만 했습니다. 이 두려운 마음을 이기려고 마인드 컨트롤, 인간관계 훈련, 철인 경기 등 수년에 걸쳐 노력했지만 잠시 효과가 있을 뿐 두려움과 압박감이 더 심해져 급기야는 자살 충동까지 일어났습니다.

그런데 이 자매가 주님을 인격적으로 만난 후 내면세계가 달라졌습니다. 그래서 이렇게 고백합니다.

"주님이 신뢰가 되고 나를 사랑하심을 알게 되었다. 나는 매일 말씀을 묵상한다. 그 말씀은 나의 생각을 지배해서 기쁨과 감격이 넘친다. 상황은 별로 달라진 게 없다. 여전히 환경과 경제적인 어려움이 있지만 스스로 견디는 힘이 생겼다. 이제는 미용실에서 어떤 손님을 만나도 두려움이나 압박감이 없이 평안하고 즐겁게 대하게 된다. 나는 지금 새로운 세상을 살고 있다."』

《마음에 숨은 속사람의 치유》, 주서택 저)

주야로 말씀을 묵상하고 암송하면 그 말씀이 나의 생각이 되고, 사상이 되고, 나의 노래가 됩니다. 그래서 언어가 바뀌고, 생각이 바뀌고, 미래에 대한 기대가 바뀌고, 하나님의 언어가 뇌의 구조를 형성하게 됩니다.

두 번째, '금 등잔대'가 있습니다.

"그러나 내가 너희에게 실상을 말하노니 내가 떠나가는 것이 너희에게 유익이라 내가 떠나가지 아니하면 보혜사가 너희에게로 오시지 아니할 것이요 가면 내가 그를 너희에게로 보내리니 그가 와서 죄에 대하여, 의에 대하여, 심판에 대하여 세상을 책망하시리라"(요 16 : 7-8).

금 등잔대는 성령의 조명을 말합니다. 성령이 오시면 우리의 어두운 부분을 다 조명해 주십니다. 죄에 대하여, 심판에 대하여, 의에 대하여 우리를 책망하십니다. 민수기에 각 지파의 대표인 12명의 정탐꾼 중에서 2명만 성공하고 10명은 실패했습니다. 대다수의 사람들이 실패한 10명을 추종하다가 함께 망했습니다. 신약에도 12명의 제자가 나옵니다. 12명 가운데 가룟 유다 한 사람만 실패하고 11명이 성공했습니다. 성공하는 사람이 되려면 성령의 조명을 받아야 합니다. 성령이 계속 나를 불편하게 만들고, 양심에 가책을 느끼게 합니다. '이렇게 살면 안 된다.'고 깨닫게 하시고, 사람을 통해서도 잘못을 깨닫게 되면서 주님의 인도를 받습니다. 성령의 조명을 받으면 훈련도 받고, 언어생활도 바뀌고, '아! 내가 사람을 잘못 대하고 있구나. 그렇게 하면 안 되지!' 라고 깨닫게 됩니다.

세 번째, '향단' 이 있습니다.

향단은 예배생활, 찬양생활을 말합니다. 제사장들이 들어가는 성소의 향단이 바로 예배와 찬양의 수준입니다. 향단에 가서 가르쳐 준 방법대로 하지 않고 다른 방법대로 했다가 그 자리에서 죽은 사람이 나답과 아비후입니다. 그들은 대제사장인 아론의 승계를 이을 후계자들이었습니다. 은혜의 시대이지만 이상하게 열심히 하는데도 복이 없는 사람이 있습니다. 계속 수고하지만 엉뚱한 곳으로 물질과 건강이 빠져나가는 이유는 법대로 하지 않아서입니다. 원칙대로 하지 않으면 계속 손해를 보게 됩니다.

"그 향 얼마를 곱게 찧어 내가 너와 만날 회막 안 증거궤 앞에 두라 이 향은 너희에게 지극히 거룩하니라 네가 여호와를 위하여 만들 향은 거룩한 것이니 너희를 위하여는 그 방법대로 만들지 말라 냄새를 맡으려고 이 같은 것을 만드는 모든 자는 그 백성 중에서 끊어지리라"(출 30:36-38).

향(香, Incense)을 만들 때 절대로 사람을 위해 쓰거나 다른 용도로 쓰지 말라고 하십니다. "백성 중에서 끊어지리라"라고 하십니다. 찬양대의 수준을 말합니다. 노래만 부르는 게 아니라 지성으로 기도하고, 하나님께서 원하시는 거룩한 수준과 예배를 섬길 수 있는 자질을 준비해야 합니다. 교회에 등록하여 노래 조금 할 줄 알면 찬양대로 섬기라고 하지만 함부로 할 수 있는 일이 아닙니다. 찬양대는 거룩한 레위 지파의 수준입니다. 일주일 동안 거룩하게 자기 생활을 점검하고, 매일을 점검하는 경건한 시간을 가져야 찬양으로 하나님을 섬길 자격이 있습니다. 다른 불을 지피면 계속 손상을 받게 됩니다.

하나님을 얻으려면 하나님께서 좋아하시는 원리를 따라야 합니다.

『세미나 인도차 미국에 가면 주일 오전에는 가능하면 부흥하는 미국인 교회에 가서 예배를 드립니다.

지난 번 LA에 갔을 때 이름 있는 큰 교회에서 예배를 드리는데 마음이 심히 아팠습니다. 일주일에 한 번 모여 두 시간 반에서 세 시간 정도 예배를 드립니다. 그런데 목사님은 찢어진 청바지를 입고, 젊은 남녀들은 껴안고 있었습니다. 예배드리러 온 건지, 무슨 극장 쇼에 온 건지 구분할 수가 없었습니다.』

물론 구도자 예배(Seekers service)가 전도를 하기 위해서는 필요합니다. 그러나 일주일에 한 번 드리는 예배를 그렇게 모이면 어떡합니까? 예배는 하나님 중심입니다. 예배의 본질을 잃어버리면 안 됩니다. 찬양은 간증이고, 고백이고, 삶이고, 말씀의 표현입니다. 마음이 어둡고 빛 가운데 거하지 못하면 그 예배나 찬양은 쇼가 됩니다. 하나님께서 받지 않으셨던 가인의 예배, 나답과 아비후의 예배가 됩니다. 이 예배는 가짜라고 볼 수 있습니다. 과거의 잘못된 행동을 하나씩, 하나씩 내려놓고 회개해야 합니다. 지금까지 심판받지 않고 죽지 않은 것은 하나님께서 기다려 주시고, 기회를 주셨기 때문입니다. "네 속에 들어가서 너를 성전으로 삼고 싶다. 너는 나의 보배롭고 존귀한 존재이다. 내 아들을 죽여서 너를 샀지 않느냐? 멋있게, 뛰어난 삶(Excellent life)을 살아라." 하나님께서 우리에게 요청하십니다. 이 사실을 깨닫게 될 때 예배드리고, 성경 읽고, 기도하는 시간이 즐거워집니다.

"하나님! 저를 그렇게 봐주셨습니까? 이제 제가 잘하겠습니다." 의욕이 생기고, 격려가 되며, 힘이 나는 것이 예배생활입니다. 하루하루를 살면서 성장하고, 변화되고, 점점 하나님을 닮아 가게 됩니다. 얼굴 표정이, 언어의 표현이, 정신과 사상이, 쓰는 글들이, 옛것을 버리고 차근차근 변화되어 가는 그런 모습을 원하십니다. 일기를 써 보면 자기 변화를 볼 수 있고, 성장을 확인할 수 있습니다. "하나님, 제가 이렇게 변했군요. 제가 이렇게 힘든 세월을 살았는데, 하나님께서 저를 다루셨군요." 그 감격의 노래가 간증이고, 찬양입니다.

예수님을 만난 인생은 황홀합니다. 주님을 만나 주님과 동행하게 되면, 주님이 나에게 맞추어 주셨던 은혜의 시간을 지나 이제는 내가 주님께 맞춰 보려고 애쓰는 삶을 살게 됩니다. 성경을 읽고 기도하며 주신 감동들, 어떤 사람이 들이받은 이야기, 실패한 사건들을 통해서 하나님께서 또 깨닫게 하십니다. 그리고 한 걸음, 한 걸음 주님과 함께 걸어가는 길이 어찌 그리 행복하고 즐거운지, 천국의 생활을 즐길 수 있습니다.

나의 삶은 하나님을 모시고 사는 성전의 삶입니까?
욕망과 충동을 보여 주는 본능적인 삶입니까?

하나님의 성전은 이 땅에 있습니다.
우리의 인격과 성품 속에 하나님께서 요구하시는 성전이 건축되기를 위해 힘써야 합니다.
오늘 하나님을 만나기를 원하는 사람들이 우리를 통해 하나님을 만날 수 있어야 합니다.
구약시대처럼 오늘 이 땅에 있는 성전에도 하나님의 영광과 임재가 보여져야 합니다.

Memo

chapter 11.

거기서 내가 너와 만나고

(출 25 : 16 - 22)

[16]내가 네게 줄 증거판을 궤 속에 둘지며 [17]순금으로 속죄소를 만들되 길이는 두 규빗 반, 너비는 한 규빗 반이 되게 하고 [18]금으로 그룹 둘을 속죄소 두 끝에 쳐서 만들되 [19]한 그룹은 이 끝에, 또 한 그룹은 저 끝에 곧 속죄소 두 끝에 속죄소와 한 덩이로 연결할지며 [20]그룹들은 그 날개를 높이 펴서 그 날개로 속죄소를 덮으며 그 얼굴을 서로 대하여 속죄소를 향하게 하고 [21]속죄소를 궤 위에 얹고 내가 네게 줄 증거판을 궤 속에 넣으라 [22]거기서 내가 너와 만나고 속죄소 위 곧 증거궤 위에 있는 두 그룹 사이에서 내가 이스라엘 자손을 위하여 네게 명령할 모든 일을 네게 이르리라

(출 25:16-22)

하나님께서는 뜰에 들어가 구원받은 것으로 만족하지 말고 지성소까지 들어가는 꿈을 가지라고 하십니다. 십자가의 은총은 모든 사람에게 왕 같은 제사장으로 살아갈 수 있는 지성소의 길을 열어 놓았습니다. 하나님께서는 지성소에서 우리와 만나기를 원하십니다. 그곳에는 하나님의 임재가, 영광이 있습니다. 언약궤 안에는 세 가지 언약이 있습니다.

하나님을 예배함으로
삶을 경영하라

우리는 하나님 나라를 위하여 부름 받은 사람들로서, 하나님을 보여 주고 전달해야 할 사명이 있습니다. 그런 우리를 세상 사람들이 볼 때 어떻게 평가할까 깊이 생각해 봐야 합니다. 한국 교회의 역사가 100년 조금 넘었지만 세계 교회사에서 괄목할 만한 성장을 보였습니다. 그런데 세계 사람들이 한국 교회와 크리스천들을 볼 때 어떻게 볼지, 교회가 성장과 부흥을 자랑하지만 불신자들이 교회와 크리스천들, 특히 직분을 맡은 목사나 장로, 권사들을 볼 때 어떻게 볼지, 우리 자신이 가진 자부심과 긍지를 그들에게도 동일하게 인정받을 수 있을지 깊이 돌아봐야 합니다. 결국 이 모든 것은 천성적으로 물려받은 어떤 축복이나 성품이 아니라, 교육과 훈련을 통해 얻어질 수 있다는 결론을 얻게 됩니다.

경영에 관한 책 중 전옥표 씨가 쓴 《이기는 습관》이라는 책이 있습니다. 출간한 지 2개월여 만에 23만 부가 팔리며 서점가에 돌풍을 일으킨 책으로, '가는 곳마다 1등 조직으로 만든 명사령관의 전략노트'라는 부제를 달고 나온 자기 계발서입니다. 저자는 20여 년 동안 삼성전자에서 근무하며 애니콜, 파브, 지펠, 하우젠 등의 마케팅 성공신화를 일궜습니다. 그가 자신뿐만 아니라 신화를 만들어 낸 성공 요인을 조목조목 분석한 것이 이 책의 인기 비결이었습니다. 책의 한 부분을 소개합니다.

『하루는 부서 과장이 퇴근 후 집에 가서 서류 양식을 그려 오라고 했다. 그때는 컴퓨터가 없던 시절이라 모든 보고서 자료 양식을 일일이 자를 대고 펜으로 그려 사용했다. 아내와 함께 80장이나 되는 양식을 밤새도록 그렸다. 다음 날 아침 과장은 "이것도 양식이라고 그려 왔느냐!"라며 북북 찢어 버렸다. 기가 막히고 화가 나서 그 길로 짐을 챙겨 집으로 왔다. 저녁 무렵 집으로 찾아온 과장에게 회사를 그만두겠노라고 하니 그는 훈련과정은 어렵고 힘든 법이며, 전형은 그만한 재목이니, 앞으로 아무리 혹독한 과정이 있더라도 참고 견디라고 했다. 그날 이후 한 달 동안 같은 양식을 반복해서 그렸고, 어느 순간부터는 보지 않고 그리게 되었다. 또한 그 일을 계기로 그 과장과 환상의 콤비가 되어 많은 프로젝트를 진행했다.』

과장은 저자에게 혹독한 훈련을 시켰습니다. 이 세상에 공짜는 없습니다. 롬멜 장군은 "사령관이나 군대가 병사에게 해 줄 수 있는 가장 큰 복지는 훈련이다."라고 했습니다. 용불용설(用不用說)이라는 말이 있습니다. 계속 사용하면 발달하고, 사용하지 않으면 점점 퇴보한다는 말입니다. 사람의 머리도, 근육도, 시간을 지키는 것도 훈련이며, 미리 가서 기다리는 것도 훈련입니다. 이런 훈련을 통해 우리는 업그레이드될 수 있습니다. 그러나 업그레이드 과정은 생각보다 훨씬 힘듭니다. 위로 한 단계 올라서기 위해 노력하다 보면 일시적으로 예전보다 실력이 떨어질 수도 있습니다. 이에 당황하여 과거 방식으로 돌아가 버리면 안 됩니다. 모든 발전은 직선이 아닌 계단식으로 일어납니다. 그래서 일시적으로 정체해 있거나 심지어 퇴보하는 것처럼 보일 수 있지만, 어느 순간 자신도 놀랄 정도로 실력이 향상되어 있음을 느끼게 됩니다.

제가 살아온 삶 가운데 혹독한 광야를 지나며 힘들고 어려워서 하나님을 생각하면 마음이 답답했던 시절이 있었습니다. 제 별명이 한국식 영어로 'go go mountain'이었습니다. 가도 가도 끝없는 태산. "하나님, 얼마나 더 가야 이 험산 준령이 끝납니까? 태산을 넘어 험곡에 가도 '빛' 가운데서 언제까지 살아야 됩니까?" 햇빛의 '빛'이 아니고 경제적인 '빚' 말입니다. 그러나 지금 돌아보니 너무 감사합니다. 혹독한 훈련을 받았기 때문에 웬만한 어려움을 만나도 '그때보다는 나쁘지 않다.' 생각하며 그냥 쉽게 지나갑니다. 남들은 숨을 쉴 수 없을 만큼 위기라고 말하지만 제가 보기에는 별게 아닙니다. 이것은 어느 날 갑자기 만들어진 게 아니라 혹독한 훈련을 통해서 만들어졌습니다.

'예수를 잘 믿으려고 애쓴 사람들에게 왜 저런 고난을 주실까?' 목자로서 교인들을 위해서 기도할 때 답답하고 힘들 때가 있습니다. "하나님, 이제 그만하시면 안 됩니까? 저분 저러다가 숨넘어갑니다." 하나님께서 그런 혹독한 훈련을 시키실 때가 있습니다. 그럴 때마다 이해할 수는 없지만 '하나님의 특별한 섭리가 있구나. 틀림없이 무슨 뜻이 있겠지!' 라고 생각하면서 지나왔는데 《이기는 습관》을 보면서 많은 위로를 받았습니다.

우리는 구원을 받은 사람들입니다. 출애굽을 통해 이전의 것과는 영영 작별한 사람들입니다. 이후의 것, 그리스도를 목표로 끊임없이 달음질하는 사람들입니다. 그런 우리가 아직도 돈과 명예, 권력을 위한 세상적인 경영에만 머물러야 되겠습니까? 우리의 경영은 그곳에 머물러서는 안 됩니다. 우리가 바라보아야 할 것은 우리의 미래, 우리의 영원입니다. 그것을 어떻게 경영할 것인지, 어떻게 하는 것이 하나님 보시기에 가장 흡족할지, 영적인 힘과 성령의 충만함을 어떻게 끌어올릴 것인지에 대해 눈을 돌리고 마음을 쏟아야 합니다. 얼마나 많은 은혜를 받았느냐, 얼마나 많은 혜택을 받았느냐의 문제가 아니라 받은 은혜를 어떻게 경영했느냐, 자기관리를 어떻게 했느냐에 달려 있습니다. 시간관리, 건강관리, 물질관리, 대인관계관리를 어떻게 경영했는지가 중요합니다.

하나님께서는 모세에게 "네가 산에서 본 양식대로, 내가 지시한 그대로 네가 땅에다 만들어라."라고 하셨습니다. 여호와께서 명하신 그대로 하였습니다. 땅에 있는 모델하우스인 성막을 보면 영원한 나라, 아버지 처소에 가서 어디에 있을지, 어떤 예우를 받을지 예측할 수 있습니다.

성막의 구조를 보면 세 부분으로 되어 있습니다.

뜰은 백성들을 위한 곳입니다. "지옥에 가지 않고 천당에 가는 것만으로도 감사합니다." 이런 수준에서 날마다 왔다 갔다 하는 사람들은 백성입니다. 누군가 도와주어야 살고, 또 누군가 챙겨 주지 않으면 신앙이 비틀거리는 사람들입니다. 그들의 최대의 관심사는 천당 가는 일과 죄에 대한 형벌을 면제받는 죄 사함에 있습니다.

성소에 들어가는 사람들은 제사장들입니다. 제사장들은 뜰에 있는 번제단과 물두멍에서 죄의 문제를 해결하고 자기 문제를 해결합니다. 자기부인(自己否認), 곧 자기주장과 자기과시를 내려놓고, 남을 나보다 낫게 여겨 섬기며, 하나님의 말씀에 복종하는 사람입니다. 떡상에서 말씀이신 그리스도, 양식이신 그리스도를 경험하며, 또 등대에 가서 우리를 비춰 주시고 조명해 주시는 성령님의 도우심과 인도하심을 경험합니다. 향단에 가서 하나님을 예배하고 찬양하며 섬기는 것이 무엇인지 깊이 경험하는 사람들입니다. 자기 문제와 옛 생활을 극복하고, 성소에 들어가서 하나님과 더 깊이 만나면 공급과 채움을 받고 마음 안에 뿌듯하게 올라오는 감동이 있습니다. '나도 이제 누군가를 섬겨야겠다.'는 생각으로 제사장으로서 사는 사람이 됩니다. 다른 사람의 허물을 품고, 성질 급한 사람도 받아 주며, 들이받는 셀원들을 다독이고 섬기는 제사장의 삶을 사는 특별한 기쁨이 있습니다.

대제사장은 지성소에 들어갈 때 12보석이 달린 흉패를 가슴에 차고 들어갑니다. 사람들이 죄인이라고 말할지라도 대제사장은 하나님 앞에 그들을 보석으로 품고 들어갑니다. 남들은 모두 정치와 경제가 타락했다고 말할 때도 "하나님, 이 나라 버리시면 안 됩니다. 포기할 수 없는 소중한 보석입니다." 하며 기도합니다. 사람들은 교회가 변질되었다고 말하지만 "하나님, 교회가 살아야 합니다." 하고 하나님의 임재 앞에 나아가 교회를 위해 중보합니다. 이 사람들은 더 깊은 곳에 가서 하나님을 뵙고, 더 깊은 차원에서 사람들을 섬깁니다. 신약에서는 예수님의 십자가 사건을 통해서 휘장이 찢어져 지성소 깊은 곳에 들어갈 수 있게 하셨습니다. 그래서 우리는 때를 따라 돕는 은혜를 얻기 위하여 은혜의 보좌 앞에 담대히 나아갈 수 있습니다(히 4:16). 우리 모두에게 지성소에 들어가 하나님을 직접 섬길 수 있는 특권을 주셨습니다. 신약시대에도 문이 열려 있고 동일한 은혜가 주어졌지만, 제사장, 대제사장으로서 하나님과 백성을 섬기고 있는 사람들은 극소수입니다. 그 차이는 경영, 즉 자기관리에 있습니다. 은혜를 동일하게 받아도 응답, 곧 자기관리를 어떻게 하느냐에 따라 지금 내가 뜰의 수준에서 하나님을 만나고 있는지, 성소에 들어가서 하나님을 뵙고 사람들을 돌보고 있는지 다릅니다.

"이에 베드로가 대답하여 이르되 보소서 우리가 모든 것을 버리고 주를 따랐사온대 그런즉 우리가 무엇을 얻으리이까 예수께서 이르시되 내가 진실로 너희에게 이르노니 세상이 새롭게 되어 인자가 자기 영광의 보좌에 앉을 때에 나를 따르는 너희도 열두 보좌에 앉아 이스라엘 열두 지파를 심판하리라 또 내 이름을 위하여 집이나 형제나 자매나 부모나 자식이나 전토를 버린 자마다 여러 배를 받고 또 영생을 상속하리라"(마 19 : 27-29).

출발은 같이 했지만 주님의 심판대에 섰을 때, 보좌에 앉아 심판하는 자가 있고, 다스림을 받는 자가 있다고 했습니다.

"너희는 나의 모든 시험 중에 항상 나와 함께한 자들인즉 내 아버지께서 나라를 내게 맡기신 것같이 나도 너희에게 맡겨 너희로 내 나라에 있어 내 상에서 먹고 마시며 또는 보좌에 앉아 이스라엘 열두 지파를 다스리게 하려 하노라"(눅 22 : 28-30).

영원한 세계에 들어갔을 때 하나님과 더불어서 먹고 마시는, 겸상하는 사람이 있습니다. 어떤 사람은 백성의 위치에서 사는 사람이 있고, 영원하신 하나님의 보좌에서 다스리는 사람이 있다고 하십니다.

"옛적부터 항상 계신 이가 와서 지극히 높으신 이의 성도들을 위하여 원한을 풀어 주셨고 때가 이르매 성도들이 나라를 얻었더라"(단 7 : 22).

주님이 오시면 우리가 이 땅에서 당했던 모든 원한을 풀어 주시고 준비된 성도들에게 나라를 맡기십니다.

무언가 하나님으로부터 주신 공급이 있고, 나름대로의 감동과 큰 열정을 가지고 섬기고 봉사하는 사람은 다 제사장들입니다. 더 깊은 지성소, 하나님의 스피릿으로 '내가 하나님의 얼굴이다. 나는 하나님의 대행자이다.' 라는 생각으로 사람들을 대하는 이들은 지성소를 사는 사람들입니다. 훈련되고 준비된 사람들만 쓰임 받을 수 있습니다. 아버지의 마음을 시원하게 해 드리고 "너는 나의 면류관이고, 나의 영광이며, 나의 찬송이다. 너는 나의 위로자이다." 하는 대행자의 수준에 설 수 있어야 합니다.

성공한 사람들의 성공담을 들어 보면 남다른 무언가가 있습니다. 그런 경영이 있었기 때문에 좋은 결과를 얻은 것입니다.

"너희가 육신대로 살면 반드시 죽을 것이로되 영으로써 몸의 행실을 죽이면 살리니 무릇 하나님의 영으로 인도함을 받는 사람은 곧 하나님의 아들이라"(롬 8 : 13-14).

육신대로 사는 것은 시간관리, 건강관리를 하지 않고 충동대로 사는 삶입니다. 교회 출석과 성경공부, 훈련받는 일도 분위기 따라 내키지 않으면 하지 않는 사람이 육신대로 사는 사람입니다. 그렇게 살면 그 영이 죽어 갑니다. "영으로써 몸의 행실을 죽이면 살리니"라는 말씀은 영적인 원칙, 곧 자기관리의 원칙을 세워 놓고 하나님의 뜻을 헤아리는 생활을 말합니다. 성경을 읽고, 예배 드리며, 헌금 드리는 것에 대한 계획을 미리 세웁니다. 일 년 동안 할 일을 미리 계획하고 경영해서 체크리스트를 만들어 매일 경영하면서 하나님과의 원칙을 지키고 성령의 질서에 따라 사는 사람입니다. 자기만 사는 것이 아니라 주위의 사람들에게까지 영향을 끼치는 성령의 경영이 중요합니다.

구약성경에는 많은 상실자들이 있습니다. 장자권의 복을 받았고, 제사장이었고, 왕이었지만 그 특권을 잃어버린 사람이 있는가 하면, 허물이 있고 문제가 있지만 믿음의 조상이 된 아브라함 같은 사람이 있습니다. 하나님께서 아브라함을 믿음의 조상으로서 씨의 출발로 사용하셨습니다. 하나님께서 다윗을 그토록 존귀하게 사용하신 이유를 살펴보면 그에게도 자기 삶의 원칙들이 있었음을 알 수 있습니다. 자기를 죽이려고 쫓아다니는 사울 왕에게 복수하지 않고 "내 아버지여! 내 아버지여!"라고 부릅니다. "하나님께서 기름 부으신 종에 대해서 어찌 내가 마음대로 하겠습니까?"라는 성경적 자기 철학이 있었습니다. 자신의 억울함과 분노는 하나님 앞에 호소하고, 주께서 세우신 종에 대해서는 최대한의 예의를 갖춥니다. 그 정신(Spirit)으로 말미암아 하나님께서 그를 사용하셨습니다. 성경의 위대한 인물들인 요셉, 다니엘, 모세, 여호수아 모두 하나님의 원칙을 따르는 삶의 철학이 있었습니다. 끊임없이 자신을 돌보고, 살피고, 점검하고, 미래를 준비하며 살았던 자기 경영이 있었던 분들입니다.

우리에게 주어진 인생은 한 번밖에 없습니다. 귀중한 하루, '86,400초'를 소중하게 쓰지 않으면 다 망실됩니다. 더 빛나는 삶, 더 멋진 인생을 계획하며 사는 사람과 그냥 의식 없이 사는 사람들의 삶은 다릅니다. 또한 영적인 세계에서 그 차이는 더 큽니다.

당신은 매일의 삶을 경영하고 있습니까?
매일 확인하고 점검하는 삶의 경영의 항목들은 무엇입니까?

지성소로 들어오라

"그룹들은 그 날개를 높이 펴서 그 날개로 속죄소를 덮으며 그 얼굴을 서로 대하여 속죄소를 향하게 하고 속죄소를 궤 위에 얹고 내가 네게 줄 증거판을 궤 속에 넣으라 거기서 내가 너와 만나고 속죄소 위 곧 증거궤 위에 있는 두 그룹 사이에서 내가 이스라엘 자손을 위하여 네게 명령할 모든 일을 네게 이르리라"(출 25 : 20-22).

지성소의 상황을 아주 낱낱이 소개합니다. "거기서 내가 너와 만나고"라는 말씀에서 '거기'는 지성소를 말합니다. 하나님께서 우리와 만날 장소가 어디인지 분명하게 말씀하십니다. 바로 지. 성. 소. 입니다.

법궤 위에는 그룹들이 양 날개를 펴서 법궤를 덮고, 그 밑에 사각 평면을 속죄소, 속죄판, 혹은 시은좌라고 말합니다. '은혜 받는 장소'라는 뜻입니다. 대제사장이 일 년에 한 번 들어가는데, 손에 든 그릇에는 피가 들어 있습니다. 번제단에 뿌렸던 피를 이 속죄판 위에 뿌립니다. 그래야 백성들의 죄가 열납되고 하나님 앞에서 용서받습니다. 이때는 철저하게 원칙을 지켜야 하는데, 만약 원칙을 무시하면 죽고 맙니다. 그러므로 대제사장들이 입었던 옷은 가장자리에 석류 모양의 방울을 달고 허리띠를 길게 하였습니다. 만약 딸랑딸랑하는 방울소리가 나지 않으면 허리끈을 잡아당겼습니다. 그것은 틀림없는 죽음을 의미했기 때문입니다. 잘못해서 대제사장이 쓰러지면 그 시체를 끄집어내려고 들어간 사람마저 죽는 곳이 지성소입니다.

하나님께서는 우리에게 뜰에 들어가 구원받은 것으로 만족하지 말고, 지성소까지 들어가라고 말씀하십니다. 십자가의 은총은 모든 사람에게 왕 같은 제사장으로 살아갈 수 있는 지성소의 길을 열어 놓았습니다.

지성소를 경험하는 세 가지 장소가 있습니다.

첫 번째는 속죄판입니다.

이 속죄판은 피로 하나님께 나아가는 곳입니다. 뜰에 있는 번제단에서 뿌리는 피로 우리의 존재가 열납됩니다. 그러나 지성소 안에 뿌리는 피는 우리의 등급(Grade)과 자질(Quality)과 수준(Level)이 하나님 앞에서 수용되게 합니다. 하나님 앞에 나아갈 때마다 우리의 의(義)가 아니라 주님의 피, 십자가의 공로로 나아갑니다. 죄를 용서받고 이제 하나님 앞에 나아왔지만, 그래도 우리는 십자가의 도우심을 받아야 합니다. 늘 피의 공로로 하나님께 나아갈 준비가 되어 있어야 합니다. 은혜의 보좌 앞에 담대히 나아갈 수 있도록 내 공로나 수준이 아니라 그리스도의 수준으로 나아가도록 하나님께서 길을 열어 놓으셨습니다. 그리하여 그 수준으로 하나님 앞에 들어가서 섬기기 시작합니다. 어려운 일을 만나면 피를 바르라고 하십니다. "피를 바르라." 회개하고 십자가의 공로를 인정하면 그때부터 꼬였던 문제들이 풀리기 시작합니다.

두 번째는 영광의 그룹들을 만나게 됩니다.

영광의 그룹들은 하나님의 임재, 하나님의 영광, 하나님의 공의로운 모습, 지존자의 모습을 뜻합니다. 이곳에서는 내 기준이 아니라 엄연한 하나님의 기준이 적용되기 때문에 철저한 곳입니다. 그 영광의 보좌 앞에 나아가려면 철저하게 자기를 준비해야 합니다. 혹여라도 예배의 원칙에 어긋나는 것이 있을 때는 큰일 납니다. 나답과 아비후가 하나님의 기준을 무시하고 자기 열심으로 섬기다가 그 자리에서 죽었습니다. 대제사장의 위를 계승할 차기 대제사장들이었지만, 그래도 하나님께서는 봐주지 않으셨습니다. 하나님께 예배를 맞추지 않고 사람에게 맞추면 타락하게 됩니다. 이것이 제사의 원리입니다. 하나님께서 찾아오셔서 우리를 선택하시고 끌어올려서 하나님의 거룩한 수준과 성품에 참여하는 것이 성도의 목표가 되어야 합니다. 하나님의 영광의 임재를 기대하며 "하나님, 제가 모실 준비가 되었으니 제게 오십시오."라고 할 수 있는 수준이 되어야 합니다.

세 번째는 언약궤입니다.
속죄판 밑에 있는 언약궤 안에 세 가지 물품이 있습니다. 그것은 우리가 하나님 앞에 드리는 언약입니다. 하나님께서 내게 십자가로 언약하셨듯이 나도 언약궤 안에 있는 세 가지 물품으로 하나님 앞에 약속을 드립니다. 내가 동의했을 때 하나님의 정신, 하나님의 얼굴이 되어 사람들을 찾아가 하나님의 모습으로 섬기기 시작합니다. 그러므로 우리를 통해서 세상이 변화되고, 하나님의 통치가 실현되고, 이 땅에 하나님의 나라가 세워지기 시작합니다. 교회가 시끄러운 이유는 뜰의 수준, 즉 백성들의 수준에 있는 사람들이 자꾸 나서게 되면서 자기 상처로 마구 들이받기 때문입니다. 준비되지 않은 사람들은 자기 뜻대로 안 되면 문제를 일으킵니다. 그러나 하나님의 기준에 맞춰 준비된 사람들은 다른 사람들을 품을 수 있습니다.

당신은 뜰에 있는 사람입니까?
아니면 지성소에서 하나님과 만나는 사람입니까?

**지성소에서
자기를 경영하라**

'지성소에서 자기를 경영하라'는 말씀은 바로 언약궤 안에 있는 그 세 가지 성물(聖物) 앞에서 하나님께 드리는 약속입니다. 그 세 가지 성물에서 영적 경영의 원칙을 발견할 수 있습니다.

첫 번째 성물은 '감추인 만나' 입니다.
이것은 대자(對自)관계, 곧 자기와의 관계를 어떻게 가질 것이냐를 말씀합니다. 왕 같은 제사장이 되어 백성들에게 와서 하나님의 얼굴이 되고, 하나님의 대행자가 되는 일은 아무나 할 수 없습니다. 하나님의 언약이면서도 우리가 하나님께 드리는 약속입니다. 만나는 광야에서 이스라엘 백성들이 먹었던 음식이며 현대적으로 이해하면 경제와 돈을 말합니다. "하나님께서 나의 공급자이시다. 나의 양식은 그리스도이시다."라는 고백입니다.

지성소를 사는 사람이라면 하나님께서 주시는 위로부터의 공급으로 살아야 합니다. 교회생활을 통해서 '얼마나 많은 양식, 어떤 질 좋은 양식을 공급받을 것이냐?'는 내가 결정합니다. 아무나 볼 수 있도록 노출된 것이 아니라 지성소의 언약궤 안에 감춰져 있어 대제사장만 볼 수 있습니다. 하나님과 나만의 은밀한 시간이나 공간이 없는 사람은 지성소가 없는 사람입니다. 그분 앞에서 기도하는 시간, 남모르는 희열과 기쁨, 성장이 있어야 합니다. 주일학교 교사가 아이들을 대할 때 공과책만 가지고 가르친다면 그 교사는 엉터리 교사입니다. 일주일 동안 그 영혼들을 품고 기도하면서 은밀하게 지성소에서 하나님과 만나는 시간이 있어야 합니다. 거기서 받은 공급으로 영혼들을 섬겨야 합니다. 영적 지도자는 사람으로부터 오는 공급이 아니라 하나님과의 은밀한 지성소의 공급이 있는 사람입니다. 그 힘으로 들이받는 사람을 받아 줄 수도 있고, 일곱 번이 아니라 일흔 번씩 일곱 번이라도 섬길 수 있는 힘이 이 은밀한 공간, 은밀한 시간에서 옵니다. 개인의 영성시간, 경건의 시간이 없는 사람은 이것이 불가능합니다.

* 지성소를 사는 원칙 1
감추인 만나 스피릿 – "하나님께서 공급하시는 만나로 나의 양식을 삼겠습니다."

두 번째는 '아론의 싹 난 지팡이'입니다.
이것은 대인(對人)관계입니다. 민수기 16장에 고라의 자손들이 모세와 아론을 대적했습니다. "너희들만 기름 부음 받은 것이 아니다. 우리도 같이 출발했는데 왜 너희들만 잘난 체하느냐?" 하면서 당을 지어 거역했습니다. 성경에 보면 이보다 더 무서운 심판이 없었습니다. 삼중 심판을 하셨습니다. 왜 하나님께서 이렇게 대노하셨을까요? 이것이 구속사의 열쇠입니다. 하나님께서 혼자 하려고 하셨으면 에덴동산에서 벌써 끝내셨을 것입니다. 예수님이 홀로 하려고 생각하셨으면 십자가에서 이미 끝장을 냈어야 합니다. 창세기 3 : 15에서 뱀에게 "사고 친 이 여자와 이 아담족을 통해서 내가 뱀, 너의 머리를 깨뜨릴 것이다."라고 선포하십니다. 이것이 바로 구속사의 비밀입니다. 천사가 하는 것이 아니라 우리가 예수님을 만나서 함께합니다.

하나님께서는 사람을 통하여 계시와 감동을 주시고, 비전을 주셔서 일하십니다. 나보다 잘난 사람이 있으면 대적하여 시기하고 질투하고, 나보다 못한 사람이라고 걷어차 버리면 하나님의 나라를 이룰 수 없습니다. 지성소에서 아론의 싹 난 지팡이를 보면서 대제사장이 무엇을 결단합니까? 사람 위에 세워진 영적 질서에 "네가 복종하겠느냐?"고 하나님께서 물으십니다. 지성소를 산다는 개념은 어떤 사람들처럼 "눈만 감으면 무엇이 보인다. 기도만 하면 나는 응답받는다."가 아닙니다. 그것은 현상이지 정신이 아닙니다. 하나님께서 나를 위해 세우신 목자의 권위, 그 리더십을 인정하겠느냐고 물으십니다. "네 목사가 너보다 못해도 그 권위에 복종할 수 있느냐?" 물으십니다. 교회 안의 여러 부서에서 하나님께서 세우신 리더들을 사람들이 따라가야 합니다. 얼마나 잘하느냐, 못하느냐로 평가하기 때문에 영적 질서가 무너집니다. 그로 말미암아 가정이 깨지고, 교회가 깨지고, 공동체가 깨집니다.

우리가 신경 써야 할 관계는 윗사람과의 관계, 나와 친구와의 관계, 상호관계입니다. 옆 사람과의 관계, 즉 동료와의 관계는 교통의 관계입니다. 그리고 그 다음은 내가 도와야 할 사람, 나의 제자, 나의 양이 있어야 합니다. 위로, 옆으로, 밑으로입니다. 현대적인 용어로 말하면 '전방위 리더십' 입니다. 이것이 교회의 모습입니다. 교회는 위로 목자가 있고, 곁에 교통하는 지체가 있으며 밑으로 내게 주신 하나님의 스피릿을 흘려보내어(Flowing) 섬겨야 할 대상이 있습니다. 자기만 잘났다고 남을 들이받고, 부딪히고, 비판하고, 공격하는 사람은 하나님의 나라를 대적하는 사람입니다. 지성소에 있는 사람은 동역자를 잘 섬기고 살피는 사람입니다.

※ 지성소를 사는 원칙 2
아론의 싹 난 지팡이 스피릿 – "하나님께서 세우신 영적 질서인 나의 목자에게 절대 복종하겠습니다."

세 번째는 '돌비' 입니다.

돌비는 대신(對神)관계입니다. 내가 하나님 앞에서 어떤 원칙을 가지고 사역을 할 것이냐에 대한 것입니다. 하나님의 일을 하는 사람들에게 돌비가 두 개 있습니다. 한쪽 비석은 예배의 원칙을 말하고, 한쪽 비석은 사람을 섬기는 원칙을 말합니다.

예배는 내 멋대로가 아니라 하나님께서 원하시는 방법대로 드려야 합니다. 안식일을 원칙대로 지키고, 기준이 내게 있지 않고 하나님께 있다는 것을 고백하는 것이 예배의 정신입니다. 내 마음, 내 왕국이 아니라 하나님의 나라를 섬기겠다는 결단입니다. 다른 쪽에 있는 또 하나의 돌비는 사람과의 원칙입니다. 사기 치지 않고, 도둑질하지 않으며, 다른 사람을 이용하지 않고, 사람을 존대하고, 섬기는 마음으로 하나님을 대하듯이 그들을 높이겠다는 정신입니다. "도둑질하지 말라. 살인하지 말라. 거짓말하지 말라."는 말은 사람을 대할 때 이용가치로 대하지 말라는 뜻입니다. "내 배우자라 할지라도 존대하는 마음으로 공격하지 않고, 능력을 북돋아 주는(Empowering) 사람으로 살겠습니다." 또한 부모가 자식을 대할 때, 주일학교나 셀에서 사람들을 대할 때, "내가 하나님 대하듯 존대하는 마음으로 영혼들을 섬기겠습니다."라고 말하는 섬기는 삶을 의미합니다.

* **지성소를 사는 원칙 3**
돌비 스피릿 – "하나님은 예배하고, 사람은 존대하겠습니다."

당신에게는 언약궤의 3약속, 3원칙이 있습니까?

언약으로서의
지성소가 있는가?

지성소를 사는 사람은 원칙을 지키며 직임을 감당하는 사람입니다. 찬양대원이라면 겸손한 마음으로 연습 시간에 나와서 준비된 마음으로 연습하고, 경건한 몸과 마음으로 찬양해야 합니다. 하나님을 대하는 마음입니다. 주일학교 교사도 이런 지성소의 원칙으로 영혼들을 섬겨야 합니다. 아이들을 대할 때 하나님 앞에 서 있는 자세로 그 시간만이 아니라 일주일 내내 그들을 품고, 기도하고, 지극정성으로 준비하는 마음으로 섬겨야 합니다. 교회 안에서 사역자가 되어 주방이나 주차장에서 다른 사람을 섬기는 정신이 하나님을 섬기는 지성소의 정신입니다.

예배 정신이 있는 지성소가 있어야 합니다. 그런 정신으로 하나님 앞에 작정하여 언약하고 나오면 그 사람들이 하나님의 얼굴이 되고, 하나님의 대행자가 됩니다. 어떤 사역을 하든지 예배 정신으로 그 자리를 섬기면 빛나기 시작합니다.

『 "지성소에 서리라"(ARK Worship〈feat. 양승찬〉)

아버지 날 부르시는 곳
주의 임재와 영광 있는 곳
세상 그 무엇과도 바꿀 수 없는
살아 계신 지존자의 그늘

아버지 날 부르시는 곳
주의 사랑과 은혜 있는 곳
세상이 줄 수 없는 참 기쁨 평안
그 안에 가득하네

나 주님의 성전에
나 주님의 성소에
가장 거룩한 주님 지성소에
나 주님의 성전에
나 주님의 성소에
가장 거룩한 주님 지성소에 서리라

하나님의 구름 나를 인도하시네
하나님의 불꽃 나를 지켜 주시네
하나님의 임재 나를 살게 하시네
하나님의 영광 나로 보게 하시네 』

당신이 속한 공동체에는 지성소를 사는 사람이 얼마나 됩니까?
당신의 위치는 뜰입니까? 성소입니까? 지성소입니까?

언약궤 앞에 서라

언약궤란 계약의 궤(契約-櫃, Ark of the Covenant)로서, 구약성경에 나오는 장막(帳幕, Tent) 또는 솔로몬 성전(聖殿)의 지성소(至聖所, Sanctuary)에 안치되어 있던 거룩한 상자를 말합니다. 십계(十誡)를 새긴 2장의 석판, 즉 하나님과 이스라엘 백성 간의 계약판(契約板)을 넣어 놓았기 때문에 이렇게 부르게 되었고, 또 십계의 석판이

들어 있었으므로 '율법의 궤' 또는 '법궤' 라고도 합니다. 또 '증거궤' (출 25 : 22), '언약궤' (렘 3 : 16), '이스라엘 신의 궤' (삼상 5 : 7)라고도 하였습니다.

언약궤는 아카시아 나무로 만들어진 직사각형의 상자인데, 길이 약 1.3m, 너비와 깊이는 약 79cm이며, 안팎을 금의 연판으로 덮고 바깥 주위에는 금으로 된 장식테를 붙였으며, 그 밑의 네 모서리에는 금고리가 달려 있고, 운반용으로 아카시아 나무에 금을 씌운 막대 2개가 가로질러 있으며, 상자 위쪽에는 금판으로 씌운 뚜껑이 있습니다. 하나님께서는 여기에서 자기의 뜻을 백성에게 전하고, 자기의 백성과 만나는 장소로 삼으셨습니다.

하나님께서는 우리에게 언약궤 앞에 서라고 하십니다. 하나님께서 자신의 약속이 신실하다는 것을 십자가로 보장해 주셨습니다. 우리를 아들 삼아 주시고, 문제가 있어도 후사로 인정해 주시고, 우리를 밀어 주시는 하나님의 언약이 신실한 것처럼, 우리도 하나님의 언약 앞에 신실하게 서야 합니다. 요셉이 죽은 지 400여 년이 지나 뼈와 가죽만 남은 미라를 후손들이 계속 운반했습니다. 요셉이 임종할 무렵 자기 자녀들에게 "너희가 이 땅을 떠나 약속한 땅에 갈 때 내 유골을 가지고 나가라."고 유언했기 때문입니다(창 50 : 24 - 25). 광야 40년의 시간에도, 가나안 정복전쟁 7년의 기간에도 그 유골을 가지고 다니다가 결국은 약속의 땅에 묻었습니다. 하나님께서는 500년, 1,000년이 지나도 한 번 하신 약속은 반드시 지키시는 신실한 분입니다. 내가 지성소의 수준의 삶을 산다는 말은 언약이 살아 있는 삶을 산다는 말입니다. 하나님께서 언약에 신실하시듯, 나도 약속에 신실해야 합니다.

 지성소 안에서 하나님의 영광을 체험하는 삶을 살고 있습니까?

언약궤 앞에 서 있는 우리에게 하나님께서는 세 가지 스피릿이 있는지 점검하십니다.

만나 스피릿 : 땅의 공급을 의존하지 않고 하나님께서 공급하시는 양식으로 사는가?

아론의 싹 난 지팡이 스피릿 : 하나님께서 세우신 질서대로 목자에게 절대복종하며 사는가?

돌비 스피릿 : 하나님을 예배하는 일과 사람을 존대하는 일에 성공하며 사는가?

Memo

chapter 12.

그 임재 가운데로 나아가라

(출 29 : 44 - 46)

[44]내가 그 회막과 제단을 거룩하게 하며 아론과 그의 아들들도 거룩하게 하여 내게 제사장 직분을 행하게 하며 [45]내가 이스라엘 자손 중에 거하여 그들의 하나님이 되리니 [46]그들은 내가 그들의 하나님 여호와로서 그들 중에 거하려고 그들을 애굽 땅에서 인도하여 낸 줄을 알리라 나는 그들의 하나님 여호와니라

(출 29 : 44-46)

우리는 끊임없이 만남을 추구합니다. 그러나 가슴으로 만나는 인격적인 만남이 너무 적어 하나님께서 안타까워하십니다. 하나님께서는 헌신자, 예배자를 찾으십니다. 매일 우리가 하나님의 임재 가운데로 나아가는 작업이 필요합니다.

내 삶의 역사, 그 쓰라리고 아픈 광야를 통해 하나님께서 나를 찾아오셨습니다. 내 안에 구원을 주시고, 성령을 주셨습니다. 이제는 내가 성막 안의 하나님의 임재 안에 들어가 하나님을 만나야 합니다. 그 임재 가운데 나아가는 일은 우리가 평생을 두고 해야 할 일입니다. "그 임재 가운데로 나아가라." 주님이 우리를 부르고 계십니다.

하나님의 구원경영

『오래전에 새로 나온 스마트폰을 사기 위해 핸드폰 가게에 갔습니다. 이것저것 궁금한 것을 묻고 비교하기 위해 직원과 대화를 나누었습니다. 그 직원은 온갖 친절을 베풀며, 처음에는 사장님이라 부르다가 저의 통화내용을 듣고 목사님이라 고쳐 부르면서 설명을 계속하였습니다. 결국은 그 열심에 감복하여 스마트폰을 구입하게 되었습니다. 사용법이 어렵다는 말을 들은 터라 우선 급한 대로 문자 메시지 보는 법과 답신하는 방법을 물으니 귀찮다는 듯이 "사이트에 들어가 보세요."라고 하면서 구입하기 전의 태도와는 너무나 다른 모습으로 바뀌어 버렸습니다. 간단한 기능도 모른 채 가게를 나오면서 아쉬움을 넘어 마음이 심히 불쾌했습니다.』

사람이 서로 만난다는 것은 중요합니다. 만약 그 직원이 끝까지 관심을 가지고 친절하게 응대했다면 다른 사람을 소개할 수도 있었는데, 물건을 팔았다고 태도가 돌변하여 더 이상 사람의 마음을 얻지 못했던 그의 얕은 상술이 거듭 마음을 불쾌하게 만들었습니다. 마음이 불편한 가운데 기도를 할 때 '우리의 신앙생활도 이와 같지 않은가?' 하는 생각이 들었습니다. 우리도 급하면 하나님을 찾고, 매달리고, 금식하면서 "하나님, 살려 주세요."라고 부르짖습니다. 아쉬울 때는 온갖 약속을 다하고 과도한 열심을 냅니다. 그러나 목적을 달성하면 태도가 돌변하는 그런 비인격적인 관계로 하나님을 대하는 경우가 많습니다. 그러나 신앙은 자신의 야망을 달성하기 위하여 하나님을 이용하는 것이 아닌, 하나님을 얻는 것이며, 또 나를 하나님께 드리는 인격적인 만남입니다. 하나님의 마음을 얻기 위해 하나님께 나아가는 구체적인 결단이요 행위입니다.

많은 사람들이 은혜를 받고 놀라운 체험을 하지만, 그 자체가 신앙은 아닙니다. 다만 그것은 만남을 위한 출발점입니다. 성령의 체험이 소중하지만 거기에만 머무른다면 진정한 그리스도인이라고 할 수 없습니다. 진정 하나님께서 살아 계신 것을 체험했다면 그때부터 하나님께서 나를 찾아오시기 위해 배열하신 수많은 시련과 고난의 사건들 속에서 하나님께로 가기 위한 길을 찾아야 합니다. 하나님의 방법으로 나를 경영하고 디자인해야 합니다. 또 받은 상처로 인하여 외롭고 절망하게 하시며, 마침내 하나님을 찾을 수밖에 없도록 하신 하나님께 미리 계획을 세워서 차근차근 나아가는 구체적인 작업이 필요합니다.

왜 수많은 사람들이 광야의 백성들처럼 은혜를 받았으면서도 삶에 변화가 없습니까? 이는 자기 경영이 없기 때문입니다. 아무리 뜨거운 불을 받아도 삼 개월이 지나면 다시 원상태로 돌아가 버립니다. 인간은 타락한 존재이므로 구체적인 계획과 목표를 세워 매일 자기를 훈련해야 하나님의 인격으로, 하나님의 영으로 채워질 수 있습니다.

출애굽기 안에는 자기 경영의 방법이 나타나 있습니다. 구원받은 하나님의 백성들이 어떻게 성장할 것인지, 도대체 신앙이 성숙한다는 것이 무엇을 말하는지, 신앙의 목표가 무엇인지 가르쳐 주는 구원의 축소판이자 신앙의 지침서입니다.

우선 출애굽기 1~11장은 은혜를 말합니다. 하나님께서 나를 찾아오신 사건입니다. 고난 가운데에서 하나님을 찾을 수밖에 없도록 하십니다. 그러나 하나님께서는 80년간 모세라는 목자를 준비시키시고 예비해 놓으셨습니다. 구원받은 하나님의 백성들에게 장자권을 주시고, 가나안 땅이라는 부요한 약속으로 초청하십니다.

12장에서는 유월절을 경험하게 하십니다. 반드시 피가 있어야 죄와 사망으로부터 건짐을 받을 수 있기 때문에 양을 대신 죽이고, 그 양의 대속의 결과로 우리를 구원하십니다. 유월절은 회개사건이고, 죄와 사망으로부터 탈출한 사건입니다.

13~18장은 세례입니다. 세례는 자기중심에서 하나님 중심으로 돌이키는 작업입니다. 세례는 성부 하나님께 대한 약속으로 우리가 세상과 단절하겠다는 뜻입니다.

"간음한 여인들아 세상과 벗 된 것이 하나님과 원수 됨을 알지 못하느냐"(약 4 : 4a).

세상의 질서를 내려놓겠다는 의미입니다. 여론이나 사람들의 이목, 세상의 경향을 따라가지 않고 오로지 하나님을 내 인생의 주인으로 모신다는 결단입니다. 세상에 속해 즐겨 살아왔던 나의 문화를 내려놓는 삶입니다.

성자의 이름으로 세례를 받는다는 말은 이제부터 예수님을 내 인생의 구세주로 고백하고 누룩인 죄를 버리고 누룩 없는 떡이신 예수 그리스도를 나의 양식으로 삼겠다는 결단입니다.

성령의 이름으로 세례를 받는다는 말은 옛 사람의 구조, 옛 습관으로부터 벗어나겠다는 결단입니다. 갈라디아서 5 : 16 이하에 보면 육체의 소욕과 성령의 소욕이 서로 충돌함으로 말미암아 우리가 원하는 것을 하지 못하게 한다고 합니다. 혈기와 분노, 욕망을 따라가면 성령으로부터 멀어지고, 영의 질서인 성령의 흐름을 따르려면 내 욕망을 자제해야 합니다. 자아, 즉 육체의 소욕에 따라 살지 않고 이제 성령의 인도에 따라 살겠다는 결단이 성령의 이름으로 받는 세례입니다.

19~24장에서는 시내산에서 이제 하나님의 스피릿을 받습니다. 하나님의 사상, 하나님의 철학을 알게 됩니다.

25~40장에서는 성령의 인도를 받아 매일 예배를 통하여 하나님의 임재, 하나님의 영광 가운데 들어가면서 하나님과 교통하기 시작합니다. 예배는 하나님을 존중하고 그분을 높이는 것입니다. 하나님 중심, 원칙 중심, 살리는 중심이 하나님 나라 정신입니다. 이렇게 훈련된 사람은 하나님께서 일하실 곳으로 보내십니다. 그 사람이 하는 일을 보면 하나님의 일을 하고 있습니다. 그런 사람에게 돈도 주고,

능력도 주고, 권세와 권력도 주시는 것이 가나안의 축복입니다.

『 청년부에서 인지 테라피를 했던 적이 있습니다. 제가 평소에 관심이 있었던 한 청년도 거기에 참석했습니다. 그 테라피에서 저는 출애굽기를 강해하면서 우리 인생 속에 하나님께서 어떻게 찾아오시며 하나님을 만난 사람들이 어떻게 반응해야 하는지를 설명했습니다. 테라피가 끝난 후 그 청년이 출애굽기의 내용과 연결시켜 자신이 하나님을 만난 내용을 긴 메일로 보내왔습니다. "출애굽기를 보면 인생이 보입니다." 따라 했던 것처럼 그는 자신이 어떻게 과거라는 감옥에서 탈출했는지 자신의 인생 출애굽기를 보게 되었습니다. 그의 허락을 받아 내용을 줄여 필요한 부분만 소개하겠습니다. 그의 이름을 희아라고 부르겠습니다.

희아는 고등학생 때 지리산 목회자성경연구원 히브리서 말씀 세미나에 부모를 따라와 끝까지 참석했던 학생이었습니다. 3박 4일 세미나에 집중하여 어려운 히브리서를 공부했습니다. 소감을 나누는 시간에 발표할 기회를 주었더니 내용을 일목요연하게 요약하여 발표하는 것을 보고 영특한 아이라고 생각했습니다. 당시 희아는 고등학교 생활에 적응하지 못해 대안학교에 들어갔지만, 문제가 있어 그만두고 검정고시를 준비하던 때였습니다. 어렵게 한 해 늦게 대학에 들어갔고, 저의 권유를 받아 테라피에 참석했습니다.

메일의 내용입니다.

"어릴 적 나는 그림 그리기와 인형놀이를 좋아하고 밖에서 뛰어노는 것을 좋아했습니다. 받아쓰기도 잘하여 100점을 받았지만 함께 뛰어놀 친구가 없었고, 유치원과 초등학교를 다녀와도 반겨 줄 부모가 집에 없어 늘 외로웠습니다. 하루 종일 아파트 17층에서 아래를 내려다보며, 놀이터에서 뛰어노는 아이들을 부러워했습니다. 어두워질 무렵 친구들이 놀이터를 떠나야 나도 베란다를 떠날 수 있었습니다. 엄마가 올 무렵이면 마음이 무척 분주했습니다. 엄마에게 인정과 관심을 받고 싶은 마음에 그날 그린 그림을 자랑하고, 없던 이야기도 지어냈습니다. 나는 중·고등학교 시절에 항상 친구와 선생님의 관심과 사랑이 받고 싶었습니다. 인정받고 싶은 마음에 공부를 열심히 하여 대학교에 입학했지만 여전히 외로움에 지쳐 있었습니다.

테라피의 첫째 날, 나를 내려놓고 울고 웃는 동안 어린 시절로 돌아갔습니다. 엄마의 영상을 보며 멈출 수 없는 눈물 속에서 엄마의 존재 자체가 나에게 큰 감동인 것을 알 수 있었습니다. 어린 시절에 받았던 상처가 과거의 사건이 아니라 현재의 나를 힘들게 하고 있음도 알았습니다. 완벽과 성공을 추구하던 나에게 늘 이루지 못한 좌절감과 패배감, 남들과 비교하던 열등감은 큰 상처였습니다. 나의 교만도 회개를 통해 예수님의 피로 씻기고 치유받으며 하나님의 평안을 체험했습니다. 끊임없이 주님께 질문하면서 성령의 임재 속에서 하나님을 만났습니다. '내가 너를 사랑하고 사랑한다. 너는 내 것이다. 너는 못해낼 것이 없다.'라는 음성과 특별한 지혜도 주신다는 비전을 받았습니다. 끝이 보이지 않는 포도밭을 보여 주신 하나님께 '이것이 무엇입니까?'라고 그 의미를 물었을 때 포도송이 하나하나가 내가 키워야 할 제자임을 알게 하셨고, 생명의 부양자로 살게 될 것을 보여 주셨습니다. 기립박수를 받는 모습을 보았고, 세계지도를 보며 어디로 갈지 고민하고 있었습니다. 하나님께서 나를 사랑하시고 '내가 너를 보니 정말로 기쁘구나!' 매일 말씀해 주셨습니다. 그래서 그날부터 저는 '나는 내가 좋다. 나는 나를 사랑한다. 나는 정말 소중한 사람이다.'라고 매일 선포합니다. 하나님께서 보호해 주심을 믿고, 세상을 향해

당당히 싸워 승리할 수 있음을 몸으로 느낍니다.

오늘 이 시간 이후 나는 매일 영의 양식인 성경을 읽고, 기도와 찬양을 멈추지 않으며, 예배드리는 일에 힘쓸 것을 선포합니다. 하나님께서 허락하신 포도밭을 잘 일굴 것을 약속하며 모든 영광을 하나님께 돌립니다. 목사님을 위한 중보자가 될 것입니다. 테라피에 참석하도록 인도하신 목사님께 감사드립니다."

다음은 저의 답변 메일입니다. 역시 앞뒤 생략하고 읽어 드립니다.

"희아야, 인생은 만남과 결단이란다. 네가 힘들어 할 때 하나님께서는 너를 찾아와 만나 주셨다. 이제는 네가 그분께로 가야 한다. 환경, 부모님, 외로움, 번민 등을 통하여 너는 성장했고, 그 상처와 갈증 때문에 하나님을 찾고 있었지. 그러던 중 테라피에 와서 하나님을 인격적으로 만나게 되었지. 이제는 네가 계획과 목표를 가지고 하나님께 나아가는 작업이 필요하단다. 하나님께서 너를 만나기 위해서 수많은 사건들을 동원하여 희아 안에 들어오셨듯이, 이제는 네가 하나님께 나아가서 그분의 기대와 기쁨이 되기 위하여 무엇을 할 수 있는지를 찾아보아라. 하나님께서 너를 찾아오셔서 너의 아픔들을 위로하고 만나 주셨듯이, 이제는 네가 하나님의 은혜에 응답하여 출애굽기 공부 때 배운 대로 한 단계, 한 단계 하나님께로 가까이 나아가야 한다. 네가 이끌 말씀 세미나와 치유, 청소년들의 비전을 일깨울 사역들이 기대된다. 승리를 기도한다. 멋지게 한 번 자신을 드려 보아라."』

그의 글을 저는 여러 관점에서 볼 수 있었습니다.

1. "그의 문제점은 무엇인가?" "자기문제인 결핍을 통하여 어떻게

하나님을 만날 수 있었는가?"
2. "그의 결핍을 보시고, 하나님께서는 그에게 어떻게 찾아오셨는가?" "그는 어떻게 하나님을 만났는가?"
3. "하나님을 만난 이후에 그는 무엇을 결심하고 어떤 인생을 설계했는가?" "그가 하나님을 만난 이후에 어떻게 바뀔 것인가?"

B.C와 A.D가 분명해야 합니다. 부르심에 대한 인격적인 응답이 있어야 합니다.

고린도후서는 새 언약의 일꾼을 가르쳐 줍니다. 새 언약, 예수님이 하늘로 가신 다음에 성령님이 오셔서 새 언약시대가 시작되었습니다. 고린도후서는 1장에서 환난과 위로의 단어를 계속 반복하면서 우리의 힘을 빼고, 힘을 공급해 주고, 또 적절하게 힘을 뺍니다. 우리가 2장에서는 그리스도의 향기, 3장에서는 그리스도의 편지, 4장에서는 그리스도의 보배를 담은 질그릇, 5장에서는 그리스도를 대신한 대사, 하나님의 사신입니다. 하나님께서 가야 할 곳에 새 언약의 일꾼들을 보내도 똑같은 일을 합니다. 하나님의 일을 하는 대행자입니다.

우리는 끊임없이 만남을 추구합니다. 그러나 가슴으로 만나는 인격적인 만남이 적어 하나님께서 안타까워하십니다. 모두가 이용만 하고 가슴은 내놓지 않습니다.

하나님께서는 헌신자, 예배자를 찾으십니다. 그 임재 가운데 나아가서 매일 우리가 하나님께로 나아가는 작업이 필요합니다. 내 삶의 역사, 그 쓰라리고 아픈 광야를 통해 하나님께서 나를 찾아오셨습니다. 내 안에 구원을 주시고, 성령을 주셨습니다. 이제는 내가 성막 안에 들어가면서 하나님의 임재 안에 들어가 나를 찾아오신 하나님을 만나야 합니다. "네가 내 안에 있고, 내가 네 안에 있어 나는 너로 더불어 먹고 너는 나로 더불어 먹는다."(계 3 : 20)라는 관계로 발전되어야 합니다. 이것이 하나님께서 우리에게 요구하시는 교통의 만남입니다. 같이 일을 하지만 생각이 다르고 사상이 다르면 서로 불편하고, 함께 살아도 느낌이 다르면 여간 고통스러운 것이 아닙니다. 성령의 교통은 영이 통하고, 서로의 뜻이 통한다는 말씀입니다. 그 임재 가운데 나아가는 일은 우리가 평생을 두고 해야 할 일입니다. 계획하고, 의도하고, 목적을 세우고, 전략을 짜고, 경영을 계획하며 하나님께 나아가는 길입니다.

출애굽기의 구원의 과정(Process)으로 본다면 당신은 어느 단계에 와 있습니까?

은혜→피의 구원→세례→광야→시내산→예배→제사장의 삶
(1-11)　　(12)　　(13-14) (15-18) (19-24) (25-40)　(그 이후)

방. 향. 전. 환.
- 회개와 예배

"이르되 여러분이여 어찌하여 이러한 일을 하느냐 우리도 여러분과 같은 성정을 가진 사람이라 여러분에게 복음을 전하는 것은 이런 헛된 일을 버리고 천지와 바다와 그 가운데 만물을 지으시고 살아 계신 하나님께로 돌아오게 함이라"(행 14:15).

하나님의 임재 가운데 거하는 첫 번째 방법은 바로 회개입니다. 회개는 몇 가지 잘못한 것을 뉘우치는 행위가 아니라 완전히 하나님께로 돌아오는 총체적인 변화입니다.

『어떤 사람이 기차를 잘못 탔습니다. 그러나 그는 기차를 갈아탈 생각은 하지 않고, 기차 안에서 착한 일을 하기 시작했습니다. 기차 안을 청소하고, 노약자를 도와주고, 배고픈 자에게 음식을 사 주는 등 많은 선행을 베풀었습니다. 기차 안의 승객들은 그의 선행을 칭찬했습니다. 그러나 종착역은 그가 목적했던 곳이 아닌 전혀 다른 곳이었습니다.』

그가 목적지에 도착하기 위해서는 기차 안에서 선행을 베푸는 일이 먼저가 아닙니다. 그냥 기차를 갈아탔어야 했습니다. 회개하지 않고 나름대로의 열심을 내어 신앙생활을 하는 것도 마찬가지입니다. 배가 암초를 향해 진행하고 있는 것을 선장이 발견했다면 이 위험을 어떻게 피해야겠습니까? 갑판을 닦는다거나 사람들로 하여금 물을 퍼낼 준비를 시킨다고 위험을 피할 수 있습니까? 그렇지 않습니다. 사고를 피하려면 배의 진로를 바꾸어야 합니다. 선장은 재빨리 명령을 내리고, 배의 방향을 돌려 위험을 피해야 합니다. 세례요한의 외침은 사람들에게 죄라는 위험한 암초에서 방향을 돌려 안전한 항구로 나아가라고 하는 요청과 같습니다. 회개는 방향 전환

(Change of direction)을 의미합니다. 그렇기에 회개하지 않는다면 계속해서 잘못된 곳으로 가게 됩니다. 또한 회개는 행동의 변화를 가져옵니다. 키를 돌릴 때 배 전체의 방향이 바뀌듯이 마음의 변화는 삶의 변화를 낳습니다.

"그 눈을 뜨게 하여 어둠에서 빛으로, 사탄의 권세에서 하나님께로 돌아오게 하고"(행 26 : 18a).

회개는 나를 위해 살았던 삶을 하나님께로 돌이키는 작업입니다. 부흥사 무디는 "회개란 꽃병 속에 넣은 주먹과 같다."고 말했습니다. 입구가 좁은 꽃병 안에서 주먹을 움켜쥐면 손을 뺄 수 없습니다. 이처럼 돈, 명예, 지위, 권력, 구습과 옛 생활 등을 고집하면 회개가 어렵습니다. 움켜쥐고 있던 주먹을 펴서 비운 '열린 손'이 회개입니다.

그리고 기도해야 합니다. 기도는 하나님께 무릎을 꿇고 항복하는 마음의 자세이며, 주권을 드리고 삶의 결과를 드리는 헌신의 행위입니다. 기도해야 하나님의 백성이 될 수 있습니다. 그래서 하나님께서는 기도할 일들을 주시며, 기도하지 않고는 안 될 여건을 조성하십니다. 항복하지 않으니 항복을 하도록 하나님께서 상황을 만드십니다. 성경을 몇 번 읽었는지보다 더 중요한 것은 그분의 음성을 듣겠다는 마음의 자세입니다.

"도대체 무엇을 말씀하십니까? 제가 좀 알아들을 수 있도록 말씀하셔서 그 뜻대로 순종할 수 있도록 도와주십시오."

"하나님의 말씀과 기도로 거룩하여짐이라"(딤전 4 : 5).

기도는 우리를 거룩하게 합니다. 우리는 몇 시간 기도하며, 성경을 몇 장 읽었는지의 기준을 가지고 논하지만, 본질은 하나님께로 돌아서는 자세입니다. 기도하고, 말씀을 공부하면서 하나님을 향한 삶의 방향과 자세로 바꾸어 가야 합니다. 하나님을 이용하지 마십시오. 다만 하나님께서 원하시는 방법으로 순종하십시오. 전처럼 똑같이 기도해도 응답이 없으면 기도가 문제가 아니라 내 중심이 문제이므로 하나님께 무릎을 꿇고 기도해야 합니다. 마음이 변해야 합니다.

『 나의 원하는 것보다 하나님께서 내게 원하시는 것이 무엇인지를 묻는 내가 되기를.
 나의 기쁨을 위해 하나님의 뜻을 꺾는 것이 아닌 하나님의 기쁨을 위해 나의 뜻을 접는 내가 되기를.
 눈앞에 보이는 작은 이익에 신앙인의 모습을 잃지 않고 하나님께서 주실 큰 상급을 바라보는 지혜로운 내가 되기를, 오늘 주께 기도하며 나아갑니다. 』
(그렉 로리의 《하나님의 뜻을 품은 씨름 기도》 중에서)

기도는 하나님의 긍휼을 여는 열쇠이며, 사탄의 침입을 막는 자물쇠입니다. 그러나 이를 잘 아는 사탄은 사람들에게서 기도를 빼앗아 가려고 합니다.
사무엘 차드위크는 "사탄의 한 가지 관심은 사람들이 기도하지 못하게 하는 것이다. 악마는 기도 없는 성경공부, 기도 없는 봉사, 기도 없는 종교의식에 안심한다. 악마는 우리의 수고를 비웃고 우리의 지혜를 조소하지만 우리가 기도할 때 떤다."라고 말했습니다. 고도로 분화된 산업사회에서 살고 있는 현대인들은 시간에 쫓겨 대화를 나누지 못하고, 인격적인 대우를 받기보다는 상품으로 취급되기 때문에 고독감과 정신적인 부담 속에서 기도를 잃어 갑니다. 그러나 하나님을 믿는 우리는 기도함으로써 사탄의 위협을 뛰어넘어야 합니다. 우리의 있는 그대로의 모습을 예수 그리스도의 이름으로 하나님께 내어 맡기고 의지하면, 하나님께서는 우리에게 모든 것을 헤치고 나아갈 수 있는 힘과 길을 열어 주십니다.

하나님의 임재 가운데 거하기 원하십니까? 예배를 사모하십시오. 예배를 생활화하십시오. 예배는 그분을 높이고, 그분께로 내 삶의 방향을 전환하며, 최고의 가치와 최고의 사랑을 드리는 결단입니다. 나의 주권을 드리는 일이며, 내 삶의 우선권과 목적을 드리는 결단입니다. 그분께 내 삶의 방향을 정렬하는 일입니다.

"이스라엘아 들으라 우리 하나님 여호와는 오직 유일한 여호와이시니 너는 마음을 다하고 뜻을 다하고 힘을 다하여 네 하나님 여호와를 사랑하라"(신 6 : 4-5).

예수님이 마태복음 22장에서 무슨 계명이 크냐는 질문에 이 두 계명이 온 율법과 선지자의 강령이며, 최고의 가치라고 설명해 주셨습니다. 예배드릴 때 형식으로 드리지 말고 정성과 마음을 내놓으라고 하십니다. 마음이 실리지 않은 예배는 종교의식일 뿐입니다. 그러면서 "오늘 내가 네게 명한 말씀을 너는 마음에 새기고 가슴에 새겨서 너의 사상이 되어야 한다."라고 말씀하십니다.

"네 자녀에게 부지런히 가르치며 집에 앉았을 때에든지 길을 갈 때에든지 누워 있을 때에든지 일어날 때에든지 이 말씀을 강론할 것이며 너는 또 그것을 네 손목에 매어 기호를 삼으며 네 미간에 붙여 표로 삼고 또 네 집 문설주와 바깥 문에 기록할지니라"(신 6:7-9).

성경을 배우는 것으로 끝나지 말고 누군가에게 전달하는 것이 중요합니다. 전달하려면 그 말씀을 묵상하고 또 묵상하면서 어떻게 전달할지, 어떻게 알아들을 수 있도록 할지 애쓰는 마음으로 섬겨야 합니다. "지금 강론하라. 형편이 되든지 되지 않든지 손목에 매어 기호로 삼고, 미간에 붙여 표로 삼고, 문설주와 바깥 문에 기록하라."고 하십니다. 아예 생활화시키라고 하십니다. 주방에서도, 방에서도 말씀을 써 놓고 계속 생각 속에 입력시키라는 말씀입니다. 사상을 바꾸는 데 암송보다 더 좋은 방법은 없습니다. 그것이 예배입니다. 조그마한 수첩을 가슴에 넣고 다니며 적고, 암송하고, 묵상하면서 수시로 사용하고 메모지를 사방에 두고 기록하면서 주신 감동들을 실천해야 합니다.

"네 하나님 여호와께서 네 조상 아브라함과 이삭과 야곱을 향하여 네게 주리라 맹세하신 땅으로 너를 들어가게 하시고 네가 건축하지 아니한 크고 아름다운 성읍을 얻게 하시며 네가 채우지 아니한 아름다운 물건이 가득한 집을 얻게 하시며 네가 파지 아니한 우물을 차지하게 하시며 네가 심지 아니한 포도원과 감람나무를 차지하게 하사 네게 배불리 먹게 하실 때에"(신 6 : 10-11).

이 말은 일하지 않고 무위도식하게 하겠다는 뜻이 아니라 "너의 생활을 내가 책임질 테니까 그 대신 너는 내 일을 책임지라."는 말씀입니다. "너희는 먼저 그의 나라와 의를 구하라. 그리하면 이 모든 것을 너에게 더하시리라."(마 6 : 33)라는 말씀은 하나님께서 우리 의식주에 대한 문제를 책임져 주시는 건강한 관계를 뜻합니다. 서로 협력하고 돕는 관계, 곧 하나님의 약속인 가나안의 축복을 누리는 매일의 삶을 살아야 합니다.

당신의 최고의 관심은 하나님의 나라입니까?
당신은 매일 그의 나라를 위해 기도합니까?

'성막예배'를 드려라

구약의 예배는 성막으로 들어가는 행위였습니다. 성막으로 들어가는 것이 무엇을 말합니까?
성막에는 문이 있고, 뜰이 있고, 안에 성소와 지성소가 있습니다. 문으로 들어간다는 것은 구원의 경험을 말합니다. 그 다음에 뜰에 들어가면 번제단이 있습니다. 그 다음은 물두멍, 곧 자기 부인입니다. 성소 안에 들어가면 오른쪽에는 떡상, 좌측에는 등대, 전면 중앙 상단에는 향단 그리고 휘장이 보입니다. 지성소에 들어가는 휘장 안에 그룹이 있고, 언약궤가 있습니다. 그 앞에서 하나님의 언약을 확인합니다. 성막은 출애굽기 전체에서 드러난 구원 과정과 동일합니다. 출애굽기 1장부터 40장까지의 내용이 이어서 연결될 뿐만 아니라 다시 반복되는 과정이 성막입니다.

성막예배란 매일 하나님의 임재 안으로 들어가는 자기 경영이며, 영성 훈련입니다. 성막예배를 드리고, 하나님께로 나아가고, 그의 임재 안으로 들어가기 위해서 매일 결단하는 삶을 살아야 합니다. 그의 영, 그의 인격, 그의 철학을 내가 힘입어 교육받고 훈련되어 성막에서 나올 때는 하나님의 사상으로 그분의 영광을 덧입고 나올 수 있어야 합니다.

해리 에머슨 포스딕(Herry Emerson Fosdick)은 다음과 같은 말을 남겼습니다.

『 "채찍질을 하지 않고 말을 원하는 곳으로 끌고 갈 수 있는 방법은 없다. 압력을 가하지 않고 수증기나 기체를 원하는 방향으로 몰아갈 수 있는 방법은 없다. 동력기를 통과하지 않고 물을 빛이나 힘 에너지로 바꿀 수 있는 방법은 없다. 마찬가지로 우리 인생도 어떤 한 가지 일에 집중해서 헌신하고 훈련되지 않고는 아무것도 이룰 수 없다." 』

이 말에 공감하십니까? 사도 바울은 디모데에게 보낸 편지에서 경건에 이르기를 훈련할 것을 권면하고 있습니다.

"망령되고 허탄한 신화를 버리고 경건에 이르도록 네 자신을 연단하라 육체의 연단은 약간의 유익이 있으나 경건은 범사에 유익하니 금생과 내생에 약속이 있느니라"(딤전 4:7-8).

구약시대의 성막예배를 오늘 우리에게 적용하려면 어떻게 해야 합니까?

매일 그 의미를 따라 하나님께 나아가는 것이 좋습니다.

성막예배 1
-구원의 문

가장 먼저, 구원의 문에 들어서야 합니다. 구원의 문은 은혜를 말합니다. 바로 하나님께서 나를 찾아오신 사건, 그것이 바로 은혜입니다. 구약시대와 달리 예수님이 십자가에 달린 이후 우리에게는 예배드리는 원리가 새롭게 생겼습니다. 그것은 내 존재 안에 문이 있고, 내 안에 번제단과 물두멍과 떡상이 있다는 것입니다. 그래서 내가 하나님의 성전이 되어 하나님께서 내 안에 사시고, 내 안에 하나님의 성전이 지어집니다. 모세는 종으로 이 집을 지었고, 그리스도는 아들로서 이 집을 건축하셨습니다(히 3:5-6). 내 존재 자체가 성전이며 예배입니다. 이것이 하나님께서 우리에게 가르쳐 주신 예배의 원리입니다. 가장 먼저 구원의 문에 들어서십시오. 들어가는 문에서 은혜를 경험합니다.

성막예배 2
- 번제단, 물두멍

구원의 문에 들어선 사람은 뜰로 나아가야 합니다. 뜰은 죄를 버리고 자기를 버리는 장소입니다. 뜰에 있는 번제단에서는 방향을 돌이키고, 물두멍에서는 자기를 부인하여 자신을 내려놓아야 합니다.

"그러나 무엇이든지 내게 유익하던 것을 내가 그리스도를 위하여 다 해로 여길 뿐더러 또한 모든 것을 해로 여김은 내 주 그리스도 예수를 아는 지식이 가장 고상하기 때문이라"(빌 3:7-8).

바울이 자기를 내려놓은 고백이 빌립보서에 있습니다. 그는 자기를 유익하게 했던 것까지 해로 여겨 내어 버렸다고 고백합니다.

"내가 그를 위하여 모든 것을 잃어버리고 배설물로 여김은 그리스도를 얻고, 즉 내가 그리스도를 얻고"

그리스도가 내 안에 들어오기 위함입니다.

"내가 그리스도 안에서 발견되려 함이라"

내가 그분 안에 들어가는 것을 뜻합니다. 그분을 얻고, 그분 안에 들어간다는 것은 같은 개념입니다.

"그 안에서 발견되려 함이니 내가 가진 의는 율법에서 난 것이 아니요, 오직 그리스도를 믿음으로 말미암은 것이니 곧 믿음으로 하나님께로부터 난 의라"

내가 주님 안에 들어가고, 주님이 내 안에 오시고, 내가 주님께 발견되는 삶을 살기 위해서 이전에 가치 있던 것, 유익했던 것까지도 다 배설물로, 심지어 해로 여겼습니다. 이것이 물두멍, 자기 부인을 의미합니다.

성막예배 3
- 떡상, 금 등잔대, 향단

이제 성소로 들어가 말씀으로 비운 곳을 채워 넣어야 합니다.

떡상으로 가서 말씀을 받으십시오. 그리고 그곳에서 이렇게 고백하십시오. "하나님, 무엇을 말씀하시겠습니까? 하나님, 내게 하나님의 말씀을 주십시오. 오늘 내가 암송한 내용이 이것입니다."

『 별이 없는 어느 날 밤, 마이어가 아일랜드 해협을 건너고 있을 때였습니다. 그는 갑판에 서서 옆에 있는 선장에게 "오늘같이 어두운 밤에는 홀리헤드 항구를 어떻게 찾아냅니까?" 하고 물었습니다. 선장은 "저기 등대 세 개가 보이지요? 세 등대가 일렬로 나란히 서서 하나인 것처럼 보일 때 항구의 입구를 정확하게 찾아낼 수 있는 위치에 온 것입니다."라고 대답했습니다.

이 설명을 들은 마이어는 나중에 다음과 같이 술회했습니다.

"우리가 하나님의 뜻을 알고자 할 때는 언제나 세 가지를 생각할 수 있습니다. 첫째는 내적인 마음의 움직임이며, 둘째는 하나님의 말씀이며, 셋째는 환경의 추세입니다. 즉, 하나님께서는 사람의 마음에서 그리고 환경 가운데서 자신의 뜻을 알리십니다. 이 세 가지가 일치하기 전까지는 절대 일을 시작하지 마십시오." 』

등잔대에 가면 성령의 이끄심을 통해서 조망을 받습니다. 어두움 가운데 행하는 것들이 드러납니다.

그렇다면 빛 가운데 선 나의 어두운 부분은 무엇입니까?

『양식된 진주의 가공법에 관한 최근의 보고서는 잘 양식된 진주와 천연의 진주를 구별하는 유일한 방법이 한 가지 있다고 설명했습니다. 그것은 엑스레이를 사용하는 방법인데, 엑스레이 촬영으로 그 차이점을 드러낼 수 있다고 합니다. 천연 진주는 불규칙한 입자로 형성된 반면 양식된 진주는 사람이 굴껍질 속에 넣어 준 핵을 중심으로 규칙적인 모양으로 형성됩니다. 꿰뚫는 빛만이 진주의 이러한 차이점을 드러낼 수 있습니다.』

이와 같이 하나님의 빛은 우리 자신을 드러냅니다. 어두운 부분이 비추어졌을 때, 그 어두움을 털어 내 버리고 빛 가운데 거하십시오. 성령의 등잔대는 죄를 들추어내고 어두움에서 밝은 곳으로 인도하는 지표입니다. 그 등잔대의 빛을 따라서 나아가십시오.

성령이 이끄시는 곳으로 나아가면 하나님과 만나는 향단으로 향하게 됩니다. 향단에 나아가면 하나님을 존중하는 예배를 드립니다. 하나님을 높이고, 그분을 영화롭게 하고, 하나님 나라를 위해서 살기로 결단하는 예배를 드립니다. 이와 같이 공급을 받고 그리스도로 채워지게 되면 이제 지성소 안에 들어갑니다.

성막예배 4
－지성소

지성소는 하나님을 만나는 장소, 그 영광으로 변화되는 장소입니다. 지성소에서 그분의 임재 안으로 들어가는 것을 경험하고, 언약궤 앞에 서서 그분의 스피릿을 느낍니다.

언약궤에서 그분의 스피릿으로 채워져 그 영광의 얼굴로 나오게 됩니다. 언약궤 안에는 감춰진 만나와 아론의 싹이 난 지팡이와 언약의 두 돌판들이 들어 있습니다. 그것은 곧 하나님의 정신(Spirit)을 말합니다. 그 정신으로 내가 채워져서 성막 안에서 나올 때는 하나님의 철학과 사상, 하나님의 인격, 하나님의 성품, 하나님의 언어, 하나님의 얼굴로 나옵니다. 그리하여 사람들을 만날 때 하나님의 언어로 사람들을 격려하고, 하나님의 마음을 가지고 영혼들을 품게 됩니다. 제사장으로 세워지게 됩니다.

"돌에 써서 새긴 죽게 하는 율법 조문의 직분도 영광이 있어 이스라엘 자손들은 모세의 얼굴의 없어질 영광 때문에도 그 얼굴을 주목하지 못하였거든 하물며 영의 직분은 더욱 영광이 있지 아니하겠느냐"(고후 3:7-8).

구약과 신약을 대비시켰습니다. 모세가 하나님을 뵙고 나올 때 얼굴에 광채가 나자 사람들이 두려워함을 보고 자기 얼굴에 수건을 덮어썼습니다. 신약시대에는 그 영광이 지극히 더 큽니다.

"주는 영이시니 주의 영이 계신 곳에는 자유가 있느니라 우리가 다 수건을 벗은 얼굴로 거울을 보는 것같이 주의 영광을 보매"(고후 3:17-18a).

매일 성막에 나아가 주의 영광을 봅니다. 그의 영광을 보매 그와 같은 형상으로 변화되어 영광으로 영광에 이릅니다(고후 3:18). 우리가 성령의 인도를 받으면 그 영광스런 모습으로 변화되어 간다고 말하고 있습니다.

성막예배를 드리기 원하는 사람은 이 일련의 과정들을 거쳐야 합니다. 이 과정들을 거쳐 매일 순간순간 성막예배를 드린다면 우리는 건강한 그리스도인으로서 살아갈 수 있습니다.

∽ 당신은 매일 성막 안으로 깊숙이 들어가 자신을 정결하게 하나님 앞에 구별시켜 드릴 마음이 있습니까?

나의 노래,
나의 기도

『그리피스 존은 20년이 넘도록 중국에서 지내면서 젊은 선교사들에게 "복음을 전하라. 복음을 전하기 위해서는 서두르지 말고 경건해지도록 힘쓰라."라는 말을 자주 했습니다. 1877년 상하이에서 열린 선교회의에서 그는 "선교사는 무엇보다도 거룩한 사람이 되어야 합니다. 중국 사람들은 선교사들이 거룩한 사람이길 기대합니다. 나는 경건하지 않은 채 큰 영적 능력을 발휘할 수 있는 목회자는 한 사람도 없다고 확신합니다. 목회자는 착한 사람이기만 해서는 안 됩니다. 그 지방 사람들의 언어와 문학을 익힐 뿐만 아니라 경건에 힘써야 합니다. 형제들이여, 이것이 바로 우리를 통해 이 큰 나라가 변화되기 위해 필요한 일입니다. 삼위일체시요, 거룩한 분이신 하나님과 함께 시간을 보내십시오. 아버지와 함께하는 시간을 가지십시오. 하나님의 거룩하신 자, 그리스도와 함께 시간을 가지십시오. 거룩함을 나타내는 하나님의 영이시며, 우리를 거룩한 성전이 되게 하시는 성령님과 함께 시간을 나누십시오. 이처럼 거룩한 교제를 위해 시간을 내어 드리십시오. 하나님께서는 친히 우리를 온전히 거룩하게 하십니다. 끊이지 않는 교제를 경험하십시오. 그리스도로 말미암아 우리는 한 성령 안에서 하나님 아버지께 나아감을 얻습니다."라고 했습니다.』

거룩한 삶은 마땅히 투자가 있어야 합니다. 거룩은 순간적으로 이루어지지 않습니다. 현대는 모든 것이 인스턴트 시대이기 때문에 우리는 어떤 하나의 위기를 극복하고 나면 곧바로 거룩의 경지에 이르는 것으로 착각할 때가 있습니다. 그러나 그렇지 않습니다. 거룩은 순간순간 우리 안에 계신 그리스도에 대한 체험으로 이루어집니다. 그리스도인의 거룩한 삶보다 주님을 세상에 더 잘 드러낼 수 있는 길은 없습니다. 거룩은 사람들로 하여금 그리스도를 신뢰하게 하고, 하나님을 영화롭게 하고, 또 신자들에게는 유익을 가져다줍니다. 한편 성도들이 거룩해지지 않으면 범죄하는 신자처럼 주님의 이름에 불명예와 부끄러움을 가져다줍니다. 그리스도의 사랑과 우리를 구원하시기 위해 지불한 값, 그리고 우리에게 부여하신 은혜가 거룩한 삶을 위한 우리의 동기가 되어야 합니다. 그것은 발전되어 가는 것이지 하루아침에 얻을 수 있는 것이 아닙니다. 우리가 하나님께 순종할 때 성령님은 한 단계씩 우리를 변화시키십니다. 그 조건들 중에 몇몇은 고백과 회개, 자기부인, 성경공부, 기도, 다른 그리스도인들과의 교제, 주를 섬기는 것, 그리고 몸과 마음을 쳐서 복종시키는 것들이 있습니다.

어떤 청년이 "자기를 관리할 줄 모르는 사람이 어찌 남을 섬길 수 있겠습니까?"라고 하면서 체중을 관리하여 놀란 적이 있습니다. 곧 자기 관리, 자기 경영입니다. 매일 자기 단련을 통하여 자기 관리를 하는 사람이 다른 사람도 관리할 수 있습니다. 그렇다면 우리가 하나님을 얻기 위해서 무엇을 경영하고 있는지 되새겨 보아야 합니다. 그분을 알기 위해서 성경을 얼마나 읽었는지, 그분에게 점수를 얻기 위해서 얼마나 항복하며 그분의 음성에 귀를 기울였는지 생각해 보아야 합니다. 그분의 관심을 얻기 위해서 얼마나 사람들을 지성으로 섬겼는지 그것을 의식하고 사는 것이 자기 관리의 삶입니다. 하나님께서는 지금도 한 사람의 인격자를 찾고 계십니다. 그에게 세상과 사람들을 맡기시고, 돈과 권력과 재능을 주시고, 또한 권세도 주셔서 하나님의 나라를 통치하기를 기다리십니다. 하나님의 나라를 통치하고 하나님의 일을 대신할 수 있는 사람을 찾으시지만, 이 준비를 하는 사람이 너무 없습니다. 벼락 떨어지듯이 은혜 받은 사람은 많지만 그 받은바 은혜를 경영해서 인격으로, 신앙으로 성숙시킨 사람은 적습니다.

『1998년도 LPGA 미국 여자 골프에서 한국 여자 선수는 박세리 한 명이었습니다. 그러나 11년 후인 2009년에는 한국 여자 선수가 45명으로 늘어났습니다. 이들은 소위 박세리 키즈입니다. 1998년 한국이 경제위기로 IMF 체제에 있을 당시 온 국민들이 좌절감에 빠져 있을 때, 박세리가 물에 빠진 공을 치기 위해 신발을 벗고 물속으로 들어가는 광경을 보면서 사람들이 얼마나 큰 위로를 얻었는지 모릅니다. 방송에서 계속 보여 주며 상록수 노래가 나올 때, 좌절했던 사람들이 절망을 극복하고 힘을 얻었습니다. 이 장면을 본 많은 여자 아이들이 꿈을 가지고 결단하여 우후죽순같이 골프계에 입문하였습니다.』

박세리 선수 안에 있던 도전정신, 장애나 위기 앞에서 절대로 굴할 수 없다는 이 상록수 정신이 반복하여 방송되면서 어린 소녀들의 가슴속에 그 정신이 전달되었습니다. 바로 이것이 교육의 효과이고, 훈련의 효과입니다. 그 후 제2, 제3의 박세리가 계속 이어져 나왔습니다. 모두가 다 하나님을 만나야 되지만, 한 집안에서 한 사람, 한 공동체 안에서 한 사람, 한 교구, 한 셀 안에서 한 사람만이라도 성령을 체험하고, 거룩한 정신을 전염시키기 시작하면 온 교회가 변화됩니다.

"내가 여호와를 항상 내 앞에 모심이여 그가 나의 오른쪽에 계시므로 내가 흔들리지 아니하리로다"(시 16 : 8).

다윗은 그런 정신으로 살았습니다. 사울 왕에게 쫓겨 다니거나 블

레셋으로 도망가 신분이 탄로 나 혼비백산하여 정신이 하나도 없을 때에도 그는 여호와를 항상 자신 앞에 모셨다고 합니다. 심지어 수염에 침을 흘리고, 바지에 오줌을 싸면서 미친 척하는 그 절망의 때에도 "나는 항상 여호와 앞에 있다."라고 고백합니다. 임재 가운데 살았다는 뜻입니다. 자기가 복수할 수 있는 기회가 있어도 하지 않았습니다. 하나님의 임재 가운데 있었기 때문에 하나님 앞에서 범죄할 수 없다는 이 정신, 이 사상, 다윗의 철학이 위대한 국가를 만들었습니다. 실수가 있고 허물이 있었지만 왜 이스라엘의 대표적인 주자로 다윗을 꼽습니까? 이 정신 때문입니다. 그 한 사람의 위대한 정신이 많은 사람들에게 전염되기 시작한 것입니다.

"나의 노래, 나의 기도"라는 글을 써 보았습니다.

『아! 내 생명을 주고서라도 사랑할 수 있는 한 사람을 만나고 싶다. 내 모든 것을 희생하고서라도 얻고 싶은 한 사람이 있다. "네가 그를 위하여 죽을 수 있겠느냐?" 물으시면 그렇다고 망설임 없이 대답할 그 한 분을 만나고 싶다. 나의 모든 존재와 나의 모든 소유와 나의 모든 정성은 애오라지 그분만을 위한 것이라고 말할 수 있는 그 한 분을 나는 갖고 싶다. 그를 위하여 나의 눈물은 언제나 준비되어 있다. 그를 위하여 나의 땀도 언제나 대기 중이다. 나의 노래, 나의 수고, 나의 정성은 오직 그분을 높이고 예배하고 나누는 일을 위하여 지금껏 준비되어 왔다. 그가 나를 부르신다면, 그냥 달려간다. 그가 나를 필요로 하신다면 그건 내게 영광이다.』

제가 이 글을 쓰고 난 후 가만히 다시 이 글을 묵상하면서, 이 노래를 내가 먼저 부른 게 아니라 주님이 먼저 부르셨음을 알게 되었습니다. 주님이 먼저 저에게 이런 고백을 하셨습니다.

"내 생명을 주고서라도 사랑할 수 있는 한 사람을 나는 만나고 싶다. 내 모든 것을 희생하고서라도 얻고 싶은 한 사람이 있다. '네가 그를 위하여 죽을 수 있겠느냐?'라고 아버지가 물으신다면 '그렇습니다.'라고 망설임 없이 대답할 수 있는 그 한 사람을 나는 찾고 있다."

주님이 먼저 그렇게 나를 찾아오셨고, 그렇게 나를 사랑해 주셨습니다. 그 사랑의 스피릿이 내게 흘러온 후 이제는 나도 그런 사랑으로 동일하게 우리 주님을 사랑하고 헌신하면서 그렇게 살기를 결단합니다. 매일 성막 가운데 들어가고, 임재 가운데 들어가기를 원합니다. 하나님의 정신, 하나님의 인격, 하나님의 사상, 하나님의 가치, 하나님의 언어가 내게 그대로 전수됩니다. 우리는 하나님의 형상이 되고, 땅에 심어 놓은 하나님의 통치권자들이 되어 주님이 가실 곳에 내가 가며, 주님의 정신을 땅 끝까지 흘려보냅니다.

복음을 전하는 사람으로서 나는 사람들에게 어떤 스피릿을 전달하고 있습니까?

하나님의 임재 가운데 나아가는 일은 우리가 평생을 두고 해야 할 일입니다. 계획하고, 의도하고, 목적을 세우고, 전략을 짜고, 경영하여 하나님께 나아가는 삶에 늘 성공해야 합니다.

왕 같은 제사장으로 매일 하나님의 임재 가운데 나아가십시다.

지성소 깊은 곳에 들어가 그분의 인격과 영광과 스피릿으로 적셔지십시다.

그리하여 세상에서 매일 주님의 형상으로, 주님의 대행자로 살아가십시다.

Memo

Exodus
하나님의
구원경영

초판발행 2013년 11월 20일
4쇄발행 2017년 8월 17일

지 은 이 박승호
펴 낸 이 채형욱
펴 낸 곳 한국장로교출판사
주　　소 03129 서울시 종로구 대학로 19, 409호(연지동, 한국기독교회관)
전　　화 (02) 741-4381 / 팩스 741-7886
영 업 국 (031) 944-4340 / 팩스 944-2623
등　　록 No. 1-84(1951. 8. 3.)

ISBN 978-89-398-0089-2 / Printed in Korea
값 12,000원

편 집 장 정현선
교정·교열 오원택　　　　**표지·본문디자인** 김보경
업무부장 박호애　　　　**영업부장** 박창원

※ 이 출판물은 저작권법에 의해 보호를 받는 저작물이므로 무단전재와 무단복제를 할 수 없습니다.